Leben
LERNEN
Klett-Cotta

Zu diesem Buch

Über die positiven Einflüsse von Bewegung und Naturerleben auf die Psyche haben schon Philosophen und Ärzte der Antike berichtet – was heute aber kaum zum Nutzen der Klient*Innen und Patient*Innen beachtet wird. Neben theoretischen Grundlagen zu Coaching und Beratung in Bewegung und in freier Natur bietet das Buch einen ausführlichen Methodenteil mit konkreten Vorschlägen an, wie außerhalb des gewohnten Praxissettings erfolgreich gearbeitet werden kann. Erprobte Outdoor-Varianten von Interventionen aus dem therapeutischen Standardrepertoire werden ebenso beschrieben wie Übungen, die die Autoren speziell für den Einsatz im Freien entwickelt und im Beratungsalltag verfeinert haben. Zum Gelingen von Beratungs-Exkursionen trägt auch das abschließende Kapitel bei, das rechtliche und planerische Gesichtspunkte für die Arbeit im Freien mit Einzelnen, Paaren und Gruppen erläutert.

Die Reihe »Leben Lernen« stellt auf wissenschaftlicher Grundlage Ansätze und Erfahrungen moderner Psychotherapien und Beratungsformen vor; sie wendet sich an die Fachleute aus den helfenden Berufen, an psychologisch Interessierte und an alle nach Lösung ihrer Probleme Suchenden.

Alle Bücher aus der Reihe »Leben Lernen« finden Sie unter:
www.klett-cotta.de/lebenlernen

Johann-Friedrich Weber
Eva Istas

Beratung in Bewegung

Praxisbuch für Coaching und Therapie in der Natur

Klett-Cotta

Leben Lernen 337

MIX
Papier | Fördert gute Waldnutzung
FSC® C083411

Klett-Cotta
www.klett-cotta.de

Cover: Jutta Herden, Stuttgart
unter Verwendung einer Abbildung von © Dariusz Leszczynski/Adobe
Gesetzt von Eberl & Koesel Studio, Altusried-Krugzell
Gedruckt und gebunden von CPI – Clausen & Bosse, Leck
ISBN 978-3-608-89282-6
E-Book ISBN 978-3-608-11948-0
PDF-E-Book ISBN 978-3-608-20585-5

Bibliografische Information der Deutschen Nationalbibliothek
Die Deutsche Nationalbibliothek verzeichnet diese Publikation in der Deutschen Nationalbibliografie; detaillierte bibliografische Daten sind im Internet über http://dnb.d-nb.de abrufbar.

Inhalt

Einleitung

Liebe Leserin, lieber Leser,

wir freuen uns, dass Sie unser Buch in den Händen halten.

Sie interessieren sich für kreative und moderne Formen in Therapie, Coaching, Beratung und Selbst-Coaching? Dann werden Sie mit diesem Buch viel Freude haben. Wir, Eva Istas und Friedrich Weber, teilen die Begeisterung für bewegte und bewegende Beratung in der freien Natur. Dabei ergänzen wir uns in der Art und Weise, wie wir diese Begeisterung in unsere Beratungspraxis einfließen lassen. Die Natur kann als »erweiterter Praxisraum« genutzt werden, in dem wir Therapie-, Coaching- oder Beratungsgespräche führen (Friedrich Weber), oder sie kann zusätzlich als Werkstatt und Werkzeugkasten gleichermaßen dienen und somit aktiv zur Unterstützung, Entwicklung und Förderung von Patient*innen, Klient*innen und Coachees verwendet werden (Eva Istas).

Wir haben unsere Erfahrungsschätze und die dazugehörenden theoretischen Grundlagen zusammengetragen, weil wir davon überzeugt sind, dass noch viel mehr Menschen von den großartigen Möglichkeiten profitieren können, die Beratungen und Selbstreflexion auf Spaziergängen in Wald und Wiesen oder auch im Stadtpark gleich nebenan bereithalten.

Fühlen Sie sich herzlich eingeladen, in den Kapiteln dieses Buches zu stöbern und sich das herauszunehmen, was Sie gerade gut für sich und Ihre Klient*innen, Patient*innen oder Coachees annehmen, übernehmen, weitergeben oder weiterentwickeln möchten.

Das Erfolgsgeheimnis von Beratungsspaziergängen
So wird aus drei Erfolgssträngen ein wunderbarer Zopf:

1. Begleitung und Anleitung durch einen qualifizierten Therapeuten oder Coach
2. Körperliche Bewegung und reichlich frische Luft
3. Natürliche Stimulation aller Sinne, Perspektivwechsel und Abstand zum Alltäglichen

Mit den theoretischen und praktischen Handreichungen dieses Buches wollen wir Ihnen neue Denk-, Erlebnis- und Arbeitsräume aufschließen. Wir führen Sie hinaus in die Natur, in *Ihre* Natur. Sie sollen Spaß beim Lesen haben, mit neuen Augen um sich blicken und inspiriert durch vielfältige Denkanstöße und Praxisbeispiele auch in Ihrem Inneren auf Entdeckungsreise gehen.

Therapie und Coaching werden *von* Menschen *für* Menschen angeboten. Es sind damit Leistungen, die nicht isoliert vom Menschenbild des jeweiligen Therapeuten oder Coachs betrachtet werden sollten. Wir wollen also mit gutem Beispiel vorangehen und an dieser Stelle zunächst einmal unser Menschenbild und unser grundsätzliches Verständnis von beraterischer Arbeit skizzieren. Damit sprechen wir vom ersten Erfolgsstrang des oben erwähnten Beratungszopfes. Die folgende Skizze ist sozusagen der gemeinsame Nenner unseres Menschenbildes bzw. Beratungsverständnisses. Spezifischer werden wir im ersten Kapitel. Im weiteren Verlauf des Buches stehen dann die beiden anderen Stränge, die Bewegung und die Natur im Vordergrund.

Unser Menschenbild:
Der Mensch ist immer mehr als seine Diagnose, mehr als seine Probleme, seine Hindernisse, seine Verzweiflung. Er ist immer auch seine Sehnsucht, seine Hoffnung, sein Witz und seine individuelle Persönlichkeit.

- Er verfügt immer über ein gewisses Maß an Freiheit.
- Er ist für sich selbst verantwortlich.

- Er ist Experte in eigener Sache.
- Er ist sein ganzes Leben lang auf dem Weg.

Unser Verständnis von guter beraterischer Arbeit:

- Gute Therapie und gutes Coaching ergeben sich nicht allein aus lehrbuchgerechten Anwendungen von Methoden und Tools und auch nicht aus scharfsinnigen Analysen und Lösungsvorschlägen. All das kann von großem Wert sein. Es entfaltet aber nur dann die gewünschte Wirkung, wenn es in ein warmherziges und lebendiges Menschenbild eingebettet ist.
- *Therapeut*, in seiner ursprünglichen altgriechischen Wortbedeutung, heißt *Diener, Helfer* und *Gefährte*. Diese Bedeutung steht nicht in Opposition zum Wort *Coach*. Der *Gefährte* (Therapeut, Coach, Seelsorger, Lehrer, Berater) kennt sich gut aus im menschlichen Fühlen, Denken und Streben, im menschlichen Miteinander und in der Umwelt des Menschen. Er beherrscht, wie ein Geologe oder Geograph, spezielle Messinstrumente und Werkzeuge. Seine Erfahrung und Kompetenzen ermöglichen ihm einen gleichermaßen respektvollen wie konstruktiven Umgang mit den Menschen (Patient*innen, Klient*innen, Schüler*innen und Schutzbefohlenen), die sich seiner Fürsorge anvertrauen bzw. ihm anvertraut werden.

Wir laden Sie, liebe Leserin und lieber Leser, dazu ein, einen Augenblick innezuhalten und für sich selbst die folgenden Fragen als Denkanstöße anzunehmen und zu beantworten:

1. Wie stehe ich zum hier skizzierten Menschenbild? Wie würde ich mein Menschenbild beschreiben?
2. Was zeichnet in meinen Augen einen guten Therapeuten oder Coach aus?
3. Was fällt mir ein, wenn ich meine Antworten auf die ersten beiden Fragen mit den Themen Aufenthalt in der Natur, körperliche Bewegung, Spaziergang oder Wanderung in Verbindung bringe?

Seien Sie nachsichtig mit sich, falls Ihnen nicht spontan umfassende Antworten und knackige Formulierungen einfallen. Wir selbst haben nach den Antworten auf diese Fragen lange aktiv gesucht und gemeinsam daran gearbeitet, unsere Erkenntnisse sinnvoll zu sortieren und verständlich zu formulieren. Das Ergebnis ist dieses Buch, dessen Lektüre Ihnen sicherlich Inspirationen bieten wird, um Ihre ganz persönlichen Antworten auf diese Fragen zu ergründen.

Es soll dies ein Buch sein, in dem es ums Anstoßen, Aufbrechen, Ausbrechen, In-die-Gänge-Kommen, Loslassen, Erkennen und Zupacken geht; in dem es aber auch ums *Gehen* und Suchen, Untersuchen und Finden geht, ums Entdecken, An*gehen* und Lösen von Problemen, ums Auf*gehen* in Aufgaben, ums Hinaus*gehen* aus vermeintlichen oder tatsächlichen Gefängnissen, ums Zurückblicken, Umherblicken und Vorausblicken, ums Innehalten, Weiter*gehen* und Vorankommen.

Diese – zugegebenermaßen vollmundige – Ankündigung soll Ihre Neugier auf das Buch weiter steigern. Es ist unsere Antwort auf die eben gestellte dritte Frage nach dem Zusammenhang zwischen Menschenbild, Therapie und Coaching auf der einen Seite und Aufenthalt in der Natur, körperliche Bewegung, Spaziergang oder Wanderung auf der anderen Seite.

Therapie, Coaching und Beratungen haben die Intention, Patient*innen, Klient*innen und Coachees auf ihrem jeweiligen Weg weiterzubringen. Indem wir Beratungen im Gehen und in der freien Natur durchführen, lassen wir Begrifflichkeiten Realität werden, die beim herkömmlichen Therapieren und Coachen in geschlossenen Räumen zwar als Metaphern oder schöne Bilder vorhanden sind, aber dann doch oft nicht mit Leben gefüllt werden.

Sich gemeinsam auf den Weg machen, *Perspektivwechsel vornehmen* und *Neuland betreten*, das können Beratungsspaziergänge sowohl im buchstäblichen als auch im übertragenen Sinne leisten. Genau das erleben wir, wenn wir uns mit unseren Klient*innen auf den Weg machen, hinaus in den Wald, über die Wiesen und durch die Weinberge, hinein ins Dickicht der verworrensten Probleme. Im Gehen, umgeben von Licht und Luft und den Lauten der Natur, wird vermeintlich Unlösbares lösbar, Unerträgliches erträglich (oder zumindest bearbeitbar), Unsichtbares sichtbar. Und wem das noch nicht genügt, der findet im Freien zahllose Gelegenheiten für spontane oder geplante Therapie- und Coachingmethoden.

Der vor uns liegende Weg

Im **ersten Kapitel** stellen wir am Beispiel unserer eigenen, voneinander deutlich unterschiedenen Beratungspraxen vor, wie weit das Möglichkeitsspektrum ist, das Bewegung und Natur für Therapie, Coaching und lösungsorientierte Gespräche bietet. Ein aktivierender Fragebogen lädt Sie dazu ein, in die möglichen positiven Verflechtungen von Beratung, Bewegung und Natur einzutauchen und so Ihre persönlichen Vorkenntnisse und Erwartungen aufzudecken.

Damit ist dann der Boden bereitet, um im **zweiten Kapitel** die positiven Einflüsse auf den Beratungsprozess zu untersuchen, wie sie zum einen von körperlicher Bewegung und zum anderen von Naturwahrnehmungen ausgehen. Dabei stützen wir uns auf eine große Zahl wissenschaftlicher Belege und auf Erkenntnisse, die wir aus der eigenen Beratungspraxis gewonnen haben. Dieses Kapitel ist für all jene von besonderem Interesse, die mehr darüber erfahren wollen, warum Spaziergänge durch die freie Natur ein großartiges Setting für transformierende Gespräche sind.

Sind Sie daran interessiert, den Werkzeugkasten der Natur zu nutzen? Dann werden Sie im **dritten Kapitel**, dem Methodenteil des Buches, viele Schätze finden. Freuen Sie sich auf Anleitungen, Hintergründe und Fallbeispiele zu Übungen, die von uns entweder speziell entwickelt wurden, um das wunderbare Angebot der Natur für Therapie und Coaching einzusetzen, oder die Abwandlungen einschlägig bekannter Techniken sind, die im Freien eine ganz neue Kraft entfalten. Sie suchen eine Methode, die in einen bestimmten beraterischen oder örtlichen Zusammenhang passt? Einen kurzen Überblick über die Vielfalt der Methoden bekommen Sie bereits beim Studieren des Inhaltsverzeichnisses. Darüber hinaus gibt es zu Beginn jeder Methode wertvolle Informationen zum benötigten Material, zu Vorsichtshinweisen, idealen Bedingungen in der Natur und zu empfohlenen Konstellationen (Einzel-, Paar-, Gruppen- oder Selbst-Coaching).

Das vierte und letzte Kapitel widmet sich schließlich eher technischen Themen. In Form einer FAQ-Liste werden Fragen nach Versicherungen, Planung der Outdoor-Einheiten, Anforderungen an gute Coaching-Routen oder Wind und Wetter behandelt.

Wir wünschen Ihnen nun viel Vergnügen und reichlichen Erkenntnisgewinn auf Ihrer Reise durch dieses Buch und auf allen Wegen, zu denen es Sie animiert. Denn genau das ist ja das Ziel: Lassen Sie sich anregen und inspirieren, nicht nur im übertragenen Sinne neue Wege zu gehen, sondern ganz konkret mit Ihren Patient*innen, Klient*innen und Coachees Ihre Praxisräume zu verlassen. Denn am Ende haben alle etwas davon: Ihren Patient*innen, Klient*innen und Coachees wird Schweres leichter gemacht. Sie selbst gewinnen Zugang zu ganz neuen, wirkungsvollen Methoden und genießen dabei die Vorzüge eines attraktiven, modernen, luftigen und abwechslungsreichen – einfach wunderbaren – Arbeitsplatzes.

Eva Istas und Friedrich Weber
im Juli 2022

Besuchen Sie www.bifn.de.
Hier finden Sie:

- *ergänzende Materialien zu diesem Buch*
- *das Literaturverzeichnis mit Links zu den meisten Publikationen*
- *News zu »Beratung in freier Natur«*
- *die Möglichkeit, unseren Newsletter zu abonnieren*
- *… und vieles mehr.*

KAPITEL 1

Coaching, Therapie und »bewegende« Gespräche

Was Sie in diesem Kapitel erwartet:

Zunächst werden wir erklären, wie wir in diesem Buch mit den Bezeichnungen Therapie und Coaching sowie mit den Genderformen wie Therapeut*innen, Klient*innen usw. umgehen. Danach sind Sie, liebe Leserin, und Sie, lieber Leser, gefragt, Ihre Beziehung zu Bewegung und Natur zu reflektieren.

Im Anschluss melden wir uns wieder zu Wort und berichten darüber, warum und wie wir selbst mit unseren Klient*innen in freier Natur und in Bewegung arbeiten. Nach diesen persönlichen Darstellungen laden wir Sie ein, nach vorne zu blicken, visionär zu denken und sich vor Augen zu führen, wie und wie viel Natur und Bewegung in Ihre Arbeit zukünftig einfließen soll.

1.1 Wir sprechen von »Beratung«

Dieses Buch richtet sich an Therapeut*innen und Coaches (w/m/d) und all jene, die daran interessiert sind, etwas darüber zu erfahren, warum Bewegung und Natur ein großartiges Setting für vielfältige Formen von Therapie und Coaching sind und wie sie dieses Setting professionell für ihre Arbeit nutzen können. Wir richten uns in erste Linie an Leser*innen, die beruflich Patient*innen, Coachees (w/m/d), Klient*innen, Kund*innen, Mandant*innen, Mitarbeiter*innen oder Schutzbefohlene (w/m/d) therapierend, coachend, beratend, motivierend, tröstend oder stützend begleiten. Bitte fühlen Sie sich aber auch als Privatperson angesprochen. Natur und Bewegung sowie viele der Methoden, die wir im dritten Kapitel dieses Buches vorstellen, bieten großartige Chancen sowohl für Selbst-Coaching als auch für herausfordernde Gespräche zwischen Verwandten, Freund*innen oder Arbeitskolleg*innen[1].

Sinn und Zweck des vorangegangenen Absatzes ist es, zum einen einer möglichst breiten Leserschaft zu vermitteln, dass unsere Beschreibungen und Anleitungen für vielfältige Bedürfnisse und Einsatzgebiete relevant sein können. Zum anderen möchten wir um Verständnis bitten, dass wir ab jetzt nur noch in Ausnahmen explizit einzelne Berufsbezeichnungen bzw. Klientengruppen erwähnen. Zusammengefasst sprechen wir von Berater*innen bzw. von Klient*innen. Außerdem werden wir zufällig mal die weibliche und mal die männliche Form verwenden, wenn strenggenommen und korrekterweise weiblich, männlich und divers aufgeführt werden müssten. Natürlich sind immer alle gemeint.

1.2 Fragen Sie sich selbst

In diesem Buch werden Sie sehr viele Argumente finden, die dafürsprechen, Beratungen nicht wie gewohnt sitzend in Praxis-, Büro-, oder Meetingräumen, sondern auf Spaziergängen im Freien zu führen. Wir werden mit ganz konkreten Anleitungen auch dafür sorgen, dass Sie Therapie- und Coachingmethoden an die Hand bekommen, die es Ihnen leicht machen, die Arbeit mit Ihren Klienten nach draußen zu verlegen.

Zunächst einmal möchten wir Sie aber bitten, sich frei und unvoreingenommen selbst ein paar Fragen zu stellen. Wir empfehlen Ihnen, die Antworten auf einem Zettel zu notieren, den Sie dann zwischen die Buchseiten legen. So können Sie später noch Punkte ergänzen und Ihre eigene Entwicklung nachvollziehen. Nehmen Sie sich für Ihre Antworten ausreichend Zeit. Die kursiv gedruckten Fragen dienen als Impulse.

1 Wo wir schon von Arbeitskolleg*innen sprechen: Spaziergänge im Grünen, alleine, zu zweit oder in kleinen Gruppen, können einen wunderbaren Rahmen für Meetings und Gespräche bieten, bei denen es darum geht, kreativ, innovativ und visionär zu denken. Näheres dazu führen wir in Kapitel 2 aus.

1. **Wie nutze ich das Potenzial von Bewegung und Natur für meine persönliche Gesundheit?**
   Treiben Sie Sport? (Vielleicht sogar im Freien?)
   Wie häufig und wie lange halten Sie sich pro Woche in der Natur auf und was machen Sie dort?
   Welche Orte in der Natur sind Ihnen die liebsten? Sind Sie oft genug dort?
2. **Wie setze ich Bewegung und Natur bereits jetzt zum Wohle meiner Klienten ein?**
   Führen Sie schon Beratungen in der Natur durch?
   Sehen Sie durch die Fenster Ihrer Beratungsräume in die Natur?
   Befinden sich in Ihrer Praxis Naturbilder oder Naturgegenstände?
   Arbeiten Sie mit Naturmaterialien und/oder mit Naturmetaphern?
   Sind Sie und/oder Ihre Klienten körperlich aktiv während Ihrer Beratungseinheiten?
3. **Was würden meine Klienten sagen, wenn ich mehr Natur und Bewegung in die Beratungen einfließen ließe?**
   Rechnen Sie mit Widerständen? Wenn ja, von wem?
   Mit wem/welcher konkreten Person und bei welcher Gelegenheit könnten Sie einen ersten Beratungstermin im Freien vereinbaren?
4. **Welche spontanen Visionen habe ich dazu, wie ich in Zukunft mehr Bewegung und Natur in meine Arbeit mit einfließen lassen kann?**
   Haben Sie schon Ideen, an welchen Orten Sie Termine anbieten könnten?
   Denken Sie mehr daran, Beratungsspaziergänge anzubieten oder haben Sie vor, methodisch und mit Naturmaterialien zu arbeiten?
   Könnten Sie vielleicht in Ihrer Praxis mehr Naturmaterialien einsetzen und mehr Bewegungsphasen in die Arbeit integrieren?

1.3 So arbeiten wir

Ganz gleich, ob Sie am Anfang Ihrer beraterischen Tätigkeit stehen oder ob Sie bereits über große Berufserfahrung verfügen, die Natur hat viel zu bieten. Sie wirkt beruhigend und anregend. Sie lädt zum

Verweilen und zum Wandern ein. Dem Berater dient sie sowohl als Praxisraum als auch als Werkzeugkasten, je nachdem, wie er sie einsetzen möchte.

Seit über zehn Jahren arbeiten wir mit unseren Klientinnen in der freien Natur. So haben wir uns auch über das gemeinsame Interesse für Beratung im Wald und auf Spaziergängen kennengelernt. Schon bei unseren ersten Gesprächen wurde deutlich, dass wir zwar die grundsätzliche Begeisterung für Natur und Bewegung teilen, dass wir uns aber in der Art und Weise, wie wir unsere Beratungen durchführen, sehr stark unterscheiden. Die Natur ist keine Nische, in der nur eine spezifische Form von Beratung sinnvoll praktiziert werden kann. Ganz im Gegenteil: Sie bietet ein weites Spektrum an Möglichkeiten. Um dies zu veranschaulichen stellen wir im Folgenden unsere jeweilige Beratungspraxis und unsere individuelle Motivation für die Arbeit in Bewegung und in der Natur vor:

- In *1.3.1 Hier bin ich Mensch …* beschreibt Friedrich Weber, warum Spaziergänge ein ideales Setting für sein philosophisch (logotherapeutisch) fundiertes Coachingangebot sind. Er steht damit stellvertretend für gesprächsbasierte Therapie- und Coachingschulen.
- In *1.3.2 In der Harmonie der Natur die eigene Harmonie wiederentdecken* erfahren Sie, wie Eva Istas die Natur in ihre trauma- und heilpädagogischen Gespräche explizit einbezieht. Sie gibt damit Inspirationen für all jene, die Freude daran haben, Beratungsprozesse durch den Einsatz vielfältiger kreativer Methoden voranzubringen.

Lassen Sie sich überraschen. Wir würden uns freuen, wenn Sie aus beiden Texten Inspirationen ziehen und letztendlich Ihren ganz persönlichen Weg für sich und Ihre Klientinnen finden.

1.3.1 Hier bin ich Mensch …

Die Natur: Ein wunderschöner Arbeitsplatz

Bereits während meiner Ausbildung in Logotherapie und Existenzanalyse hatte ich (Friedrich Weber) die Vision, dass ich mit meinen zukünftigen Klienten nicht in Praxis- oder Büroräumen, sondern an der frischen Luft, in der Natur, auf Waldwegen, auf jeden Fall in einer ansprechenden Landschaft ausschreitend arbeiten sollte. Meine Liebe zum Draußensein, zu Bewegung und Natur sagte mir: »Wenn du drinnen sitzt, kommst du nur schwer voran. Geh an die frische Luft. Wandre durch die Natur (am besten leicht bergan) und nimm deine Klienten mit. So könnt ihr alles besprechen und wirklich gute Lösungen finden!«

Also habe ich mich im Jahr 2012 daran gemacht, ein eigenes Konzept mit dem Namen *Walk & Talk – Coaching im Gehen* für die Begleitung meiner Klienten zu entwickeln. Zu dieser Zeit gab es in Europa kaum Vorbilder, an denen ich mich hätte orientieren können. Ansätze für Therapie- und Coaching in der Natur und speziell im Wald gab es allerdings z. B. in Japan oder in den USA. Ich empfand es als Ansporn und nicht als Schwierigkeit, in Deutschland mit »Walk & Talk« etwas Neues anzubieten.

Meine Beobachtungen und die Rückmeldungen meiner Klienten zeigen mir, dass ich damals einen guten Weg eingeschlagen habe. Wenn ich, auf dem Weg zum verabredeten Treffpunkt oder während eines Coachings, durch die großzügigen Stuttgarter Parkanlagen oder Wälder und Weinberge »im Ländle« spaziere – die Vögel zwitschern, es geht ein leichter Wind und die Sonne scheint mir ins Gesicht –, dann beglückwünsche ich mich regelmäßig und sage mir dankbar: »Was hast du für einen wunderschönen Arbeitsplatz!«

Und wie gesagt, das ist kein Egoismus, denn meine Klienten profitieren gleichermaßen vom Reichtum der uns umgebenden Natur und haben außerdem einen aufmerksamen und ausgeglichenen Coach an ihrer Seite.

Ich habe also die Natur als bevorzugten Praxisraum für meine Coachingtätigkeit gewählt. Für sich genommen hat dieser Raum großes salutogenetisches (also *gesundheitsförderlich*es) Potenzial. Dieses nutze ich – für gewöhnlich implizit – als Unterstützung für die eigentliche Coachingarbeit. Wie das zu verstehen ist, werde ich in diesem Kapitel erläutern.

Zunächst stelle ich einen meiner wichtigsten Lehrer, Viktor Frankl, den Begründer der Logotherapie und Existenzanalyse[2], vor. Frankls Arbeiten bilden mit ihrem Menschenbild und ihrem philosophisch fundierten Therapiekonzept eine der tragenden Säulen meines Coachingansatzes dar, bei dem es um respektvolle Beratung auf Augenhöhe, um Sinn, Werte und damit um das geht, was den Einzelnen wirklich trägt bzw. tragen kann. Anschließend werde ich darlegen, warum Spaziergänge in der Natur einen großartigen Rahmen speziell für logotherapeutisches Arbeiten bieten. Damit gebe ich stellvertretend für all jene Beratungs-, Coaching- und Therapieformen, in denen konzentrierte Gespräche zwischen Berater und Klient Hauptbestandteil der Arbeit sind, ein Beispiel.

Einige Grundbegriffe der Logotherapie

Zur Klarstellung sei vorausgeschickt, dass Logotherapie nichts mit Logopädie und Sprachheilkunde zu tun hat. Logotherapie ist die vom Wiener Neurologen und Psychiater Viktor Frankl (1905 bis 1997) begründete und entwickelte Psychotherapieschule, bei der **Sinn** und **Werte** *die* zentrale Rolle spielen. Frankls Leben als Arzt und Mensch war der philosophischen und anthropologischen Suche nach dem Sinn gewidmet. Eine Anekdote aus seiner Schulzeit berichtet, dass einmal sein Biologielehrer der Klasse erklärte, dass das ganze Leben letzten Endes nichts als ein Oxidationsprozess sei. In Frankls Reaktion auf diese Aussage können wir Verzweiflung, Empörung und Widerspruch hören. Er soll ausgerufen haben: »Was hat das Ganze dann für einen Sinn?«

Frankl korrespondierte mit Sigmund Freud und nahm an Treffen des Kreises von Alfred Adler teil. Sein tiefes Interesse an der Sinn-

2 Die vollständige und im Sinne ihres Begründers korrekte Bezeichnung »Logotherapie und Existenzanalyse« findet im Alltag kaum Verwendung. Der Ausdruck ist zu sperrig. Außerdem lässt er sich nur sehr unschön als Adjektiv oder Berufsbezeichnung verwenden. – »Existenzanalyse« bezieht sich auf die philosophisch fundierte Erforschung/Analyse der menschlichen Existenz ganz allgemein und im Bezug auf das Individuum. Forschungsgegenstand sind existenzielle Fragen, die um die Themen **Freiheit** und **Verantwortung** kreisen. Die »Logotherapie« ist die therapeutische Anwendung der Erkenntnisse, die in der Existenzanalyse gewonnen werden. Sie unterstützt die Klienten und Patienten dabei, **Sinn** zu erkennen und **Werte** zu realisieren.

frage und seine Überzeugung, dass Sinnsuche das Hauptmotiv des menschlichen Lebens ist, ließen ihn aber sowohl von der Psychoanalyse Freuds als auch von der Individualpsychologie Adlers Abstand nehmen. Er studierte Medizin in Wien. Dabei spezialisierte er sich auf die Themenfelder Depressionen und Suizidalität. Damit begab er sich in Bereiche, in denen seine Überzeugung, dass das Leben unter allen Umständen einen Sinn hat, am stärksten herausgefordert wurde. Bereits mit 21 Jahren hielt Frankl Vorträge auf Kongressen in Deutschland. Hier sprach er über die Idee einer sinnzentrierten Psychotherapie, der er den Namen »Logotherapie« gab. (»logos« ist das altgriechische Wort u. a. für »Sinn«.).[3]

Die schwerste Probe, auf die Frankl persönlich und sein bedingungsloses Bekenntnis zum Sinn gestellt wurden, war seine Internierung in vier Konzentrationslagern von 1942 bis zur Befreiung am Ende des Zweiten Weltkriegs. Bereits 1941 hatte er das Manuskript zu *Ärztliche Seelsorge* verfasst, ein Buch, in dem er seinen psychotherapeutischen Ansatz erläutert. Das Manuskript überstand die Lagerzeit nicht. Frankl schrieb das Buch darum 1946 erneut (Frankl 2015). Seine Erfahrungen in den Konzentrationslagern beschrieb Frankl ebenfalls 1946 in dem Buch *... trotzdem Ja zum Leben sagen. Ein Psychologe erlebt das Konzentrationslager* (Frankl 2005), dessen englische Ausgabe unter dem Titel *Man's Search for Meaning* ein Bestseller und 1991 von der Library of Congress zu den zehn einflussreichsten Büchern in den USA gezählt wurde. Im weiteren Verlauf seines Lebens verfeinerte und verteidigte Frankl die Logotherapie. Er wurde Professor an der Universität Wien, hielt Vorträge in der ganzen Welt, lehrte als Gastprofessor vor allen Dingen an Universitäten in den USA und veröffentlichte zahlreiche vielbeachtete Bücher.

Ich habe die Beschreibung der Logotherapie mit einem stark verknappten Durchlauf durch Frankls Leben begonnen, da sie mit ihrem geistigen Vater bis auf den heutigen Tag eng verwoben ist und da dieses Leben selbst dem Werk seines Protagonisten Glaubhaftigkeit

3 Den Ausdruck »Existenzanalyse« verwendet Frankl in einem 1939 erschienen Artikel als Bezeichnung des philosophischen Fundaments der Logotherapie.

und Nachdruck verleiht.[4] In der Logotherapie gehen wir also davon aus, dass der Mensch nicht nur für sich und seine eigenen Bedürfnisse lebt, sondern ganz im Gegenteil, dass er es vermag und sogar braucht, sich für andere, für Ideale und für ein größeres Ganzes einzusetzen. Mit anderen Worten: Der Mensch ist durch ein tief in ihm angelegtes Bedürfnis nach Sinn motiviert. Wird dieses Bedürfnis über längere Zeit enttäuscht, geht es dem Menschen nicht gut. Das mag ihm nicht unmittelbar bewusst sein, solange im Leben nur alles einigermaßen rundläuft. Wird er aber mit Krankheit, Schuld, Verlusten und der Endlichkeit des Daseins konfrontiert, dann wirft ihn das leicht völlig aus der Bahn.

Neben dem Bedürfnis nach Sinn geht die Logotherapie davon aus, dass sich der Mensch durch eine weitere besondere Fähigkeit auszeichnet: die Fähigkeit, sich selbst aus einer Außenperspektive zu betrachten und aus den gewonnenen Beobachtungen seine Schlüsse zu ziehen und selbstbestimmt Entscheidungen zu fällen. Therapie und Coaching, die logotherapeutisch fundiert sind, sind also zentral auf Sinnentdeckung und Sinnverwirklichung ausgerichtet. Es geht darum, dem Patienten oder Klienten dabei zu helfen, sich seiner eigenen Werte bewusst zu werden, seine individuelle Freiheit zu erkennen und Verantwortung (auch für sich selbst) zu übernehmen. Damit beinhaltet Logotherapie ein gutes Stück Detektivarbeit. Coach und Klient bilden ein Ermittlungsteam. Sie erforschen gemeinsam die Lebensumstände, Fähigkeiten, Werte und Bedürfnisse des Klienten. So gewinnen sie richtungsweisende Informationen dazu, welche ganz individuellen Möglichkeiten ihm zur Verfügung stehen, seine Energie und weiteren Schritte so zu lenken, dass er letztendlich sagen kann: »Das ist sinnvoll. Ich weiß, was ich will, und stehe mit gutem Gewissen dazu.« Aber Achtung: Es ist eine Grundüberzeugung in der Logotherapie, dass Sinn nicht gegeben oder verordnet

---

4 Wenn ich schreibe, dass bis auf den heutigen Tag die Logotherapie mit Frankl verwoben ist, dann ist dies nicht ganz korrekt. Unter der Bezeichnung »Logotherapie und Existenzanalyse« finden wir seit den 1990er Jahren »Weiterentwicklungen«, die den franklschen Gedanken in grundlegenden Punkten widersprechen. Diese Kontroverse würde aber den Rahmen und Fokus des vorliegenden Buches verlassen. Den interessierten Leser möchte ich an Frankls Publikationen und (zum Einstieg noch besser geeignet) an die Bücher der Frankl-Schülerin Elisabeth Lukas verweisen.

werden kann. Den individuellen Sinn muss jeder selbst entdecken. Der logotherapeutisch qualifizierte Coach oder Therapeut ist kein Sinngeber, sondern ein Begleiter, der drei Grundsätzen folgt:

1. **Freiheit des Willens:** Dieses **Menschenbild** ist für mich eine Grundvoraussetzung für meine Arbeit als Coach. Ein jeder sollte sich seiner Willensfreiheit bewusst sein/werden. Das Gegenteil, also die Unfreiheit des Willens, würde den Menschen auf »Oxidationsprozesse« reduzieren. Aus Coaching und Therapie würde dann Tuning und Reparatur. Der Mensch ist aber keine Maschine. Frankl sagte hierzu: »Die Freiheit des Menschen ist selbstverständlich nicht eine Freiheit von Bedingungen […]; sie ist überhaupt nicht eine Freiheit von etwas, sondern eine Freiheit *zu* etwas, nämlich die Freiheit zu einer *Stellungname* gegenüber all den Bedingungen« (Frankl 2015, S. 18).
2. **Wille zum Sinn:** Hier liegt ein Auftrag, der in logotherapeutischem **Coaching und Therapie** stets mitgedacht wird. Der Wille zum Sinn ist dabei aber keine Motivation, die den Menschen vorantreibt, sondern *das* Grundbedürfnis, das ihn zum Menschen macht. Wenn Freud noch sagte, dass die Auseinandersetzung mit dem Sinn ein Anzeichen für Krankheit sei, sieht Frankl, dass genau das Gegenteil der Fall ist und dass übermäßiges Streben nach Lustgewinn und Schmerzvermeidung bzw. nach Macht Anzeichen einer Sinnleere sind.
3. **Sinn des Lebens:** Dieses positive **Weltbild** ruht natürlich nicht auf wissenschaftlich belastbaren Füßen. Es spricht eine tief empfundene Hoffnung aus. Frankl bewahrte sich diese Hoffnung, obwohl er Auschwitz und andere Konzentrationslager erlebt hatte. Für Coaching und Beratung bedeutet diese Haltung, dass wir akzeptieren, dass sich der Sinn eines Lebens uns nicht unmittelbar erschließen muss, dass er aber gleichwohl vorhanden ist und es sich lohnt, ihn zu entdecken.[5]

5 An Stelle von »Sinn des Lebens« wird in Abwandlungen der franklschen Lehre oft von »Sinn im Leben« gesprochen. Sinn im Leben zu empfinden ist natürlich etwas Positives. Die Überzeugung einer grundsätzlichen Sinnhaftigkeit des Lebens verweist aber in eine Dimension, die über die der alltäglichen Annehmlichkeiten und Selbstbezogenheiten hinausreicht.

Diese logotherapeutischen Grundsätze werde ich weiter unten noch einmal aufgreifen, um sie in Beziehung zu Beratung in Bewegung und in freier Natur zu setzen.

In der Logotherapie steht aber nicht nur der Sinn im Zentrum der Aufmerksamkeit, sondern auch die Frage, auf welchen Wegen er im Leben des Individuums gefunden werden kann. Frankl nennt als »Hauptstraßen zum Sinn« (Frankl 2016, s. 190) drei Kategorien von Werten, die wir in Einklang mit unserem Gewissen realisieren:

1. **Schöpferische Werte:** Es sind dies Werte, die wir durch unser Tun realisieren, indem wir arbeiten, etwas gestalten, etwas hervorbringen.
2. **Erlebniswerte:** Dies sind Werte, die wir realisieren, indem wir etwas wahrnehmen und genießen, aber auch indem wir lieben.
3. **Einstellungswerte:** Diese ist die schwierigste und gleichzeitig für das Menschsein entscheidende Wertekategorie. Sie beschreibt die Art und Weise, in der der Mensch dem Schicksal, das ja seiner Natur nach unabänderlich ist, begegnet. Wie gelingt es ihm selbst, im Angesicht von Leid, unabänderlicher Schuld und Endlichkeit des Lebens noch Werte zu realisieren? Wie begegnet er all dem Guten und dem Glück, das ihm (unverdienterweise) im Leben zuteilwird?

Auch diese zentralen Begriffe der Logotherapie werde ich am Ende des Kapitels in Beziehung zu Beratung in Bewegung und in der freien Natur setzen.

Der äußere und der innere Weg

Die Logotherapie geht von der (schönen und wertvollen) Annahme aus, dass in jedem Menschen gesunde, autonome und unverwüstliche Anteile vorhanden sind. An diese Annahme knüpfen wir unmittelbar an, wenn wir die Beratungen draußen in der freien Natur durchführen. Der Klient wendet sich zwar an den Coach, weil er Hilfe und Rat sucht, durch den gemeinsamen Spaziergang und den Aufenthalt in der Natur erlebt er sich aber als jemand, der auf eigenen Beinen steht, voranschreitet, mit allen Sinnen seine individuellen

Wahrnehmungen macht und mit einem Gesprächspartner parallel zum äußeren auch einen inneren Weg geht.

Genau dieser innere Weg ist es, um den es mir beim Coaching geht. Der Weg ist eine Metapher für die Gedankengänge, für das Erkennen von Verbindungen und Zusammenhängen sowie für die Entwicklung hin zu Entscheidungen und zu Etappenzielen, für Persönlichkeitsentwicklung und für Neuausrichtung. Wir können auch sagen, dass der innere Weg, je nach Phase des Coachings, durch Passagen der Vergangenheit, durch Orte der Gegenwart und durch potenzielle Landschaften der Zukunft führt. Dabei geht es darum, Sinnzusammenhänge zu verstehen und dann auf dieser Basis für die zukünftigen Wegstrecken den Kurs zu bestimmen und zielführende Schritte zu planen.

Genauso wie Berater und Klient in der wirklichen, der äußeren Landschaft gemeinsam einen Weg gehen, beschreiten sie auch im Inneren gemeinsame Wege. In der äußeren Landschaft sind beide auf Augenhöhe. Coach und Klient sind den gleichen Natureinflüssen und Wegbeschaffenheiten ausgesetzt. Sie sind zwei Spaziergänger, die gemeinsam unterwegs sind und sich dabei unterhalten. Das ist unverfänglich, zugleich aber auch verbindend. Wenn es regnet, werden beide nass, oder man teilt sich einen Regenschirm.

Das Verhältnis der beiden Spaziergänger auf den inneren Wegen ist weniger offensichtlich. Sie bewegen sich auf dem inneren Weg durch Topographien der Erinnerungen und Vorstellungen des Klienten. Dabei handelt es sich nicht um einen unverbindlichen Sonntagsspaziergang, wir haben es eher mit einem Arbeitstreffen zu tun, wobei der Coach die Aufgabe eines wohlwollenden und gleichzeitig kritischen Sachverständigen hat. Er begleitet den Klienten auf dessen inneren Wegen. Der Klient hat also Hausrecht. Er gewährt dem Berater Zutritt zu seinem privaten Grund und Boden. Er ist der Gastgeber, der Berater ist der Gast. Was der Gast zu sehen bekommt, hängt vom Gastgeber ab. Welches Bild sich der Gast von dem macht, was ihn der Gastgeber sehen lässt, ist wiederum seine eigene Sache. Bisweilen bittet der Gast den Gastgeber darum, gemeinsam mit ihm Bereiche in Augenschein zu nehmen, die der Klient von sich aus nicht gezeigt hätte oder deren Vorhandensein ihm kaum bewusst sind. Indem der Klient sich dem Berater anvertraut und seinen Blick lenken lässt, lernt er sich selbst besser kennen. So kann es geschehen, dass er Zusammenhänge und Möglichkeiten entdeckt, die ihm, der sonst nur die immer gleichen ausgetretenen Pfade seines inneren Gartens abschreitet, bisher nicht bewusst waren.

Dieses Aufsuchen und Untersuchen innerer Orte und Zusammenhänge kann natürlich auch im Sitzen und in einem geschlossenen Raum stattfinden. Es gelingt aber (meiner Erfahrung nach) besonders leicht und besonders erfolgreich, wenn sich Klient und Coach auch körperlich auf wirklichen Wegen durch wirkliche Landschaften bewegen. Der Logotherapeut sagt dann nicht, wo es (seiner Meinung nach) langgeht, sondern er unterstützt den Klienten dabei, seinen eigenen Weg zu erkennen. Dieser strukturierte Prozess, der sich an die Technik des sokratischen Dialogs anlehnt, ist sehr gut dazu geeignet, auf Spaziergängen durchgeführt zu werden. Im Freien werden gedankliches Voranschreiten und Innehalten, Vorwärts- und Zurückblicken, Sich-einander-Zuwenden und Nebeneinanderhergehen durch die äußere körperliche Bewegung und Beweglichkeit unterstützt.

Die geistige Dimension

Im vorangegangenen Abschnitt habe ich über die Parallele zwischen innerem und äußerem Weg bzw. zwischen Psyche und Körper gesprochen. Dem positiv und philosophisch gut begründeten Menschenbild der Logotherapie zufolge besteht der Mensch nicht allein aus Körper und Psyche. Was den Menschen zum Menschen macht, also vom Tier unterscheidet und ihm seine unbedingte Würde verleiht, ist seine geistige Dimension. Hier sind auch die bereits erwähnten »gesunden und unverwüstlichen Anteile« zu finden. Hier verorten wir sein Gewissen, sein Streben nach Sinn und Erkenntnis, seine Fähigkeit, über den Tellerrand zu blicken, sich aufzulehnen und sich für Dinge zu engagieren, die jenseits der Befriedigung persönlicher Bedürfnisse liegen. Absolute Gewissheit in Bezug auf die geistige Dimension des Menschen haben wir zwar nicht, philosophisch gewonnene Erkenntnisse bestätigen uns aber ebenso wie persönliche Alltagserfahrungen, dass der Mensch über wunderbare Fähigkeiten verfügt, die sich nicht auf ein zweidimensionales Körper-Psyche-Modell reduzieren lassen. (Wie gesagt ist die Arbeit als Coach für mich auch nur dann befriedigend, wenn ich sie mit der Überzeugung ausübe, dass meine Klienten über einen freien Willen verfügen und darum im Stande sind, eigenständig zu entscheiden und wirklich etwas zu verändern.)

Nehmen wir also die geistige Dimension als gegeben an. Was haben wir davon im Umgang mit uns selbst und im Umgang mit anderen? Neben dem psycho-physischen Parallelismus sprechen wir in der Logotherapie von einem Antagonismus, bei dem Körper und Psyche auf der einen und der Geist auf der anderen Seite stehen. Damit wird der menschliche Geist als potenzieller Gegenspieler zu Körper und Psyche verstanden. Es ist die geistige Instanz des Menschen, von der aus bzw. durch die er Stellung zu sich selbst beziehen kann. Frankl formuliert dies sehr prägnant in der Erkenntnis: »[Der Mensch] vergißt, daß man sich ja von sich selbst nicht alles gefallen lassen muß« (Frankl 2005, S. 144). Ein anderer anschaulicher Begriff Frankls ist der der »Trotzmacht des Geistes« (Frankl 2015, S. 134). Hiermit bringt er zum Ausdruck, dass der Mensch die Freiheit (und damit auch Verantwortung) hat, sich gegen Widrigkeiten, vor allem solche, die ihm aus seiner eigenen psychischen Stimmung erwachsen, aufzulehnen. Das ist im Einzelfall sicherlich nicht leicht, gelingt aber, wie die Praxis zeigt, immer wieder.

Geist und Natur

Der Geist ist, wie vorher dargelegt, potenzieller Gegenspieler zu Körper und Psyche. Der Geist ist Träger des Gewissens. Er ist damit auf Sinn ausgerichtet, denn das Gewissen sagt uns, was sinnvoll und was sinnlos bzw. widersinnig ist. Wenn ich Sinn mit Metaphern aus der Welt der Physik oder Biologie beschreiben sollte, dann würde ich sagen: Sinn ist Konsonanz, Sinn ist Zusammenspiel und harmonisches Ineinandergreifen, Sinn ist Wachstum. All das findet sich im Überfluss, im ganz Großen und im ganz Kleinen, in der Natur. Die Natur strotzt nur so vor Sinn.

Wenn es im Coaching darum geht, die geistigen Ressourcen zu mobilisieren, dann gelingt dies besonders gut an Orten, an denen der Geist in natürliche Sinnzusammenhänge eingebettet ist. Stellen wir uns vor, die Natur wäre ein immenses Sinfonieorchester und der Geist wäre ein fein gestimmtes Saiteninstrument, zum Beispiel eine Geige: Wenn das Orchester spielt, geraten die Saiten der Geige und auch ihr Korpus in Schwingung. Der Besitzer des Instrumentes wird sich angeregt und aufgefordert fühlen. Er ist durch die vielfältigen Stimmen um ihn herum inspiriert. Er lässt die anderen auf sich wirken und hört, wie in seinem Inneren seine eigenen Melodien Gestalt annehmen. Er macht sich zunächst in Gedanken und dann in Wirklichkeit daran, seine Ideen umzusetzen. Nehmen wir aber einmal an, der Geiger wäre verzagt oder frustriert, er hätte seine Musikalität vergessen und den Glauben an sich selbst verloren, dann wird es ihm in einer Umgebung ohne Musik und ohne harmonische, akustische Schwingungen ungleich schwerer fallen, sich auf seine Fähigkeiten und Bedürfnisse zu besinnen, als in einer Umgebung, in der Musik und Zusammenspiel ganz natürlich und ringsherum zu hören und zu erleben sind.

Vergleichbar verhält es sich mit dem im Leben frustrierten und dem am Gefühl der Sinnlosigkeit leidenden Menschen. Als Logotherapeut unterstützen wir ihn dabei, seinen Weg zu finden und seinen persönlichen Sinn zu entdecken. Indem wir seine Fragen und seine Sinnsuche mit ihm in der freien Natur und damit an Orten besprechen, die voll von Sinnzusammenhängen sind, empfängt er nicht nur Impulse und Fingerzeige seitens des Beraters. Die Atmosphäre insgesamt wirkt inspirierend. (In Kapitel 2.2.1 beschreiben wir wissenschaftlich fundierte Hypothesen und Theorien, die aus unterschiedlichen Blickwinkeln beleuchten, warum die Natur ein Ort ist, an dem sich der Mensch wohlfühlt, an dem er sich gut erholen kann und an dem sein Stresspegel sinkt.)

Sinn, Werte und Natur

Weiter oben habe ich versprochen, die Grundannahmen der Logotherapie »Freiheit des Willens«, »Wille zum Sinn« und »Sinn des Lebens« noch einmal im Zusammenhang mit dem Setting der Beratung in Bewegung und in der Natur zu betrachten:

1. **Freiheit des Willens:** Coaching und Therapie erlebe ich oft als Prozesse, in denen die Freiheit des Willens entdeckt und gestärkt wird. Diese Freiheit geht mit Freiheit des Denkens und Freiheit des Fühlens einher. Wenn ich mich mit einem Klienten in der freien Natur zur Beratung treffe, dann beobachte ich zu Beginn oft ein großes Aufatmen. Der Klient streckt sich, er blickt sich um und macht sich dann beschwingten Schrittes auf den Weg. Dabei spricht er darüber, wie gut es tut, herauszukommen, und wie sehr ihm die Landschaft gefällt. So gewinnt er sehr schnell räumliche und gedanklich Distanz zu seinem Alltagsumfeld. Da ich ortskundig bin, muss er sich jetzt nicht einmal darum kümmern, den richtigen Weg einzuschlagen. Er hat ein Zeitfenster für das Coaching eingeplant und kann darauf vertrauen, dass wir pünktlich am vereinbarten Ziel bzw. am Ausgangspunkt des Spazierweges ankommen werden. So ist er für den Augenblick frei von so vielem, was ihm sonst den Eindruck vermittelt, unfrei zu sein. Das ist eine gute Voraussetzung, damit die Freiheit des Willens ihre Kraft entfalten kann. Sie hätte dies schon längst tun können, indem sie gegen scheinbare Unfreiheit rebellierte und sich daran machte, zu erforschen, welche Spielräume tatsächlich vorhanden sind. Wäre das geschehen, hätten wir uns aber vermutlich nicht zum Coaching getroffen.
2. **Wille zum Sinn:** Etwas zu wollen bedeutet, einem Ziel entgegenzustreben. Der Wille zum Sinn kann darum mit *Sinn*strebigkeit übersetzt werden. In diesem Ausdruck steckt ganz deutlich ein Bewegungsdrang. Sinn wiederum bedeutet nicht nur das Ziel des Wollens, sondern auch, dass das Wollen eine Richtung hat. Die Bedeutung »Richtung« sehen wir z. B. im Wort »Uhrzeiger*sinn*«. In welche Richtung bzw. nach welchen Zielen wir streben, können wir allerdings oft nicht sagen. Die Folge ist ein Gefühl von Sinnlosigkeit. Dieses wiederum hat zahlreiche negative Auswirkungen auf das Individuum. In Therapie und Coaching machen wir uns dann – neben der Bearbeitung der jeweiligen konkreten Probleme und Leiden, die aus der Frustration des Willens zum Sinn entstanden sind – auf die Sinnsuche. Diese Sinnsuche gelingt besonders gut, wenn wir auf eigenen Beinen unterwegs sind, wenn uns le-

bendige, sinnerfüllte Natur umgibt und wenn sich uns mit jedem Schritt neue Perspektiven eröffnen.

3. **Sinn des Lebens:** Dass das Leben unter allen Umständen einen Sinn hat, ist, wie gesagt, eine Behauptung. Religiöse Menschen haben über ihren Glauben eine Verbindung zu einer sinnstiftenden Instanz, die über dem liegt, was in irdischen Kategorien fassbar ist. Vielen Menschen hilft aber auch die positive Haltung, die sie der Natur entgegenbringen dabei, ehrfürchtiges Staunen zu empfinden. Sowohl Ehrfurcht vor dem Leben als auch Glaube helfen uns, den grundsätzlichen, wenn auch unfassbaren, Sinn des Lebens anzunehmen. Bei Beratungen in der Natur sind wir von Leben umgeben. Wir nehmen das Leben ringsum und gleichzeitig auch uns selbst mit allen Sinnen wahr. Wir beobachten, manchmal bewusst, meistens aber unbewusst, dass wir von Entwicklung und Sinnzusammenhängen umgeben sind. Das gibt uns Rückenwind dabei, auch das eigene Leben als sinnvoll zu akzeptieren. Diese positive Einstellung dem Leben gegenüber wiederum stärkt das Vertrauen, bei der individuellen Sinnsuche im und für das eigene Leben fündig zu werden.

Auch die Hauptstraßen zum Sinn, die schöpferischen Werte, die Erlebniswerte und die Einstellungswerte sollen noch wie versprochen in Beziehung zu Natur und Bewegung als Beratungssetting gesetzt werden.

1. **Schöpferische Werte:** Viele Menschen, die ich als Coach (logotherapeutisch) begleite, stehen, wie man sagt, mitten im Leben. Sie verfügen über große Leistungskraft. Es entspricht ihrem Selbstbild, aktiv zu sein und Lösungen zu finden. Der »sportliche« Ansatz von Coaching im Gehen hilft ihnen, sich auf die Beratungssituation einzulassen. Ihnen leuchtet die Idee, sich selbst zu bewegen, um dadurch etwas zu bewegen, intuitiv ein. In Bewegung und aus der Problemdistanz, die die Natur dem Klienten bietet, lässt sich seine Situation besonders gut analysieren. Es erschließen sich ihm neue Wege und Möglichkeiten, seine (schöpferischen) Kräfte einzusetzen.

2. **Erlebniswerte:** Während der Beratungen in der Natur nehmen wir mal mehr, mal weniger bewusst mit allen Sinnen vielfältige und immer wieder neue Reize aus der Umwelt auf. Damit sind Erlebniswerte keine trockene Theorie, über die wir in einem Praxisraum nachdenken. Im Freien verfügen wir als Berater außerdem über großartige Möglichkeiten, z. B. mithilfe von Achtsamkeitsübungen die Sinne der Klienten zu schärfen und damit das (Natur-)Erleben zu intensivieren. So öffnen sich dem Klienten auch im Bereich des jeweiligen Coaching-Anliegens neue Wege.
3. **Einstellungswerte:** Aus der Distanz und von einem Wohlfühlort aus betrachtet haben wir einen besseren Blick auf unsere Probleme. Stress, Ängste und Depressionen werden darüber hinaus in Bewegung und in der Natur erwiesenermaßen als weniger belastend empfunden als im Sitzen und in geschlossenen Räumen (s. Kapitel 2). Diese Erleichterungen sollten wir annehmen bzw. herbeiführen, wenn wir versuchen, den Mut nach einem Schicksalsschlag oder in einer schmerzlichen Situation, die wir nicht verändern können, zu bewahren oder zurückzugewinnen. Die vor uns liegende Arbeit ist auch so noch schwer genug. Die Natur sendet dem, der es schafft sie in schweren Zeiten wahrzunehmen, die Botschaft: »Es gibt noch Sinn, auch für dich.« Im Zusammenhang mit positivem Schicksal, sprich mit Privilegien und Geschenken, die uns das Leben zukommen lässt, ist die Natur ebenfalls ein guter Ort für Besinnung und die Realisierung von Einstellungswerten. Sie lehrt uns, dass wir vieles für selbstverständlich nehmen, das nicht selbstverständlich ist, und dass wir darum für alles Gute, das uns widerfährt, dankbar sein sollten. Dankbarkeit ist ein Einstellungswert, der uns im Alltag dabei hilft, Rückschlägen und Krisen mit größerer Resilienz zu begegnen.

Zu Beginn dieses Kapitels habe ich angekündigt, Grundgedanken der Logotherapie vorzustellen und zu begründen, warum Bewegung und Natur ein großartiges Setting speziell für logotherapeutische Beratungsgespräche bieten. Das positive Menschen- und Weltbild der Logotherapie lädt förmlich dazu ein, dass man sie in der freien Natur in lebendige Beratungsprozesse einfließen lässt.

Das Feedback meiner Klienten bestätigt mich immer wieder in meiner Arbeit »Walk & Talk-Coaching im Gehen«. Die folgenden Auszüge veranschaulichen, wie positiv das Setting erlebt wird:

> »Durch die Bewegung kam relativ wenig Stress auf. Persönliches auszusprechen und dann noch darüber nachzudenken, ging sehr gut. Es hat mir geholfen, beim Reden nach vorne schauen und schnell gehen zu dürfen. Später wurden wir immer langsamer und sind sogar öfter stehengeblieben. Dann kamen wirklich gute neue Ideen und auch endlich wieder Zuversicht!«
>
> (Hennig S, Wirtschaftsingenieur)

> »Im Gehen sind ständig neue Eindrücke der Umgebung entstanden. Man konnte aber nichts fixieren, wie z. B. ein Bild an der Wand, und dann beginnen, darüber nachzudenken. Die Landschaft war daher nie eine Ablenkung oder Störung, sondern eher etwas Gewohntes, dem man dann auch nicht mehr so viel bewusste Aufmerksamkeit schenken brauchte. Den Fokus konnte man auf das Coaching legen und nicht auf den Waldweg und die Umgebung. Das war sehr entspannend.«
>
> (Johanna G, Geschäftsführerin)

> »Die Luft und die Bewegung haben dafür gesorgt, dass ich mich beim Coaching immer wach und aufnahmefähig gefühlt habe. Man kann sich durch die verschiedenen Abschnitte der Wege außerdem im Nachhinein besser an das Gespräch erinnern.«
>
> (Matthias S, Maschinenbauingenieur)

> »Durch die Spaziergänge und die entspannende Natur wurden meine schweren Themen auf einmal ganz leicht. Mir hat »Walk & Talk-Coaching im Gehen« wirklich geholfen.«
>
> (Sabine G, Chefredakteurin)

> »Natur und Bewegung wirken sehr entspannend und für mich als gern Sport treibenden Menschen zusätzlich inspirierend.«
>
> (Jochen B, Architekt)

»Keine Wände: So öffnen sich auch besser die Gedanken. – Klatschnass zu werden verbindet ;-)« [Wir wurden beim Coaching von einem Wolkenbruch überrascht.]

(Katja P, IT-Ingenieurin)

»Ihr Ansatz von Walk & Talk hat mich gleich angesprochen. Den Körper zu bewegen und dabei auch noch in Gedankenaustausch mit einem anderen Menschen zu treten, führt unweigerlich dazu, dass der Geist auch ›weitergedreht‹ wird und aus der Schleife, in der er davor hängt, befreit wird. Das hat mir auf jeden Fall sehr geholfen.«

(Ferdinand S, Finanzmanager)

»Es war befreiend, draußen solch ein Gespräch zu führen. Die Natur gibt einem die Möglichkeit, seinen Horizont zu erweitern und sich auf das wirkliche Problem zu fokussieren.«

(Caroline F, Geschäftsführerin)

»Was mir sehr gut gefallen hat, ist, dass Sie sehr stark auf mich als Person eingegangen sind. Besonders schön fand ich auch die Gespräche zu den Wurzeln und meinem Ursprung. Dafür war es gut, mitten in der Natur zu sein.«

(Fabian W. Projektmanager)

Die Natur ist reich an Angeboten und Anknüpfungspunkten. In ihrer Atmosphäre gedeihen sehr viele Coaching- und Therapieansätze. Es lohnt sich fast immer, das Haus zu verlassen und neue Wege auszuprobieren.

1.3.2 In der Harmonie der Natur die eigene Harmonie wiederentdecken

Wie mir die Natur zur geliebten Co-Therapeutin wurde

Im Folgenden nehme ich (Eva Istas) Sie mit auf eine kleine Reise durch mein Leben. – Sie erfahren, wie ich als junges Mädchen aus der Not heraus eine schon fast magische Beziehung zur Natur erfahren habe, aus welchen Gründen diese Verbindung in der Jugendzeit langsam verschwand und welche Strategien ich in dieser Zeit entwickelt habe, um mit den Herausforderungen des Lebens zurechtzukommen. Anschließend lade ich Sie ein, mir über die Schulter zu gucken, um zu erfahren, wie ich sowohl die Verbindung zur Natur »da draußen« und »in mir« als auch mein großes Interesse für die Naturwissenschaften miteinander verwoben habe und wie ich aktuell meine Klienten und Klientinnen als Trauma- und Heilpädagogin in freier Natur auf ihrem Weg zu einem freudigeren und leichteren Leben unterstütze.

Reise durchs Leben

Kommen Sie mit mir auf eine Zeitreise. – Wir landen im Sommer des Jahres 1989, dem Jahr meiner Einschulung: In dieser Zeit entstand in mir der Eindruck, dass sehr viele Menschen um mich herum sehr unglücklich waren. Die vielen Stunden im Schulunterricht kamen mir oft sinnlos vor. Immer wieder fragte ich mich: »Was soll das alles hier?«

Um mir die Zeit angenehmer zu gestalten, suchte ich mir Sitzplätze aus, die es mir ermöglichten, durch die Fenster mit der Natur, »dem echten Leben da draußen« in Kontakt zu sein. Ich liebte es, die Blätter der Bäume, die auf dem angrenzenden Friedhof standen, zu bestaunen, und malte harmonische Muster auf Schmierzettel. Wenn die Sonne meine Nase kitzelte, war es für mich so, als würde sie mir ermutigend zurufen: »Alles gut, Liebes – das alles hier wird vorbeigehen – es ist zwar viel Zeit, die du in diesen Räumen verbringst, aber es ist nicht dein ganzes Leben!«

Nachmittags verbrachte ich gemeinsam mit Freund*innen oder auch alleine viele Stunden unter freiem Himmel. In diesen Momenten der Verschmelzung mit der Natur fühlten ich so intensiv, wie angenehm befreiend sich mein System entfalten konnte – so natürlich und harmonisch –, und ich konnte mir meiner inneren Kräfte wieder bewusst werden. Heute würde ich sagen: **Ich ging in die Natur, um meinem Wesenskern wieder nah sein zu können.** – Genau das fiel mir im Schulkontext manchmal ganz schön schwer.

Gleichzeitig entwickelte ich auch Strategien und Spiele, die es mir ermöglichten, ein bisschen Natur mit ins Klassenzimmer zu bringen. Entweder durch den Kontakt nach draußen durch die großen Fensterscheiben oder auch ganz praktisch, indem ich z. B. Eicheln, Kastanien oder kleine Stöcke in der Hand hielt, die ich in der Tasche dabeihatte. Das waren für mich lebendige Tagträumereien. Und als sich vor Weihnachten jedes Kind ein kleines Gesteck aus Tannenzweigen und einer Kerze mitbringen durfte, liebte ich es, die kleinen Nadeln ins Feuer zu halten und mich vom Räucherduft verzaubern zu lassen.

Jahre vergingen, ich wechselte von der Grundschule zum Gymnasium. Das Schulsystem hatte nun auch mich ein bisschen mehr in seine Fänge genommen und ich spürte immer häufiger, wie unangenehm sich dieser Druck auf mein Wohlbefinden auswirkte.

Die natürliche Verbindung zu mir selbst finden

In dieser Zeit zog sich nach und nach die bewusste magische Verbindung mit der Natur, die mich als Grundschulkind so unterstützt hatte, etwas aus meinem Leben zurück. Stattdessen fing ich an, intuitiv zu schreiben und innere Dialoge zu führen. Ohne je darüber gelesen oder es von jemand anderem gelernt zu haben, begann ich außerdem mit 12 Jahren, regelmäßig zu meditieren. Es war so, als hätte ich in der frühen Kindheit die Natur »da draußen« näher kennengelernt und als würde ich mich jetzt tiefer mit der Natur »in mir drinnen« vertraut machen.

Immer wieder zog ich mich in herausfordernden Momenten in meine innere Welt zurück und erlebte zunehmend, wie ich mit wachsender Leichtigkeit und Freude die Schwierigkeiten des Lebens in mir drin transformieren und im Alltag lösen konnte. Das Leben wurde für mich immer mehr zu einem interessanten Spiel, in dem ich lernte, mich als Gestalterin zu erfahren. So füllte sich meine innere Schatztruhe mit Strategien und Möglichkeiten, aus gefühlten Sackgassen-Momenten herauszukommen und verborgene Edelsteine in dunklen Bereichen meiner Seele zu entdecken.

In dieser Zeit fehlten mir allerdings noch die Worte, um über meine Erlebnisse und inneren Entdeckungen in Austausch mit meinen Mitmenschen gehen zu können. Ich verbrachte viele Stunden in Buchhandlungen, blätterte durch die verschiedensten Bücher über

Philosophie, Psychologie und freie Spiritualität außerhalb von Religionen und empfand es als sehr erleichternd und wohltuend, Gedanken von Menschen zu lesen, die genau das beschrieben, was ich schon so lange immer intensiver werdend in mir wahrnahm.

In meinem Zimmer stapelten sich bald die Bücher und ich verschlang sie voller Begeisterung. Ich liebte es, die unterschiedlichen Perspektiven der Autor*innen kennenzulernen und dadurch meinen Horizont immer weiter und offener werden zu lassen.

Die innere Arbeit im Alltag wirken lassen

Nach dem Abitur begann ich ein Praktikum in einer integrativen Kita. Plötzlich wurden die Erinnerungen an meine Grundschulzeit wieder wach. Die vielen Kindergartenkinder um mich herum, ihre großen, fragenden Augen, ihre Neugier, ihre Lebendigkeit und Lebensfreude. Sie erinnerten mich an mich selbst, an das kleine Mädchen, das ich mal war und zu dem ich im Laufe der Jahre ein bisschen den Kontakt verloren hatte. Und plötzlich war meine »Kleine« wieder da. Mein inneres Kind. Ich spielte mit den Kindern und konnte nun, da ich erwachsen war, die Worte mit den Kindern finden, die sie lernen mussten, um ihre Bedürfnisse zu kommunizieren.

Die Erinnerungen wurden wieder erweckt: Wie gern ich als Kind in der Natur umherstreifte, wie ich spürte, dass die Pflanzen mit mir sprachen und die Gefühle und Bedürfnisse der Tiere für mich ganz deutlich wahrnehmbar waren.

Neugierig beobachtete ich, wie unterschiedlich die Kindergartenkinder in geschlossenen Räumen und in freier Natur agierten und immer mehr kam ich zu der Vermutung, dass es ihnen (oder zumindest einigen von ihnen) ähnlich wie mir ging: Sie konnten sich in der freien Natur so viel gesünder entfalten und sich mit sich selbst verbinden. Jedes auf seine eigene Art und Weise, mal laut, mal leise, mal wild, mal ruhig, mal verträumt, mal fokussiert …

Von der Berufung zum Beruf

Schließlich machte ich die Ausbildung zur Heilerziehungspflegerin, dann zur Heilpädagogin und später zur Traumapädagogin. Diese Ausbildungen waren für mich mehr als ein Segen: Sie waren so voller

Liebe zum Menschen, vollkommen ressourcenorientiert und zugleich so alltagspraktisch. Als Heilpädagog*innen begleiten wir unsere Klient*innen mit passgenauen pädagogisch-therapeutischen Angeboten, die dazu anleiten und ermutigen, ein möglichst selbstverantwortliches Leben zu führen und dieses als sinn- und wertvoll zu erleben. Selbstverständlich stehen wir nicht nur den Menschen mit diagnostizierten Auffälligkeiten zur Seite, sondern auch dem sozialen Umfeld, wie zum Beispiel Eltern, Geschwisterkindern, Pädagog*innen und Lehrer*innen. Während dieser drei Ausbildungen habe ich immer wieder begeistert gedacht: »Eigentlich müsste das jeder Mensch lernen!« Und: »So wertschätzend, lösungs- und ressourcenorientiert sollten wir Menschen alle miteinander umgehen!«

Meine Arbeitsbereiche als Heilerziehungspflegerin und Heilpädagogin waren anfangs nicht sonderlich naturnah, aber ich webte die Wirkung der Natur – wenn erforderlich und sinnvoll – stets mit in meine Begleitungen ein. Teilweise ermöglichte ich »einfach nur« Naturerlebnisse, ohne selbst begleitend aktiv zu sein. Ich denke z. B. an den 5-jährigen Jungen mit schwerem frühkindlichen Autismus, der in geschlossenen Räumen oft von den vielen unterschiedlichen Reizen überwältigt war, sich in freier Natur einen ruhigen Platz suchte und erst einmal für eine Weile den Sand zwischen seinen Fingern rieseln ließ. Im Anschluss kam er wieder entspannt zur Gruppe zurück. Oder das körperlich schwerstbehinderte 10-jährige Mädchen, welches draußen auf einer gepolsterten Decke unter einem Baum lag und vergnügt die sich sanft im Wind bewegenden Blätter beobachtete. Ihre sonst von der Tetraspastik schwer angespannten Arme und Beine konnten sich hier leichter entspannen und sich etwas sanfter und genüsslicher bewegen als gewöhnlich.

Die Begleitung immer aktiver mit der Natur verbinden

So ging ich zum Beispiel mit Leon[6], einem 12-jährigen bis dahin nicht sprechenden Jungen mit Autismus-Diagnose öfter in den Wald. Es

6 Die Namen und Gegebenheiten in den Fallbeispielen wurden zum Schutz der Privatsphäre geändert.

war so beeindruckend, mitzuerleben, wie hier sein ganzes System immer besser entspannen konnte. Er spielte mit Stöcken, ließ feine Steine durch seine Finger rieseln, hüpfte satt-erdend auf dem Boden, flatterte mit seinen Fingern im Sonnenlicht und hier und da kam auch schon mal ein Laut über seine Lippen.

Eines Tages spürte ich, dass jetzt vielleicht der richtige Moment gekommen wäre, um ein kleines Spiel zur Aktivierung der Sprechfreude mit ihm zu starten. Ich rief in den Wald hinein: »Haaaalloooooo Leeeeoooooon!!« Leon blickte fasziniert hoch, machte einen juchzenden Ton und guckte mich an. Wieder rief ich: »Haaaallooooooo Leeeeooooon!!!« Und nach ein paar Malen rief auch er laut und klar: »Haaaalloooo Leeeeooooon!« Es war das erste Mal, dass ich seine Stimme hörte und es war einfach ein riesiger Gänsehautmoment.

Dieses Spiel spielten wir immer weiter, bis wir uns über diesen Weg richtige Nachrichten zukommen lassen konnten. In geschlossenen Räumen wäre ihm dies sicherlich viel zu laut gewesen, aber in freier Natur war es einfach herrlich, die Stimmen erklingen zu lassen. Später war es dann auch möglich, die Worte mit in die Wohngruppe zu nehmen. Hier sprach Leon dann ganz leise, fast schon flüsternd.

Wenn ich jetzt von dieser Geschichte schreibe, durchströmt mich immer noch ein riesiges Gefühl von Dankbarkeit, dass dieser Junge durch meine individuelle heilpädagogische Begleitung in freier Natur die Sprache für sich entdecken konnte und dadurch die Möglichkeit bekam, sein Leben aktiver zu gestalten.

Ein anderes Beispiel stammt aus einer Werkstatt für Menschen mit Behinderung, diesmal mit Karla, einer jungen Frau, mit der Diagnose Asperger-Autismus. Karla zeigte im Arbeitsalltag öfter auffällige Verhaltensweisen. So stand sie immer wieder plötzlich von ihrem Platz auf, schimpfte laut fluchend und neigte zu handgreiflich fremd-aggressivem Verhalten. Meine heilpädagogische Diagnose ergab, dass sie sich einfach immer wieder sehr überreizt fühlte und noch nicht genügend Strategien entwickelt hatte, um dies frühzeitig zu merken und sich selbst zu regulieren. So entwickelte ich für sie zwei unterschiedliche Konzepte:

1. regelmäßige entspannende Aufenthalte in der Parkanlage der Werkstatt in Kombination mit angeleiteten heilpädagogischen Reflexionsgesprächen;
2. die Einrichtung eines zweiten, reizarmen Ausweich-Arbeitsplatzes mit Blick ins Grüne, an den sie sich jederzeit setzen konnte, sobald sie erste Anzeichen eines Overloads wahrnahm.

Diese Maßnahmen führten umgehend zu deutlich mehr Entspannung und Lebensqualität, sowohl bei der Klientin als auch bei den Kolleg*innen in der Gruppe.

Immer mehr Umsetzungsmöglichkeiten

Als ich dann in leitender Position beim Aufbau eines freizeitbegleitenden Fachdienstes für Menschen mit Autismus beteiligt war, war es natürlich für mich von großer Bedeutung, auch hier die Natur aktiv mit einzubeziehen. Neben der autismusspezifischen Einarbeitung meiner Mitarbeiter*innen liebte ich es auch, ihnen naturbezogene Strategien für ihre individuellen Einzelbegleitungen mit an die Hand zu geben.

Gleichermaßen habe ich selbstverständlich auch in meiner privaten Entwicklung immer mehr die heilsame Wirkung der Natur entdecken dürfen. In meiner Kindheit habe ich ja meist eher zufällig und rein intuitiv davon Gebrauch gemacht, nun als Erwachsene mit zusätzlich großem fachlichem und theoretischem Erfahrungsschatz lernte ich, immer feiner das Herz und die Intuition mit dem Verstand zu kombinieren. Auf diese Weise kreierte ich in und mit der Natur Situationen, die mich immer mehr und effektiver auf meinem persönlichen Weg der Entfaltung und Bewusstwerdung zu mehr Lebensfreude unterstützten.

Mein erster riesiger Liebeskummer mit Anfang 20 war zum Beispiel so eine Herausforderung, die ich mithilfe der Natur auf ganz magische Art transformieren konnte: Es war so, dass ich mich richtig elend fühlte, ich wollte kaum mehr das Haus verlassen. Schließlich kam es aber doch dazu, dass ich in einer etwas weniger schlimmen Phase draußen in der Natur unterwegs war. Ich nahm einen besonderen Stein vom Boden hoch, erzählte ihm mein ganzes Leid und weinte bittere Tränen. Plötzlich kamen mir die folgenden Worte in den Sinn: »Es ist doch wundervoll, so viel Liebe zu spüren. – Wenn du sie für diesen Mann empfinden kannst, dann kannst du sie auch für dich und für alles empfinden!« Und mit diesen Worten konnte ich auf einmal gar nicht mehr anders, als gelöst und befreit zu lachen. Ich bedankte mich bei dem Mann, dass er mich an die tiefe Liebe in mir erinnert hatte, und gab den Stein voller Liebe und Vertrauen in einen kleinen gluckernden Bach.

Von dem Moment an hatte ich zwar immer mal wieder das Gefühl von Liebeskummer, aber gleichzeitig war da immer (mal bewusster, mal weniger bewusst) dieses wohlige, vertrauensvolle Gefühl von: »Boah! So viel Liebe ist in mir!«

Daraus resultierte auch, dass ich nicht nur im Arbeitsumfeld, sondern auch privat Menschen inspirierte, mit ihren Sorgen, Blockaden und Schwierigkeiten in die Natur zu gehen und dort zu erleben, wie sich diese auf natürliche Art lösen und somit immer mehr Platz für Leichtigkeit, Genuss und Lebensfreude frei wird.

Beratung in freier Natur

So entwickelte ich eine riesige Freude daran, Natur-Gruppenangebote für mehr Lebensfreude anzubieten – sogar in geschlossenen Räumen für Menschen, die aufgrund ihrer Behinderung nicht so gut zu Fuß sind. Darüber hinaus sprach sich schnell herum, dass ich auch Einzelberatungen in freier Natur anbiete, welche sich großer Beliebtheit erfreuen.

Wenn ich mit meinen Klient*innen zur Beratung in die freie Natur gehe, habe ich immer dieses freudige »Schatzsuchegefühl«, das wir auch in der Kindheit so oft hatten. Die Menschen kommen teilweise mit sehr schweren Themen zu mir und schon nach den ersten Schritten auf waldigem Boden sind wir wie in einer anderen Welt. Schwierigkeiten, die aus dem Alltag mitgebracht werden, können hier aus einer gesunden Distanz beschrieben und zu lösbaren Herausforderungen verwandelt werden. Hierbei wirken mehrere Faktoren unterstützend:

- die heilsame Wirkung der Natur, auf die wir in diesem Buch noch umfangreich eingehen,
- die beraterischen Qualitäten,
- die persönliche Bereitschaft der Klient*innen, sich für neue Lösungswege zu öffnen,
- die Beziehungsqualität zwischen meinen Klient*innen und mir.

Um einen Geschmack für die unterschiedliche Wirkung meiner Begleitung zu vermitteln, habe ich im Folgenden ein paar Feedbacks skizziert:

Lisa (39): »Und am Wochenende bin ich direkt nochmal mit der kompletten Familie hier in das Waldstück gekommen – mit meinem Mann und den Kindern. – Während die Kleinen Stöcke und Steine in den Bach geworfen haben, konnte ich auf einmal ganz gelöst mit meinem Mann über die Dinge sprechen, die mir schon so lange schwer auf dem Herzen lagen. Da es ja der gleiche Ort war, wie bei unserem Gespräch, war es so, als wärst du die ganze Zeit dabei an meiner Seite gewesen. Ich habe mit Leichtigkeit die passenden Worte gefunden und es hat sich ein richtig gutes Gespräch entwickelt.«

Das sind Worte einer Klientin, die mir zu Beginn unseres dritten Beratungsgesprächs in freier Natur begeistert von ihren Erfolgen berichtete.

Ben (45): »Jetzt sitze ich hier, auf dem Waldboden, und fühle die Erde und kleinen Nadeln zwischen meinen Fingern. Wenn du mich nicht dazu eingeladen hättest, wäre ich bei dem Wetter niemals auf die Idee gekommen, mich einfach so hier hinzusetzen. Ich spüre so viel Ruhe und der ganze Stress des Alltags fühlt sich angenehm weit weg an. Mit so viel Luft im Rücken fallen mir auf einmal wieder ganz neue Lösungsmöglichkeiten ein.«

Diese Aussage stammt von einem Klienten, den ich zuvor unter anderem mit dem achtsamen Gehen (s. Kapitel 3.7) angeleitet hatte, sein Nervensystem herunterzuregulieren. Aus dieser Einheit im Sitzen ist ein ganz wundervolles psychoedukatives Gespräch über seine Abgrenzungsfähigkeit gegenüber Stress von anderen Menschen in seinem Umfeld entstanden. Daraus haben wir eine nachhaltig wirksame und für ihn passgenaue Methode für einen gesünderen Umgang in unangenehmen Gegenübertragungssituationen in seinem Alltag entwickelt.

Oliver (50): »Für mich ist die Arbeit mit Eva auf zwei Ebenen wichtig. Ihre gezielten Fragen, ihr gutes Gedächtnis und ihre Beobachtungsgabe helfen mir extrem dabei, meine eigenen Gedanken und Vorgehensweisen zu strukturieren, anzupassen und neu zu denken. Das Ganze dann in Wanderungen durch die Natur mit ruhigen und meditativen Phasen und Besinnungen ist unter ihrer wunderbaren Anleitung für mich genau die richtige Mischung.«

Das ist das Feedback eines Klienten, der sich in Bezug auf den weiteren Aufbau seines Business mehr Klarheit wünschte.

Sandra (37): »Liebe Eva, ich möchte dir von Herzen nochmal für alles danken. Bei unserem Treffen im Wald konnte ich mich durch deine Impulse wieder selbst spüren. Ich habe durch deine ruhige, fröhliche und achtsame Art gemerkt, wie sehr ich gerade unter Strom stehe. Und dann ist alles so leicht und natürlich ins Fließen gekommen. Ob es nun meine Tränen am Anfang des Coachings waren, als du mich zu diesem magischen Baum geführt hast, oder unsere Schritte im Wald, während du mir andere Perspektiven und Wege aufgezeigt hast. Alles geschah auf leichte Art und Weise. Am Ende sprudelten unsere Ideen nur so und mir war beschwingt und leicht zumute. Ich habe meine Leichtigkeit und Freude wiedergefunden. Manchmal reicht ein kleiner Gedankenstubser und alles fühlt sich wieder möglich, lösbar und sogar freudig an. Ich bin so froh, dass ich dich angerufen habe. – Alles Liebe.«

Das schrieb mir eine Klientin, welche schon seit einiger Zeit viel Schwere und Hoffnungslosigkeit in ihrem Leben spürte und sich nach ihrem »alten, fröhlichen Ich« sehnte.

Es ist zu erkennen, dass meine einzelnen Beratungsgespräche in freier Natur stets Maßanfertigungen für die jeweiligen Klient*innen sind: eine individuelle, ressourcenfördernde Mischung aus der Heil- und Traumapädagogik, angereichert mit dazu passenden Achtsamkeits- und Meditationsübungen, immer mit dem Ziel, dass die Menschen, die zu mir kommen, sich der eigenen Resilienz nachhaltig bewusster werden und sich damit immer selbstwirksamer als Gestalter*innen des eigenen Lebens erfahren.

Ich freue mich, in diesem Buch einen Einblick in die bunte und abwechslungsreiche Welt der kreativen Begleitung und Beratung in freier Natur geben zu dürfen. Auf dass sich noch mehr naturverbundene Menschen ermutigt fühlen, ihr Wirken ganz individuell, kreativ und voller Freude mit der Natur zu verweben.

1.4 Ihr persönlicher Ausblick

Mit den folgenden Fragen laden wir Sie zum Nachdenken und Vorausschauen ein. Schenken Sie sich selbst die nötige Zeit und machen Sie sich am besten wieder Notizen. Bitte lassen Sie zwischen Ihren Antworten etwas Platz für Ergänzungen, die Ihnen möglicherweise während der weiteren Lektüre des Buches in den Sinn kommen.

1. *Beratung in Bewegung, Praxisbuch für Coaching und Therapie in der Natur:* Welche Assoziationen und Erwartungen hatten Sie, als Sie sich entschieden haben, dieses Buch zu lesen?
2. Haben Sie schon konkrete Pläne, Beratungen im Freien anzubieten?
3. Haben Sie schon Erfahrung mit Beratung in der Natur gesammelt?
4. Erlauben Sie sich groß zu träumen: Wenn sich alles optimal entwickelt, wie sieht Ihr Arbeitsalltag dann in fünf Jahren in Kombination mit der Natur aus? Sehen Sie vor Ihrem geistigen Auge schon einen konkreten Ort, an dem Sie Ihre Beratungen durchführen?
5. Wie fühlt es sich an, Ihre Beratung auf diese Art anzubieten?
6. Welche Vorteile haben Sie und Ihre Klienten, wenn Sie Termine im *Gehen und im Freien* anbieten?

Indem Sie Ihr persönliches Beratungsangebot nach draußen verlagern, betreten Sie in gewisser Weise Neuland. Sie sind Pioniere und vielleicht begegnen Ihnen auch Widerstände. Es liegt uns am Herzen, dass Sie selbstsicher Ihren eigenen Stil entwickeln bzw. bewahren. Aus diesem Grund empfehlen wir Ihnen, zunächst Ihre ganz persönlichen Visionen und Gründe für Beratung im Freien und in Bewegung zu finden und diese dann mit den Fakten und Anregungen der folgenden Kapitel anzureichern.

Haben Sie Ihre Antworten und Visionen notiert? Wunderbar! – Im nächsten Kapitel führen wir aus, wie sich Bewegung und die Natur positiv auf Beratungsprozesse auswirken. In Kapitel 3 finden Sie Vorschläge für Therapie- und Coachingmethoden. Kapitel 4 beantwortet Fragen zur Organisation von Beratungsterminen in der Natur. So erhalten Sie ein gutes Rüstzeug für Ihr individuelles Beratungsangebot.

KAPITEL 2

Bewegung und freie Natur, ein guter Rahmen für Therapie und Coaching

Sind Sie neugierig darauf, warum die Natur auch für Sie und Ihre Klienten ein wundervoller Ort für die Beratung sein kann? Dann laden wir Sie in diesem Kapitel zu einem Spaziergang ein. Unterwegs erzählen wir Ihnen, warum Bewegung und warum die freie Natur einen wunderbaren Rahmen für gute Gespräche, für die Entwicklung neuer Ideen, für die Lösung von Problemen und für eine Verbesserung der emotionalen Verfassung bieten. Die Strecke, die wir für unseren gemeinsamen Ausflug geplant haben, kennen wir gut. Wir versprechen Ihnen, dass wir auf sicheren Wegen spazieren werden, die es uns erlauben, nebeneinander herzugehen, die Ihnen Ausblicke auf inspirierende Landschaften und Details ermöglichen und die Ihnen immer wieder die Freiheit bieten, Ihren eigenen Gedanken nachzusinnen.

Beim Zusammenstellen der Spazierroute haben wir zum einen auf unsere persönlichen jahrelangen Erfahrungen mit »Walk & Talk«-Coaching im Gehen, Coaching und Beratungsarbeit in freier Natur, zurückgegriffen, zum anderen verweisen wir – sozusagen als Absicherung und Beschilderung – auf Artikel und Studien aus der psychologischen und medizinischen Forschung. Auf diese Weise verweben wir die Ansprüche der Praxistauglichkeit und der Wissenschaftlichkeit zu einem soliden Ganzen. Nehmen Sie sich immer wieder die Zeit und die Freiheit, hier und da innezuhalten und genauer hinzusehen, wenn Sie das Gefühl haben, etwas entdeckt zu haben, das Sie näher untersuchen wollen. Dazu geben Ihnen die zahlreichen Literaturangaben Einstiegshilfen.

Unser Spazierweg ist in **drei Abschnitte** gegliedert:

Während der **ersten Etappe** befassen wir uns mit dem Thema **Bewegung**. Wir schauen uns an, wie physische Bewegung, sprich das gemeinsame Gehen von Berater und Klient, und Bewegung im Zusammenhang mit Coaching- und Therapiemethoden, positiven Einfluss auf den Beratungsprozess nehmen. Dabei stellen wir uns nacheinander die drei folgenden Fragen:

1. Wie verbessert Bewegung die physischen Grundlagen für einen erfolgreichen Beratungsprozess?
2. Wie wirken sich körperliche Bewegung und Gehen auf unser Denken aus?
3. Welchen Einfluss kann die Bewegung auf unsere Psyche haben?

Auf dem **zweiten Wegabschnitt** begeben wir uns hinaus in die **Natur**. Zu Beginn dieser Etappe schauen wir uns vier Hypothesen bzw. Theorien an:

1. Die Biophilie-Hypothese von Edward O. Wilson
2. Die Stress Reduction Theory von Roger Ulrich
3. Die Attention Restoration Theory von Rachel und Stephen Kaplan
4. Die Supporting Environment Theory von Patrik Grahn

Diese Ansätze liefern unterschiedliche Erklärungen für die positive Wirkung von Natur auf das Wohlbefinden und die Genesung bzw. Gesundheit des Menschen. Teilweise beschreiben sie sogar, wie die Natur aussehen sollte, damit sie eben diese Effekte entfaltet.

Im weiteren Verlauf führt uns dieser Wegabschnitt dann zu konkreten positiven Einflüssen, die die Natur auf den Beratungsprozess ausüben kann. Wir schreiben hier ganz bewusst *ausüben kann*: Die Zahl der Wirkfaktoren, die seit einigen Jahrzehnten wissenschaftlich untersucht werden, ist zwar groß, wir beobachten aber, dass einige Forschungsergebnisse in der Fachwelt kontrovers diskutiert werden und Potenzial für weitere größere Studien besteht. Außerdem ist davon auszugehen, dass nicht jeder einzelne Faktor als Allheilmittel wirkt. Die Natur ist wie eine Apotheke voller sanfter und nebenwirkungsarmer Medikamente, die mal beruhigend, mal anregend auf Körper und Psyche wirken. Wie gesagt, soll uns unser Spaziergang entlang sicherer Wege führen. Der eine oder andere Ausblick darf da getrost in Richtungen gehen, die noch nicht restlos erforscht sind.

Auch auf dieser Etappe lassen wir uns durch drei Fragen leiten:

1. Wie vermag es die Natur, auf physikalischem und biochemischem Weg, die Grundlagen für den Beratungsprozess zu verbessern?
2. Wie wirkt sich der Aufenthalt in der Natur auf unser Denken aus?
3. Welchen Einfluss hat die Natur auf unsere Psyche?

Nachdem wir während der ersten beiden Wegstrecken Bewegung und Natur sowie ihre jeweiligen Einflüsse auf den Beratungsprozess isoliert betrachtet haben, werden wir auf der **dritten Etappe** unseres Spaziergangs die gesammelten Erfahrungen zusammenführen. An dieser Stelle wollen wir zeigen, dass besonders das Zusammenspiel von **Bewegung *und* Natur** den Beratungsprozess positiv beeinflusst. Dazu nehmen wir nacheinander zwei Perspektiven ein:

1. Die Natur verstärkt die positiven Effekte körperlicher Bewegung (anders als z.B. Bewegung auf dem Laufband).
2. Indem wir uns in ihr bewegen, intensivieren wir die positiven Effekte der Natur (anders als wenn wir die Landschaft nur auf einer Bank sitzend betrachten).

2.1 Beratung in Bewegung

Der aufrechte Gang und die menschliche Sprache, das sind zwei der zentralen Fähigkeiten, die den Menschen von allen anderen Lebewesen auf der Erde unterscheiden. Gehen und Sprechen funktionieren zwar auch sehr gut getrennt voneinander, und doch scheinen sie sich wechselseitig zu beeinflussen. Versetzen Sie sich einmal in die verschiedenen Gesprächssituationen, die in der folgenden Tabelle einander gegenübergestellt sind. Wir haben hier ganz bewusst, mit nur einer Ausnahme, keine Beratungskontexte gewählt, da wir Sie bitten möchten, sich die Gesprächsbedingungen als persönlich Involvierter und nicht als professioneller Coach oder Therapeut vorzustellen.

	Gespräch im Sitzen	Gespräch im Gehen
1	Sie sitzen gemeinsam mit Kollegen in einem Besprechungsraum und diskutieren mögliche Schritte in einem Projekt, das sich im Augenblick nicht gut entwickelt.	Sie gehen mit einem oder zwei Kollegen (vielleicht auf einem Betriebsausflug oder in der Mittagspause) spazieren. Das Gespräch kommt auf ein festgefahrenes Problem, das Sie derzeit auf der Arbeit umtreibt.
2	Sie sprechen in Ihrer Beratungspraxis mit einer Klientin, die an Depressionen leidet.	Sie spazieren mit einer Klientin, die an Depressionen leidet, durch einen lichten Wald. Der breite Weg führt abwechselnd leicht bergauf und bergab.
3	Sie sitzen mit Ihrem Partner am Samstagmorgen am Frühstückstisch und wollen ein paar Themen besprechen, die Ihnen schon länger auf den Nägeln brennen.	Sie machen mit Ihrem Partner einen ausgedehnten Spaziergang. Unterwegs besprechen Sie einige Themen, die Ihnen schon länger auf den Nägeln brennen.
4	Sie sitzen mit einer alten Freundin in einem Café. Ihre Freundin lebt in einer unglücklichen Beziehung und hat enormen Stress am Arbeitsplatz. Sie bittet Sie um Rat.	Sie unternehmen mit einer alten Freundin eine Wanderung. Ihre Freundin lebt in einer unglücklichen Beziehung und hat enormen Stress am Arbeitsplatz. Sie bittet Sie um Rat.
5	Sie sitzen mit Ihrem Vater in dessen Wohnzimmer. Es gäbe durchaus einiges zu besprechen. Außer der Klagen Ihres Vaters und einiger Belanglosigkeiten wird aber nichts gesagt.	Sie gehen mit Ihrem Vater spazieren und hören sich zunächst die altbekannten Klagen an. Sie tauschen auch ein paar Belanglosigkeiten aus. Schließlich lenken Sie das Gespräch zu den Themen, die Ihnen wirklich wichtig sind.

Geht es Ihnen ähnlich wie uns? Empfinden Sie die im Gehen geführten Gespräche auch als dynamischer und vitaler, als die im Sitzen geführten Gespräche?

Wir werden darauf zu sprechen kommen, warum das so ist, und Belege dafür anführen, dass unsere Beobachtungen im Einklang mit den Ergebnissen wissenschaftlicher Forschungen sind. Zunächst einmal betrachten wir aber, ausgehend von den fünf Gesprächssituationen in der Tabelle, einige grundsätzliche und intuitiv wahrnehmbare positive Auswirkungen, die das Gehen im Gegensatz zum Sitzen auf Unterhaltungen, Beratungen oder Diskussionen haben kann.

Im ersten Beispielpaar der Tabelle geht es darum, dass im Gehen **Problemlösekompetenzen** und **kreatives Denken** besonders gut funktionieren. Im Gehen blicken die Gesprächspartner überwiegend nach vorne. Auch die Körperbewegung ist nach vorne und auf ein Ziel hin ausgerichtet. Die Gesprächspartner gleichen dabei sehr oft intuitiv den Rhythmus ihrer Schritte einander an. Sie gewinnen so ganz nebenbei und meist unterbewusst die Erfahrung, nicht nur körperlich, sondern auch gedanklich gemeinsam unterwegs zu sein. So werden etwaige hinderliche Hierarchien und Differenzen, die ein gemeinsames Arbeiten unter Umständen belasten, zumindest für die Dauer des Spaziergangs verringert.

Mit dem zweiten Beispielpaar, also dem des Therapiegespräches, wollen wir den bisher genannten positiven Effekten von Gesprächen im Gehen den Aspekt der Leichtigkeit hinzufügen. **Im Gehen wird Schweres leichter.** Das haben wir in vielen Beratungen erlebt. Könnten wir ein und dasselbe Gespräch zweimal führen, einmal im Sitzen und einmal im Gehen, dann würde sich das im Sitzen geführte Gespräch wesentlich schwerer anfühlen als das im Gehen geführte. Wenn wir mit dieser Vermutung richtig liegen, dann bedeutet das aber auch, dass es möglich ist, im Gehen Gespräche zu führen, die in besonders tiefe und möglicherweise schmerzende Schichten vordringen, ohne die jeweilige Schmerzgrenze über Gebühr zu belasten. Allein durch den gemeinsamen Spaziergang wird die Patientin aus dem Beispiel nicht von ihrer Depression geheilt werden, sie ist aber durch das im Gehen (und im Freien) geführte Gespräch sehr wahrscheinlich vergleichsweise offen und im Stande wirkmächtige Impulse, sowohl im kognitiven als auch im emotionalen Bereich, aufzunehmen.

Mit dem dritten Beispielpaar beziehen wir uns darauf, dass sich in der privaten Alltagsroutine von Paaren und Familien sehr häufig Konflikte, Probleme und Sorgen anstauen. Diese lassen sich am Küchentisch, auf der Couch oder im Bett oft nicht zufriedenstellend besprechen oder sogar lösen. Entweder mangelt es an Ruhe – immer wieder stört ein Kind oder eine Haushaltstätigkeit, die erledigt werden sollte/könnte – oder es fehlt ein guter räumlicher Abstand zu den Themenfeldern, über die man sich unterhalten möchte. Beim Spaziergang zu zweit sind die Voraussetzungen wesentlich günstiger: Hier haben die Partner die Möglichkeit, zunächst einmal durchzuatmen und in emotional beruhigter Stimmung Gedanken, Fragen und Vorschläge zu den anliegenden Themen auszutauschen. Im Nebeneinanderhergehen im Freien gelingt es viel leichter als am noch nicht abgedeckten Esstisch, Geduld und Verständnis für den Partner aufzubringen und die eigenen Bedürfnisse oder Lösungsvorschläge mitzuteilen.

Speziell für Gespräche, die potenziell in Streit oder in starken negativen Emotionen münden könnten, sind Spaziergänge ein sehr guter Rahmen, da durch die fortwährende körperliche Bewegung der jeweilige Stresspegel kontinuierlich abgemildert wird. (Neben der Bewegung mag auch das Gefühl beruhigend wirken, dem Gesprächspartner nicht in einem geschlossenen Raum ausgeliefert zu sein.) Einvernehmliche Spaziergänge und Wanderungen stärken das Gemeinschaftsgefühl. Sehr häufig rufen sie für die Beziehung wertvolle Erinnerungen an gemeinsame Wege, Erlebnisse und Visionen wach.[7]

Auch das Beispiel des Gesprächs mit der ratsuchenden Freundin, die sowohl privat als auch beruflich unzufrieden ist, lässt in der Wandervariante wesentlich entspanntere und zuversichtlichere Bilder entstehen als in der Cafévariante. Höchstwahrscheinlich macht sich die Freundin Tag und Nacht viele Gedanken, ohne aber das Gefühl zu haben, weiterzukommen oder etwas bewegen zu können. Es hat sich in ihr möglicherweise auch schon eine große Menge Wut, Verzweiflung oder Selbstzweifel aufgestaut. Während ein oder zwei gemeinsamer Stunden im Café kann sie sich zwar ihren Frust von der

---

7 Wir erhalten von unseren Klienten im Nachhinein immer wieder positive Rückmeldungen, wenn wir Ihnen empfohlen haben, schwierige und wichtige Gespräche mit Partnern oder Angehörigen auf einem Spaziergang zu führen.

Leber reden und vielleicht auch den einen oder anderen Gedankenimpuls mitnehmen. Wird sie sich aber anschließend erfrischt und gestärkt fühlen? Wird sie den Eindruck gewonnen haben, den eigenen Weg zu gehen? Wird sie erlebt haben, dass sie auf eigenen Beinen steht und dass sie noch längst nicht alle Optionen, die ihr zu Verfügung stehen, bedacht hat? Sollten die Freundinnen keine ausgesprochenen Bewegungsmuffel oder Frischluftphobikerinnen sein, dann stehen die Chancen gut, dass sie bei einem Gespräch im Gehen weiterkommen als im Sitzen.

Das fünfte Beispielpaar, das Gespräch mit dem Vater, haben wir hier mit aufgenommen, da es zeigt, dass ein Spaziergang ein guter Rahmen für Gespräche zwischen Eltern und ihren erwachsenen Kindern sein kann. In vielen Familien herrscht große Unsicherheit, wenn es darum geht, generationenübergreifend auf Augenhöhe über Konflikte oder Gefühle zu sprechen und gemeinsam Lösungen zu finden. Das mag daran liegen, dass einfach oft die Erfahrung und damit das Vertrauen fehlt, dass man sich mit seinen Eltern bzw. Kindern über persönliche Sorgen und existenzielle Themen unterhalten kann. Ein gemeinsamer Spaziergang hilft dabei, eine neue Gesprächskultur zu entwickeln und schwierige bzw. ungewohnte Fragen zu stellen. Und schließlich geht es in den Gesprächen häufig darum, kreativ notwendige Veränderungen zu planen oder Erinnerungen aus dem Langzeitgedächtnis zu bearbeiten. Kreativität und Erinnerungsvermögen sind beides kognitive Leistungen, die im Gehen besonders gut funktioniert. Das werden wir weiter unten noch ausführlich erörtern.

Mit den fünf hypothetischen Minivignetten haben wir uns in einer intuitiven Weise an Unterschiede zwischen im Sitzen und im Gehen geführten Gesprächen herangetastet. Es ist uns an dieser Stelle wichtig, noch einmal klarzustellen, dass Beratungsarbeit, die überwiegend im Sitzen in Praxisräumen durchgeführt wird, nicht prinzipiell falsch und schlecht ist. Selbstverständlich gibt es immer wieder Bedingungen, die es geradezu verbieten, Beratungseinheiten außerhalb der Praxisräume und in Bewegung durchzuführen. Es ist darüber hinaus auch zu bedenken, dass das Setting zum Berater passen sollte.

Vielleicht stehen Sie gerade am Beginn einer beruflichen Veränderung und damit mitten in einem kreativen Prozess. Vielleicht ist für Sie auch Wayne Sandler, Psychiater in Los Angeles, ein interessantes Vorbild. Sandler hatte bereits vor 20 Jahren, so lesen wir in der Los Angeles Times, in seiner Psychotherapiepraxis zwei Laufbänder aufgestellt. Dieses innovative Setting ermöglichte es ihm, bei ausgewählten Patienten die Vorteile körperlicher Bewegung in die Therapiearbeit zu integrieren. Vielleicht führen Sie bereits privat oder im Zusammenhang mit Ihrer beruflichen Tätigkeit Beratungsgespräche im Gehen und möchten Argumente und Ideen kennenlernen, die Sie in ihrem Tun bestärken. Lassen Sie uns darum unseren gemeinsamen Spaziergang auf der eingangs angekündigten Route fortsetzen.

2.1.1 Wie verbessert Bewegung die physischen Grundlagen für einen erfolgreichen Beratungsprozess?

Gehen ist gesund. Ganz gleich, ob der Weg zur Arbeit oder zum Supermarkt führt oder ob Sie eine Runde im Stadtpark oder einem Naherholungsgebiet drehen. Die Minuten, in denen Sie beherzten Schrittes einen Fuß vor den anderen setzen, dürfen Sie auf das Zeitkonto Ihrer sportlichen Aktivitäten buchen. Die WHO empfiehlt, dass auf diesem Konto pro Woche 150 bis 300 Minuten aerober Tätigkeiten zusammenkommen sollten (World Health Organization 2018). Zu den aeroben Tätigkeiten zählen neben zügigem Gehen alle Sportarten, bei denen der Energiebedarf der Muskeln noch durch Oxidationsprozesse mit Sauerstoff gedeckt wird.[8] Der Puls steigt leicht an, Sie kommen aber nicht völlig außer Puste. Behördliche Handreichungen aus Deutschland, Österreich und der Schweiz[9] ori-

8 Bei Sportarten, in denen wir an unsere physischen Leistungsgrenzen gehen, reicht der aerobe Verbrennungsprozess nicht aus, um die Muskeln mit der nötigen Energie zu versorgen. Durch anaerobe, also sauerstofflose Prozesse werden dann schnell größere Energiemengen bereitgestellt. Dabei werden Kohlenhydrate mittels Milchsäuregärung in Energie umgewandelt. Bewegung, die uns in den anaeroben Stoffwechselbereich bringt, spielt bei der Beratungsarbeit in der Regel aber keine Rolle.

9 Deutschland (Bundeszentrale für gesundheitliche Aufklärung 2016), Österreich (Fonds Gesundes Österreich 2020), Schweiz (Bundesamt für Sport BASPO 2013)

entieren sich am unteren der beiden Werte aus der WHO-Empfehlung. Damit sind Sie mit wenig mehr als 20 Minuten munterem Spazierengehen pro Tag auf einem guten Weg.

Viele Menschen in unserer Gesellschaft sind allerdings weit davon entfernt, sich 2½ Stunden pro Woche sportlich zu bewegen oder spazieren zu gehen. Auf dem Weg zur Arbeit und am Arbeitsplatz wird viel zu viel gesessen. Gleiches gilt für die Freizeit oder für Schul-, Ausbildungs- und Studienzeiten. Der Mensch ist aufgrund seiner evolutionären Entwicklung aber nicht fürs Sitzen eingerichtet.[10] Als Jäger und Sammler hatten unsere Vorfahren täglich ein umfangreiches Bewegungsprogramm zu absolvieren. Dabei waren sie unterm Strich erfolgreich. Anderenfalls gäbe es uns heute nicht.

Fragen Sie sich mal ehrlich: Wie viel bewegen Sie sich während einer normalen Arbeitswoche?

Wie sieht es bei Ihren Klienten aus? Bewegen sie sich ausreichend?

Der Fortschritt der letzten 10 000 Jahre (und ganz besonders der letzten 100 bis 200 Jahre) hat uns unzählige Annehmlichkeiten gebracht. Dazu gehört, dass wir, die wir in einer Industrienation leben, uns nicht mehr körperlich anstrengen müssen. Körperliche Bewegung scheint nicht mehr überlebensnotwendig zu sein. Sie ist optional geworden bzw. in vielen Lebensbereichen (Schule, Büro, Verkehr etc.) nur sehr eingeschränkt möglich.

Aus unserer Entwicklungsgeschichte ist abzuleiten, dass das Gehen und körperliche Bewegung ganz allgemein zu einem artge-

---

10 »Sick of sitting« also »vom Sitzen krank«: Der Endokrinologe James Levine beschreibt, wie Sitzen die Gesundheit ruiniert (Levine 2015). Nicht nur Übergewicht, sondern 30 weitere chronische Krankheiten bringt der Wissenschaftler mit zu viel Sitzen in Verbindung. Er erklärt, dass der Mensch von seiner Evolution her fürs Gehen optimiert ist. Sozialer Kontakt und Arbeit sei bis vor kurzem überwiegend mit Aktivitäten auf zwei Beinen verbunden gewesen, wohingegen man sich nur hinsetzte, um sich auszuruhen. Die Realität sieht heute bekanntlich für die meisten Menschen anders aus. Wir sitzen sowohl bei der Arbeit als auch, wenn wir uns von ihr erholen. Levine drückt das Problem pointiert aus, indem er sagt: »Sitzen ist das neue Rauchen.« Dabei stellt er fest, dass Sitzen sogar schädlicher (und mit Sicherheit weiter verbreitet) ist als Rauchen. – Es kann sein, dass er damit auf etwas unsachliche Weise Äpfel mit Birnen vergleicht. Zwei Dinge nehmen wir aber mit: 1. Das Gros unserer Klienten sitzt zu viel. Sie profitieren darum besonders von Beratungsterminen im Gehen. 2. Am schädlichsten ist es sicherlich, wenn Menschen sowohl viel sitzen als auch rauchen.

rechten und damit gesunden Leben des Menschen gehört. Das belegen auch Messergebnisse physiologischer Parameter. So nahmen zum Beispiel die britischen Wissenschaftler Sarah Hanson und Andy Jones 42 Studien in einer Metaanalyse unter die Lupe. Ziel der Untersuchung war es, herauszufinden, welche physischen und psychischen Auswirkungen Walking-Gruppen auf deren Teilnehmer haben (Hanson & Jones 2015). Das Ergebnis bestätigt unsere Vermutungen: Durch regelmäßiges Gehen sinken Blutdruck, Ruhepuls und Cholesterinspiegel. Körperfett und Body-Mass-Index nehmen ab. Die maximale Sauerstoffaufnahme und damit die Ausdauerleistung nimmt zu. Mit der Verbesserung des physischen Gesundheitszustands stellt sich darüber hinaus eine Qualitätssteigerung des subjektiven Gesundheitsempfindens ein.

Speziell im Zusammenhang mit den Themenfeldern, die in Coaching und Therapie zentrale Rollen spielen, lohnt sich ein kurzer Blick in die Endokrinologie, denn Bewegung unterstützt maßgeblich den Abbau von Stresshormonen (Adrenalin, Noradrenalin und Cortisol). Diese werden ausgeschüttet, wenn wir uns bedroht fühlen. Sie stoßen binnen weniger Sekunden organische Reaktionen an, die uns hellwach und zu Höchstleistungen bereit machen. Das ist für akute Kampf- oder Fluchtsituationen zweckdienlich. Es sollte aber kein Dauerzustand sein, da sonst Entspannung und Erholung unmöglich werden. Die Folge eines dauerhaft überhöhten Stresshormonlevels sind Unausgeglichenheit, Unzufriedenheit und Schlafstörungen. Das wiederum zieht bekanntlich Lern- und Konzentrationsschwierigkeiten nach sich. Damit baut sich ein Teufelskreis auf, der leicht zu Depressionen und Burn-out führt, wenn es nicht gelingt, ihn rechtzeitig zu verlassen.

Durch körperliche Bewegung werden nicht nur Stresshormone abgebaut, sondern auch Glückshormone (Serotonin und Endorphine) ausgeschüttet. So kann ein Spaziergang bereits auf der physischen Ebene dazu beitragen, dass wir uns zum einen aufgrund der Minderung der Stresssymptomatik befreit fühlen und zum anderen Dank der Glückshormone die Zuversicht gewinnen, mit unserer gewonnen Freiheit etwas anfangen zu können. Das sind gute Voraussetzungen für jegliche Beratungsarbeit.

Nun wollen wir Spazierengehen nicht als Wunderwaffe zur Lösung allen emotionalen und kognitiven Übels überstrapazieren. Wir sind aber aufgrund der wissenschaftlichen Datenlage und ganz besonders auch aufgrund der jahrelangen Erfahrung, die wir mit Beratungen im Gehen gesammelt haben, davon überzeugt, dass Bewegung befreit, kräftigt und resilienter macht. In der Praxis haben wir es oft mit Klienten zu tun, die sich zu wenig bewegen. Für diese Gruppe bedeutet der Beratungsspaziergang ein körperlich erlebbarer und durchaus willkommener Kontrast zum Gewohnten. Dann finden aber auch Menschen gerade deshalb den Weg zu uns, weil sie sich gerne und viel bewegen und weil sie intuitiv wissen, dass sie im Gehen besonders gut sprechen und nachdenken können.

In beiden Gruppen beobachten wir häufig, dass die Klienten am Anfang der Beratungseinheiten ein relativ hohes Schritttempo vorlegen. Sie kommen bisweilen geradezu außer Atem (vor allen Dingen, wenn es bergauf geht). Nach einigen Minuten bleiben sie dann erstaunt stehen und verleihen ihrer Verwunderung darüber Ausdruck, dass sie so schnell »losgerast« und außer Puste sind. Nach einer solchen Einleitung finden sie üblicherweise in ein eher bedächtiges Spaziertempo. Es ist so, als hätten sie sich mit dem anfänglichen »Sprint« freigelaufen. Vor dem Termin war die Herzfrequenz möglicherweise hoch und die Muskeln waren sprungbereit. Das kann an Stress allgemein oder an Ängsten vor der bevorstehenden Beratungssituation im Besonderen liegen. Durch das schnelle Gehen bekommen Herz und Muskeln eine reale körperliche Aufgabe. Die bereitgestellte Leistung wird abgerufen. Angestaute Energie wird verbrannt. Kopf und Körper werden freier und ruhiger. Wie anders geht es den Klientinnen, die mit ihrem Stress, mit Ängsten und Herzklopfen in der Beratungspraxis ankommen? Durch eine beruhigende Atmosphäre und gute Aufnahme seitens des Beraters können auch sie in einen guten Arbeitsmodus finden. Wir sind gleichwohl davon überzeugt, dass die körperliche Bewegung, die Beratungen im Freien als etwas ganz Selbstverständliches mit sich bringen, dem Menschen und seiner Natur sehr entgegenkommt.

Im weiteren Verlauf der Beratungseinheiten ist das Schritttempo, wie gesagt, in der Regel vergleichsweise langsam und bedächtig. Es kann aber nach Bedarf jederzeit variiert werden. So mag es vorkommen, dass ein Klient, der angesichts eines Themas Stress empfindet oder sich innerlich aufgewühlt fühlt, seinen Schritt beschleunigt (als wolle er vor etwas davonlaufen oder einen Angriff starten). Auf diese Weise leistet er intuitiv einen körperlichen Beitrag dazu, dass der wachsende Pegel der Stresshormone nicht in einen Bereich steigt, der ungesund bzw. für die aktuell stattfindende Beratungsarbeit hinderlich wäre.

Desgleichen verfügt die Beraterin mit dem Schritttempo über ein Werkzeug, das sie gezielt einsetzen kann. Gewinnt sie den Eindruck, dass ihr Klient in eine erhöhte Anspannung gerät, so kann sie versuchen, die Schrittgeschwindigkeit sachte zu steigern und gleichzeitig das Gesprächstempo zu reduzieren. Aufwallende Energie wird so verbrannt, ehe sie zu Kopfe steigt. Oder die Beraterin teilt ihrem Klienten mit, dass sie den Eindruck gewonnen habe, er sei im Augenblick sehr angespannt, diese Anspannung könne aber durch zügiges Gehen höchstwahrscheinlich gelöst werden.

Was für den Klienten gilt, trifft gleichermaßen auf die Beraterin zu. Auch ihr hilft die körperliche Bewegung dabei, im Verlauf der Beratungstermine wach und besonnen zu bleiben. Voraussetzung ist natürlich, dass sie eine Grundfitness mitbringt, die es ihr erlaubt, die jeweiligen Wegstrecken entspannt zu gehen und etwaigen Tempobedürfnissen des Klienten ohne Mühen gerecht zu werden. Normalerweise ist diese Anforderung gut zu meistern. Zum einen profitiert die Beraterin, die regelmäßig mit Klienten draußen unterwegs ist, davon, dass ihr Arbeitsplatz ganz nebenbei ein gesundes körperliches Training bietet. Zum anderen besteht abhängig von der gewählten Spazierroute und je nach dem Ermessen der Beraterin immer wieder auch die Möglichkeit, einfach einmal stehen zu bleiben (und sich einander zuzuwenden) oder sogar eine Sitzgelegenheit, wie z. B eine Parkbank, einen Baumstamm, eine Mauer o. Ä. zu nutzen. Sitzpausen sind natürlich auch dann zu empfehlen, wenn der Klient sich Notizen machen möchte.

Fünf Gründe, die für Beratung in Bewegung sprechen:

- **Vernunft:** Das Wissen bzw. Informationen darüber, dass man dem eigenen Körper durch Gehen (im Gegensatz zum Sitzen) etwas Gutes tut, steigert die Motivation, sich in den Beratungsprozess zu begeben.
- **Spaßfaktor:** Der sportliche Aspekt von Beratung im Gehen macht es vielen Menschen leichter, Hilfe in Anspruch zu nehmen. (Das motiviert unserer Erfahrung nach besonders Männer, die sich bekanntlich häufig schwerer tun, Hilfe anzunehmen.)
- **Wachheit:** Mit Bewegung geht eine verbesserte Sauerstoffversorgung des Gehirns einher. Das führt zu erhöhter Wachheit während der Beratung.
- **Energiemanagement:** Durch zügiges Gehen werden Stresshormone abgebaut und angestaute Energie in Muskelarbeit ausgepowert.
- **Glücksgefühle:** Bewegung trägt zu einem positiven Körpergefühl bei. Das begünstigt das Vertrauen, in der Beratung auf einem guten Weg zu sein.

2.1.2 Wie wirken sich körperliche Bewegung und Gehen auf unser Denken aus?

Im Gehen, sowie in Bewegung ganz allgemein, funktioniert unser Denken anders als im Sitzen oder Liegen. Schon bevor wir uns selbst mit dem theoretischen Hintergrund von Beratung im Gehen vertraut gemacht haben, ist uns dies aufgefallen. So konnte es zum Beispiel vorkommen, dass wir uns bei der Arbeit am Schreibtisch mit einer komplexeren Fragestellung oder einem Problem konfrontiert sahen. Da im Augenblick nicht die Zeit war, eine Antwort oder einen Lösungsansatz zu entwickeln, nahmen wir uns vor, uns später am Tag beim Joggen oder Spazierengehen mit dem Thema gedanklich auseinanderzusetzen. Wir hielten es für vernünftig, die Zeit, die wir unterwegs sein würden, effizient zu nutzen. Wenn wir uns dann aber einige Stunden später auf den Weg machten und damit beginnen wollten, die geplante Denkarbeit zu erledigen, stellten wir schnell fest, dass dies überhaupt nicht funktionierte. Die Gedanken tanzten durcheinander und mochten sich weder festhalten und schon gar nicht vertiefen lassen. Alle Bemühungen schienen zwecklos. Wir gaben bald auf und ließen die Gedanken frei kommen und gehen, während wir Schritt für Schritt unserem (physischen) Weg folgten. So konnte gut und gerne eine halbe Stunde verstreichen. Und plötzlich war sie da, die Antwort, die Lösung, die neue Idee, nach der wir gesucht hatten.

Da wir uns als Berater von Berufswegen mit verstrickten und festgefahrenen Gedanken bzw. mit dem Finden von neuen Ideen und Lösungen beschäftigen, brachte uns unsere persönliche Erfahrung dazu, den Zusammenhang von Denken und körperlicher Bewegung näher zu untersuchen. Wir wurden in der Forschungsliteratur fündig: Bewegung hat Auswirkungen auf unser Denken.

Um den Unterschieden zwischen Denken im Gehen und Denken im Sitzen auf die Spur zu kommen, betrachten wir drei grundlegende Aspekte des Denkens: **Kreativität**, **Erinnerungsvermögen** und **Merkfähigkeit**. Diese kognitiven Leistungen spielen in Beratungsprozessen wichtige Rollen. Je nach Art des zu lösenden Problems bzw. je nach dem Abschnitt des Entwicklungs- oder Lösungsprozesses, in dem wir uns gerade bewegen, ist eine dieser drei Fähigkeiten besonders gefragt. Dabei treten sie natürlich nie isoliert voneinander auf, sondern stehen in kontinuierlicher Wechselwirkung miteinander. Zu den drei genannten Disziplinen gibt es wissenschaftliche Studien, die den Einfluss von Bewegung auf die jeweilige kognitive Leistung untersuchen.

Kreatives Denken

Bei Experimenten, die die Kreativität[11] von Testteilnehmern jeweils vor und nach einer Bewegungseinheit messen, zeigt sich, dass die physische Aktivität tatsächlich zu einem Kreativitätszuwachs führt. Da Bewegung aber auch einen positiven Einfluss auf die emotionale Verfassung hat, stellt sich die Frage, ob die kreative Leistungsfähig-

11 Wenn wir hier von Kreativität sprechen, dann meinen wir jegliche Form des Denkens, bei dem neue Ideen und neue Sichtweisen auf (scheinbar festgefahrene) Situationen entstehen, die dazu beitragen, diejenigen Probleme zu lösen, die einen Klienten in die Beratung führen. Eine präzisere Definition von Kreativität ist für den Zweck dieses Buches nicht notwendig.

keit unmittelbar mit der körperlichen Bewegung zusammenhängt oder ob sie beispielsweise eine Folge der durch die körperliche Aktivität verbesserte Stimmung ist. In den 90er Jahren kommt die Psychologin Hannah Steinberg mit ihrem Forschungsteam zum Ergebnis, dass sowohl Kreativität als auch Stimmung durch Bewegung verbessert werden (Steinberg et al. 1997). Die Wissenschaftler stellten fest, dass Testpersonen, die eine 20-minütige Einheit mäßig anstrengender körperlicher Bewegung absolvierten, anschließend im Schnitt kreativer und besser gelaunt waren als vor der Bewegungseinheit. Bei den Mitgliedern einer Kontrollgruppe, die an Stelle der Bewegungsphase einen Dokumentarfilm zu geologischen Formationen sah, verhielt es sich genau umgekehrt. Ihre kreative Leistung war nach dem Film geringer als vor dem Film. (Inwieweit das mit der Thematik des Films zu tun haben könnte, wurde nicht weiter untersucht.)

Wir haben es im Dreieck zwischen Bewegung, Kreativität und Stimmung allem Anschein nach mit vielfältigen Wechselbeziehungen zu tun. So zeigten Chermahini Soghra Akbari und Bernhard Hommel, dass nicht nur (positive) Emotionen unser Denken (positiv) beeinflussen, sondern dass umgekehrt speziell kreatives Denken bzw. kreative Denkerfolge die Stimmung positiv beeinflussen, während logisches und geradliniges Denken eine entgegengesetzte Wirkung haben soll (Akbari Chermahini & Hommel 2012). Für Coaching und Therapie bedeutet dies, dass es letztendlich unerheblich ist, ob zunächst die Stimmung oder das Denken positiv angeregt werden. Wenn durch das Gehen beide Enden der Stimmungs-Denk-Achse positiv angeregt werden, haben wir hiermit ein wertvolles Werkzeug, um Heilungs-, Entwicklungs- und Lösungsprozesse anzuregen und voranzubringen.

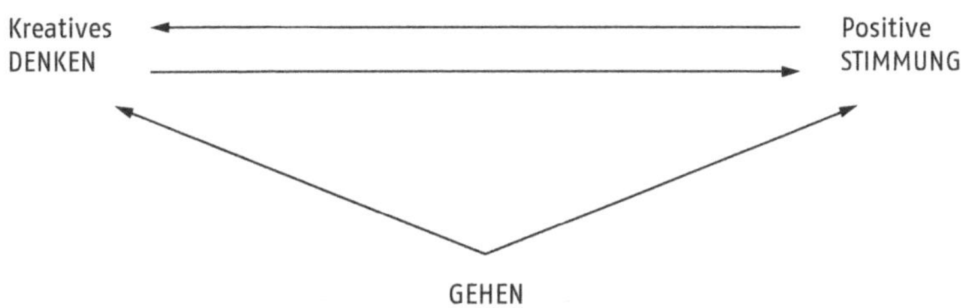

Eine weitere, vielbeachtete Studie der Stanforder Psychologen Marily Oppezzo und Daniel L. Schwartz mit dem verheißungsvollen Titel *Give Your Ideas Some Legs: The Positive Effect of Walking on Creative Thinking* liefert zusätzliche Evidenz für den Zusammenhang zwischen körperlicher Bewegung und kreativem Denken (Oppezzo & Schwartz 2014). Auch die Teilnehmer dieser Studie wurden angehalten, Kreativitätstests zu absolvieren. Die Ergebnisse zeigten, dass die Studienteilnehmer im Gehen mehr und flüssiger sprachen als im Sitzen. Dabei war die Qualität der Äußerungen, verglichen mit deren Quantität, sogar überproportional höher. Das legt nahe, dass im Gehen nicht nur mehr gute Gedanken geäußert werden, weil mehr gesprochen wird, sondern dass mehr Redeanlass besteht, weil mehr gute Gedanken auftauchen.

Um herauszufinden, ob die Kreativität durch die körperliche Bewegung, und nicht etwa durch die Landschaft, in der die Bewegung stattfindet, stimuliert wird, verglichen die Autoren die Denkleistung von vier Testgruppen. Die Mitglieder der ersten Gruppe gingen während der Bearbeitung der Testaufgaben auf einem Laufband im Testlabor. Die Mitglieder der zweiten Gruppe bearbeiteten die Aufgaben im Sitzen in einem reizarmen Innenraum. Die Mitglieder der dritten Gruppe bearbeiteten die Aufgaben im Gehen auf einer Spazierroute, die über einen belebten Campus führte. Die Mitglieder der vierten Gruppe wurden in Rollstühlen entlang eben dieser Route gefahren, während sie die Aufgaben bearbeiteten. Die Analyse der erbrachten kreativen Leistung zeigte, dass das Gehen den größten positiven Einfluss auf die Kreativität hatte. Die Campus-Umgebung wirkte sich zwar auch positiv aus, der Effekt war aber vergleichsweise gering. Am schlechtesten schnitten die Probanden ab, die ihre Aufgaben in einem geschlossenen Raum sitzend bearbeiteten.

Schließlich stellten Oppezzo und Schwartz auch fest, dass der Zusammenhang zwischen Gehen, bzw. dem Bewegen der Beine, und Denken nicht unmittelbar zu bestehen scheint. Das erhöhte Kreativitätspotenzial war auch nachweisbar, wenn Probanden im Anschluss an eine erste Testphase im Gehen eine zweite Testphase im Sitzen absolvierten. Als mögliches Bindeglied nennen die Autoren den durch das Gehen angeregten Blutkreislauf, biochemische Prozesse oder die gehobene Stimmung. Letzteres bestärkt die Vermutung, dass Gehen stimulierend auf die wechselseitige positive Wirkung zwischen Denken und Emotionen wirkt.

Eine weitere Erkenntnis aus der Studie von Oppezzo und Schwartz ist, dass im Gehen die Kreativität sehr stark begünstigt wird, während das nüchterne, logische Denken tendenziell in den Hintergrund rückt. Diese Beobachtung führt uns zu einer, wie wir finden, sehr interessanten Hypothese, mit deren Hilfe sich erklären lässt, warum wir im Gehen anders denken als im Sitzen:

Beim Denken am Schreibtisch oder im Besprechungsraum, werden wir intuitiv durch unser »Arbeits-Mindset« diszipliniert. Mit dem Begriff Arbeits-Mindset meinen wir in diesem Zusammenhang eine innere Haltung, von der wir uns versprechen, dass sie geeignet ist, Aufgaben effizient und effektiv zu erledigen. Um dieses Ziel zu erreichen, ist es wichtig, dass wir uns strukturieren, kontrollieren und fokussieren.[12] Die Resultate, die wir produzieren, sollten normgerecht und damit präsentabel sein.

Dieses Arbeits-Mindset aufzubauen und aufrechtzuerhalten, lernen wir bereits in der Schule. Es hilft uns dabei, uns auf Prüfungen vorzubereiten, und das Gelernte dann im Zeitrahmen, den uns die jeweilige Prüfungssituation bietet, wiederzugeben. Die in Aussicht stehende Belohnung ist Lob und Anerkennung und damit verbunden akademische und berufliche Erfolge. Und doch bleiben wir, wenn wir allein mit dieser schulmeisterlichen Disziplin durchs Leben gehen, hinter unserem Potenzial zurück, denn das Arbeits-Mindset funktioniert um den Preis, dass wir auf Gedanken, die nicht unmittelbar im Dienste einer zu erledigenden Arbeit stehen, verzichten. Ja, dass wir uns schräge, verrückte und unkonventionelle Gedanken verbieten. Das Arbeits-Mindset aufrechtzuhalten, ist aber umso schwieriger, je lauter, bunter und physisch spürbarer innere und äußere potenzielle Störungen auftreten. So eine Störung besteht in den Anforderungen, die das Gehen an das Gehirn stellt. Damit kommen wir zum Kern der hier skizzierten Hypothese:

12 Die Transaktionsanalyse würde in diesem Zusammenhang den Begriff »innerer Antreiber« verwenden.

Nehmen wir einmal an, dass die Kontrolle und Aufrechterhaltung des Arbeits-Mindsets auf der einen Seite und die Steuerung des Gehens (Trittsicherheit, räumliche Orientierung etc.) auf der anderen Seite ihre Energie aus ein und derselben begrenzten Quelle beziehen bzw. dass beide ein und denselben Arbeitsspeicher teilen. Es stehen dann dem Arbeits-Mindset weniger Ressourcen zur Verfügung, wenn wir gehen, anstatt ruhig zu sitzen. In der Folge funktioniert unser geradliniges Denken im Gehen etwas weniger gut, denn dann verringert sich die Kontrolle, die potenziell störende Gedanken abweist. So geraten Enden und Fasern von Gedankensträngen in unser Bewusstsein, an deren Verfolgung wir nicht mehr unmittelbar gehindert werden. Damit ist eine Voraussetzung für neue Verknüpfungen und neue Ideen gewonnen.

Mit anderen Worten und kurzgefasst: Im Gehen wird das übliche Gedanken-Navi, das uns auf direktem Kurs zum Ziel leitet, gestört. So gelangen wir auf neue Denkwege und lernen neue Gebiete kennen. Wenn wir erst einmal den Reichtum entdeckt haben, der hier liegt, entsteht in uns ein Arbeits-Mindset 2.0. Dieses erlaubt es uns, den Blick zum Wohle der Aufgaben, die uns wirklich wichtig sind, umherschweifen zu lassen, offen für neue Ideen zu sein und diese neugierig weiterzuentwickeln.

Gehen ist kein Konzentrationskiller, der uns lediglich von nüchternen Denknormen befreit, indem es wie eine Droge oder ein verführerisches Animationsprogramm unsere Vernunft ausschaltet. Im Gehen bleiben wir hellwach, das kreative Denken wird befreit, unser Bewusstsein wird aber trotzdem nicht von inneren Bildern, Erinnerungen und abstrusen Ideen überflutet. Zwei Gründe dürften hierfür ursächlich sein:

1. **Befreiung:** Im Gehen werden Gedanken, gegen die die Kontrollmechanismen des Arbeits-Mindsets 1.0 (bisweilen zu Unrecht) ankämpfen, befreit. Haben diese Gedanken aber erst einmal Raum, verlieren sie ihre latent störende oder auch zerstörerische Kraft. Wir können das mit dem Bild einer laut summenden Fliege im Zimmer vergleichen, die immer wieder in unrhythmischen Abständen gegen die Fensterscheibe fliegt. Öffnen wir das Fenster, so

hat das Leiden ein Ende und das geplagte Tier schwingt sich in einem großen Bogen hinaus in die Natur. Genauso können wir im Gehen Gedanken befreien und sie entweder loswerden oder ihnen in ihrer natürlichen Entwicklung folgen.

2. **Struktur:** Gehen bedeutet aber nicht nur Freiheit, sondern auch Struktur. Indem wir ein Bein vor das andere setzen und dabei abwechselnd unsere Füße belasten, schwingen wir in einem Rhythmus, der nicht starr, aber doch gleichmäßig ist. Das Denken entwickelt sich ähnlich wie eine freie Melodie, die doch von einem leisen Taktschlag im Hintergrund begleitet wird. Indem wir körperlich voranschreiten, schaffen wir günstige Voraussetzungen dafür, dass sich auch unsere Gedanken in voranschreitenden – nicht kreisenden – Assoziationsketten ausrichten.

Ein Vorteil des Denkens am Schreibtisch ist, dass wir Ideen und vielversprechende Denkansätze schnell fixieren können, indem wir sie notieren oder nach Belieben mit Skizzen und Kritzeleien visualisieren. Wenn wir im Gehen nach Lösungen suchen und uns kreativen Gedanken hingeben, dann heißt das nicht, dass wir sämtliche Disziplin und Ernsthaftigkeit aufgeben. Natürlich haben wir stets die Freiheit, anzuhalten und Gedanken schriftlich oder mithilfe eines Diktiergerätes oder Smartphones festzuhalten (Transkriptions-Apps leisten hier gute Dienste). Auch eine Gesprächspartnerin oder Beraterin kann die Aufgabe übernehmen, darauf zu achten, dass vielversprechende Gedanken weiterverfolgt werden. Etwaige Defizite im Bereich des logischen und zielstrebigen Denkens können so im Gehen kompensiert werden, während gleichzeitig die Leistungssteigerung im kreativen Bereich vollumfänglich erhalten bleibt bzw. durch Zwischenerfolge und ermutigende Rückmeldungen seitens der Dialogpartnerin bestärkt werden.

Erinnerungsarbeit

Spaziergänge bieten einen günstigen Rahmen für Gespräche, in denen biographische Erinnerungen hervorgeholt und bearbeitet werden sollen. Was für kreatives Denken im Gehen gilt, lässt sich in weiten Teilen auch auf Erinnerungsarbeit im Gehen übertragen. Im ersten der beiden Fälle hilft uns die körperliche Bewegung aus den im vorangegangenen Abschnitt genannten Gründen dabei, Neues zu entdecken und Vorstellungen von noch nicht Dagewesenem zu entwickeln. Beim Erinnern geht es ebenfalls um eine Form des Entdeckens, nämlich ums Wiederentdecken und sehr häufig um die Entwicklung eines neuen Verständnisses des Wiederentdeckten bzw. einer neuen Einstellung zum Wiederentdeckten. Gehen hilft uns dabei, unsere alltäglichen Gedankenwege zu verlassen und das Augenmerk auf vergangene Erfahrungen und Episoden zu richten. Auf welche Weise begünstigt Gehen nun aber das Hervorholen, Neubewerten und Auf-die-Reihe-Bringen von Erinnerungen?

Zunächst einmal wollen wir darauf hinweisen, dass speziell langsames Gehen unterstützend wirkt, wenn es darum geht, Gedanken im Allgemeinen und Erinnerungen im Besonderen nachzuspüren. Oder sollten wir vielleicht besser sagen »nachzusinnen«? Schnelles Gehen ist ein Zeichen dafür, dass man z. B. vor etwas flieht oder dass man sich selbst Mut für einen Angriff einflößen möchte. Langsames Gehen hingegen zeigt Verzagtheit oder eben auch intensives Nachdenken.

Während Beratungsgesprächen im Gehen beobachten wir immer wieder, dass Klientinnen die Schrittfrequenz reduzieren, wenn ihre Blicke nach innen und in die Vergangenheit wandern. Bisweilen bleiben sie schließlich sogar stehen, als hätten sie ein scheues Tier entdeckt, das sie zunächst vorsichtig betrachten wollen. Sind der besondere Moment und das feine Herantasten an die erstaunliche Entdeckung erst einmal ausgekostet, setzen die Klientinnen meist ganz von selbst ihren Weg langsamen Schrittes fort. Im weiteren Gespräch bewegen wir uns dann nicht nur auf dem konkreten Weg unseres Spaziergangs, sondern auch auf »Erinnerungspfaden« im Inneren der Klientinnen. Die bedächtigen Schritte halten den Gedankenfluss sanft in Bewegung. Sie helfen dabei, die erinnerten Episoden in eine lineare Form zu bringen.

Diese Ordnung ist eine notwendige Voraussetzung dafür, Erinnerungen und Gedanken sprachlich auszudrücken, da ja auch die Sprache aus einer linearen Folge von Wörtern und Sätzen besteht. Klar und verständlich werden die geäußerten Gedanken genau genommen sogar erst dann, wenn nicht nur die Sätze, sondern auch die von ihnen transportierten semantischen Inhalte zu einer nachvollziehbaren Erzählung gefügt werden. Die Beraterin ist durch den Rhythmus des gemeinsamen Gehens in besonderer Weise mit ihrem Klienten verbunden. Das ist eine gute Voraussetzung dafür, dass sie sich nicht nur auf den körperlichen, sondern auch auf den gedanklichen (und emotionalen) Takt ihres Gesprächspartners »einschwingt«. Gelingt es der Beraterin trotz dieser günstigen Bedingungen aber nicht, das zu verstehen, wovon der Klient spricht, dann kann dies unter anderem zwei Gründe haben: Entweder hat der Klient die Zusammenhänge und Bedeutungen seiner einzelnen Gedanken nicht wirklich verstanden.[13] Oder seine inneren Bilder und Vorstellungen ergeben zwar ein in sich stimmiges Konstrukt, sie stehen aber im Widerspruch zu den Bildern und Vorstellungen der Allgemeinheit.[14]

Mit dem Verstehen allein ist das Beratungsziel üblicherweise nicht erreicht. Verstehen, im Sinne von rationalem Begreifen, ist ja nur ein Zwischenschritt hin zu emotionaler Neubewertung und zur Entwicklung einer veränderten, selbstbestimmten Haltung. Während eines Beratungsgesprächs zu gehen, unterstützt allerdings nicht allein das Erreichen dieses Zwischenschritts, sondern auch, wie wir weiter unten sehen werden, die Kapazität, sich mit belastenden Themen auseinanderzusetzen, eine positive Selbstwahrnehmung zu gewinnen und negative Emotionen abzubauen.

13 Wir folgen hier dem Kerngedanken der sogenannten Feynman-Methode. Richard Feynman (1918 bis 1988) war einer der hervorragendsten Physiker des 20. Jahrhunderts. 1965 erhielt er gemeinsam mit zwei Kollegen den Nobelpreis für seine Arbeit zur Quantenelektrodynamik. Für uns als Berater, die wir Menschen bei Erkenntnis- und Entwicklungsprozessen begleiten, ist aber Feynman, der brillante Lehrer, sehr interessant, vermochte er es doch, selbst die kompliziertesten (physikalischen) Sachverhalte seinen Studenten leicht verständlich nahezubringen. Dabei folgt er der Erkenntnis, dass wir nur etwas in einfachen Worten erklären können, was wir wirklich verstanden haben. Für die Beratungsarbeit bedeutet dies: Was der Klient nicht in einer linearen, nachvollziehbaren Erzählung formulieren kann, hat er höchstwahrscheinlich selbst noch nicht hinreichend verstanden.

14 In diesem Zusammenhang ist z. B. an schizophrene oder autistische Patienten zu denken. Die Beraterin kann dann zur Brückenbauerin oder Übersetzerin zwischen der Welt des Patienten und der der Allgemeinheit werden.

Wenn wir gehen, treten wir nicht nur von einem Bein auf das andere. Ein derartiges Hin-und-her-Wiegen hat natürlich auch schon eine Wirkung auf unser Denken und Empfinden (je nach Sichtweise aktivierend oder beruhigend). Gehen hat aber vor allen Dingen auch eine Richtung. Wer geht, will vorwärtskommen. *Richtung* und *Vorwärtskommen*, das sind aber auch Bilder, die wir verwenden, wenn wir über Denk- und Erinnerungsarbeit nachdenken und sprechen. Wir denken zurück (in Wirklichkeit heißt das, dass wir auch vorwärts denken, nur dass der Startpunkt in der Vergangenheit liegt). Wir geben unseren Gedanken eine Richtung. Wir folgen einem Gedanken. Wir bemühen uns, gedanklich vorwärtszukommen. Gute Impulse bringen unsere Gedanken voran. Physisch und gedanklich Schritt für Schritt einem Ziel näherzukommen oder etwas Neues zu entdecken und damit die Gegenwart und uns selbst besser zu verstehen, ist ein, wenn nicht *der* Motivator, der uns veranlasst, bei der Sache zu bleiben. Speziell im Zusammenhang mit Erinnerungsarbeit ist ein derartiger Motivator oft dringend nötig. Wenn wir unsere Gedanken durch vergangene Episoden gehen lassen, die wir weder ungeschehen machen noch ändern können, brauchen wir einen Grund, der diese Mühen rechtfertigt.

Wir Menschen möchten uns und die Welt, in der wir leben, verstehen. Dafür ist es nötig, dass wir unsere Erfahrungen in sinnvolle Relationen setzten. Hierbei bieten uns chronologische Zusammenhänge zwischen einzelnen Episoden aus unserem Erinnerungsreservoir sowie der jeweilige zeitliche Ablauf innerhalb der einzelnen Episoden ein praktisches Ordnungssystem. Am Ende des Tages geht es beim Erinnern selbstverständlich nicht um Zeitangaben und Jahreszahlen, diese stellen uns aber ein hilfreiches Gerüst, um das, was wirklich wichtig und interessant ist, zu sortieren. (Vor allem der Berater, der sich schnell einen Überblick über die Meilensteine in der Biographie seines Klienten machen muss, profitiert von diesem System.) Da aber die Zeit in der für uns relevanten physischen Welt nie stehen bleibt, stellt sie auch innerhalb unserer Erinnerungen, die stets von zeitlichen (Ab-)Folgen bzw. von zeitlichem Voranschreiten geprägt sind, einen allgegenwärtigen, linearen Ordnungsfaktor dar.

Indem Berater und Klient, während sie über erinnerte Episoden sprechen, Schritt für Schritt einen Spazierweg entlanggehen, unterstützen sie die Vorwärtsbewegung auf dem gedanklichen Weg durch den Erinnerungsfilm, der parallel im Inneren des Klienten abläuft. Die einzelnen Szenen dieses Films zeigen sich zwar nicht unbedingt in der Reihenfolge, in der sie ursprünglich einmal auf dem Lebensweg des Klienten stattgefunden haben, sie besitzen dennoch alle eine innere Chronologie und fordern den Betrachter heraus, sie entlang einer Zeitachse zu sortieren. Eine Achse ist aber ein Begriff aus der Geometrie. Mit seiner Hilfe werden Erinnerungen bzw. deren zeitlicher Aspekt, in ein räumliches Verständnis übertragen und greifbar gemacht (Teghil et al. 2021). In den meisten Kulturen und Sprachen, so auch im Deutschen, haben die Menschen eine räumliche Vorstellung von Zeit, bei der Vergangenes hinten, also im Rücken des Betrachters, und Zukünftiges vorne, also in Blickrichtung des Betrachters liegt (Miles et al. 2010). Genau wie ein Kind seine Finger zu Hilfe nimmt, wenn es beginnt, zu rechnen und sich in der abstrakten Welt der Zahlen zu orientieren, verwenden wir räumliche Metaphern, um dem abstrakten und flüchtigen Phänomen »Zeit« Herr zu werden. Diese bildliche Zeitvorstellung passt zu uns als planende, Sinn und Ordnung suchende Menschen, als Menschen, die unterwegs sind, die Welt zu begreifen und zu verändern, als Menschen, die wir aufrecht stehen und gehen und die wir den Blick auf das richten, was vor uns liegt, und die wir die Zusammenhänge zwischen Ereignissen und deren Ursachen verstehen wollen. Wir sagen: »Das habe ich hinter mich gebracht« und »Das habe ich vor mir«, »Zurückblickend hätte ich das anders machen sollen«, »Es hilft alles nichts, jetzt müssen wir nach vorne schauen« …

Auch wenn die Zeit immer in dieselbe Richtung geht, fahren wir glücklicherweise weder körperlich noch in unserem Denken auf Schienen durchs Leben. Wir haben immer auch die Freiheit, nach links und rechts abzubiegen, stehen zu bleiben, uns umzublicken und Rückschau zu halten. Es liegt auf der Hand, dass wir durch Beratungen im Gehen diese Freiheiten unwillkürlich körperlich erleben bzw. willkürlich erlebbar machen. Damit verfügen wir als Berater über ein mächtiges Werkzeug, mit dessen Hilfe wir Entwicklungsprozesse erfahrbar machen und darum auch erleichtern können.

Einige Völker, wie zum Beispiel die Aymara, deren Mitglieder größtenteils im Hochland von Bolivien leben, haben einen Zeitbegriff, der dem unseren diametral entgegenläuft. In ihrer Sprache und (Selbst-)Wahrnehmung liegt die Vergangenheit vorne und die Zukunft hinten. Auch diese Sichtweise folgt einer für uns zwar ungewöhnlichen, aber doch nachvollziehbaren Logik. In der Vergangenheit haben unsere Ahnen gelebt. Dort liegen unsere Wurzeln. Das Vergangene ist schon geschehen. Es ist für unsere Wahrnehmung, Gedankenreisen und Erinnerungen sichtbar. Die Zukunft ist demgegenüber ungewiss und unsichtbar. Sie liegt für die Aymara dort, wo wir keine Augen haben, also hinter uns (Núñez & Cooperrider 2013). – Beratungsgespräche im Gehen bieten uns die Möglichkeit, gemeinsam mit unseren Klienten den Zeitbegriff der Aymara auszuprobieren. So lassen sich beispielsweise Zukunftserwartungen relativieren und vergangene Episoden oder Vorfahren aufsuchen, als befänden sie sich auf dem vor uns liegenden Weg.

Indem wir uns während Beratungsgesprächen im Gehen körperlich vorwärtsbewegen, unterstützen wir also auch die gedankliche Vorwärtsbewegung innerhalb einzelner Erinnerungsstränge. Bewegung ist aber nicht nur ein Motor für unser Denken. Sie kann auch Türöffner zu Episoden sein, die im Augenblick für unser Bewusstsein nicht präsent sind. Das liegt daran, dass wir keine der Episoden, an die wir uns erinnern, losgelöst von unserem Körper durchlebt haben. Alles, was wir erleben, nehmen wir zeitgleich mit körperlichen Empfindungen wahr. Im Gedächtnis werden dann nicht nur nüchterne Beobachtungen und Fakten, sondern neben vielfältigen Sinneseindrücken und Emotionen auch Körperwahrnehmungen gespeichert (Ianì 2019). Im gleichen Maße, wie z. B. ein Geruch, ein Bild oder eine Musik Erinnerungen an lang zurückliegende Erlebnisse ins Bewusstsein holen können, geschieht dies auch durch körperliche Empfindungen, durch Bewegungen und Tätigkeiten.

Damit haben wir eine weitere Erklärung für unsere Beobachtung, dass während Gesprächen im Gehen Erinnerungsarbeit besonders gut gelingt. Die Körperwahrnehmungen, die wir im Gehen machen, sind vielfältiger als diejenigen im Sitzen. Mit jedem Schritt spüren wir zunehmenden und abnehmenden Druck abwechselnd auf der linken und rechten Fußsohle. Gelenke, Muskeln und Bänder sind in Bewegung. Unzählige sensorische Reize laufen durch unser Nervensystem, um uns aufrechtzuhalten. Die Arme und Hände verfügen über größtmögliche Bewegungsfreiheit. Wir haben jederzeit die Möglichkeit, das Tempo oder die Richtung zu ändern. Wir können aufstampfen, stehen bleiben, den ganzen Körper strecken, uns ducken, uns einem Gesprächspartner zuwenden oder uns von ihm abwenden und gleichzeitig profitieren wir von optimalen Bedingungen für eine freie Atmung. Die Freiheit, die uns das Gehen bietet, ist uns normalerweise gar nicht bewusst. Sie erleichtert uns aber den Zugang zu Erinnerungen, da wir im Gehen leicht, und ohne es zu merken, Haltungen einnehmen können oder Gesten ausführen, die mit den jeweiligen Episoden in unserem Gedächtnis in Verbindung stehen, die das, an was wir uns erinnern, unterstreichen und die uns dabei helfen, Erinnerungen ins Bewusstsein zu holen und weiterzuverfolgen.

Schließlich wollen wir unser Augenmerk noch auf die Frage richten, warum im Gehen die Erinnerung speziell an schmerzliche Erlebnisse für viele Menschen eher möglich ist als im Sitzen. Zunächst einmal denken wir in diesem Zusammenhang noch einmal an den regulierenden Einfluss, den körperliche Bewegung auf unseren Stresshormonhaushalt hat. Es bedeutet großen Stress, schmerzhafte Erinnerungen aufzusuchen und durchzuarbeiten. Bei Gesprächen im Sitzen kann es darum vergleichsweise schnell geschehen, dass der Pegel der Stresshormone angesichts schmerzlicher Erinnerungen in Höhen steigt, die ein Weiterdenken und erst recht eine Auseinandersetzung mit eben diesen Gedächtnisinhalten unmöglich macht. Die Aussichten, durch im Gehen geführte Gespräche Erfolge zu erzielen bzw. weiterzukommen, sind demgegenüber besser. Das liegt, wie bereits erwähnt, daran, dass Bewegung während der Beratungsgespräche einen kontinuierlichen Abbau von Stresshormonen unterstützt.

Das folgende Bild veranschaulicht, warum die stresslindernde Wirkung von körperlicher Bewegung eine tiefergehende Auseinandersetzung mit schmerzlichen Erinnerungen ermöglicht: Stellen wir uns dazu Stresshormone einmal als eine Flüssigkeit vor, die in ein Fass läuft, sobald wir mit hochgradig belastenden Aufgaben oder Gedanken konfrontiert werden. Wenn dieses Fass überläuft, wird Katastrophenalarm ausgerufen und es werden Flucht-, Angriffs- oder Totstell-Programme abgespult. Besonnenes Arbeiten und Denken sind dann nicht mehr möglich. Das Fass verfügt aber glücklicherweise über einen Hahn, durch den die Stressflüssigkeit abfließen kann. Dieser Hahn öffnet sich bei körperlicher Bewegung automatisch. Je nachdem, wie schnell die Flüssigkeit abfließt, und je nachdem, wie schnell Flüssigkeit ins Fass strömt, wird ein Überlaufen desselben entweder herausgezögert oder es bleibt sogar ganz aus. In jedem Fall ist bei offenem Hahn (also im Gehen) ein sinnvolles Weiterdenken eher bzw. länger möglich als bei geschlossenem Hahn (im Sitzen).

Demnach ist für viele Menschen das Setting eines gemeinsamen Spaziergangs hilfreich, um sich an belastende Themen bzw. Erinnerungen heranzuwagen. Im Gehen haben sie zum einen das wertvolle (Körper-)Gefühl von Autonomie und erleben zum anderen doch auch, dass sie an ihrer Seite einen Begleiter haben, der sie auf den Wegen durch dunkle und schier unerträgliche Erinnerungen unterstützt.

Ist der Erinnerungsfluss erst einmal im Gang, sind die Bedingungen im bzw. durch das Gehen besonders günstig dafür, dass die Gedanken auch weiter fließen werden. Das liegt daran, dass in diesem Setting, wie gesagt, Schweres vergleichsweise leicht ausgesprochen werden kann. Durch die körperliche Bewegung werden die Gedanken förmlich mitgezogen. Besonders deutlich zeigt sich dies, wenn wir uns anschauen, wie unterschiedlich Gesprächspausen im Sitzen und im Gehen wirken. Schweigen im Sitzen wird viel schneller als belastend oder lähmend empfunden als Schweigen im Gehen. Wir führen dies zum einen darauf zurück, dass im Sitzen die physische Bewegung fehlt, die schließlich belebend wirkt und das Denken anregt. Außerdem hat Sitzen im Gegensatz zum Gehen keinen Rhythmus. Dadurch ändert sich das Zeitgefühl dahingehend, dass schon wenige Sekunden der Stille leicht als unnatürlich und unangenehm lang empfunden werden. Damit ist im Sitzen das Risiko besonders groß, dass der Gedankenfluss stockt, sobald der Redefluss versiegt. Und andersherum betrachtet ist es – dieser wichtige Punkt wird leicht vergessen – im gemeinsamen Gehen viel leichter möglich, für eine längere Zeit zu schweigen und einem Gedankengang zu folgen, ohne dass das Gefühl auftritt, dass es im Raum zu still geworden ist und dass es an der Zeit ist, etwas Auflockerndes zu sagen, um das Gegenüber bei Laune zu halten. Diese ruhigen und häufig wertvollen Denkzeiten ergeben sich im Gehen harmonisch und wie von selbst. Sitzend in einer Beratungspraxis müssen Stillephasen oft künstlich angeregt bzw. verordnet werden.

Zum Abschluss dieses Kapitels wollen wir einen, wie wir meinen, inspirierenden Bogen von der Vergangenheit in die Zukunft schlagen. Die Fähigkeit, Episoden aus der Erinnerung hervorzuholen, korreliert mit der Fähigkeit, potenzielle zukünftige Episoden zu imaginieren, sprich, beherzt und konstruktiv vorauszudenken und Pläne zu schmieden (Miles et al. 2010). Diese Beobachtung deckt sich mit Erfahrungen aus unseren Beratungsgesprächen. Zum einen haben wir in der Arbeit mit unseren Klienten erlebt, dass diejenigen, die Zugang zu ihren Erinnerungen haben, auch über gute Möglichkeiten verfügen, Visionen für ihren weiteren Weg zu entwickeln, zum anderen durften wir beobachten, dass Klienten, denen es zunächst schwerfiel, sich zukünftige Ereignisse vorzustellen, eben hierin besser wurden, indem sie sich zunächst darin übten, Erinnerungsarbeit zu leisten.

Lernen und Merkfähigkeit

Ein Beratungsgespräch ist erfolgreich, wenn die Klientin im Anschluss Gedanken oder Erfahrungen mitnimmt, die ihr bei ihrer weiteren Entwicklung dienlich sind. Die Zahl der Impulse, mit denen sie während eines Termins potenziell konfrontiert wird, ist groß. Wie viel aber tatsächlich Eingang in ihr zukünftiges Denken und Handeln nimmt, hängt von ihrer Aufnahmekapazität während der Beratung ab. Die individuelle Aufnahmekapazität wiederum ist maßgeblich von Wachheit und Aufnahmebereitschaft bestimmt. Auf beide hat Gehen, sei es in Form von Spaziergängen oder Wanderungen, für sehr viele Menschen einen positiven Einfluss.

Es ist leicht nachzuvollziehen, dass selbst langsames Gehen im Vergleich zum Sitzen die Frequenz des Herzschlags ansteigen lässt. Damit wird die Versorgung des Gehirns mit Sauerstoff und Nährstoffen verbessert. Dies trägt wesentlich zur Wachheit bei. Hiervon profitieren sowohl die Klientin als auch die Beraterin. Das gilt auch dann, wenn die Gesprächspartnerinnen hin und wieder stehen bleiben oder sich sogar setzen.

Stehen und Sitzen sind zwar im Verlauf von Beratungsspaziergängen sehr gut möglich, nach unserer Erfahrung überwiegt aber fast immer der Geh-Anteil.[15] Sobald sich in einer Pause Trägheit bzw. ein Stillstand der Gedanken bemerkbar macht, gehen die meisten Klienten intuitiv weiter. Sollte aber die Beraterin das Gefühl haben, dass ihre Klientin mehr Wachheit und Schwung im Denken gebrauchen könnte, so ist es ihr ein Leichtes, sie über körperliche Bewegung zu aktivieren. Sie kann dies entweder kommentarlos tun, indem sie mit gutem Beispiel vorangeht und ihren Schritt beschleunigt oder indem sie die Klientin auffordert, weiterzugehen bzw. das Tempo zu steigern und ihr den Zusammenhang von Wachheit und körperlicher Bewegung ins Bewusstsein ruft.

Hand in Hand mit Bewegung und Wachheit wächst dann auch die Aufnahmebereitschaft und Lern- bzw. Merkfähigkeit (Kahneman 1973). Das lässt sich auch mit jüngeren Studien belegen. So konnte zum Beispiel nachgewiesen werden, dass Vokabeln, die Testteilnehmer im Gehen (auf einem Laufband) zu lernen versuchen, eher im Gedächtnis bleiben, als wenn die Lernbemühungen im Sitzen stattfinden (Schmidt-Kassow 2014). Nun geht es in Beratungsgesprächen gewiss um eine andere Art von Lernprozessen. Wir sind aber davon überzeugt (und durch unsere eigenen Erfahrungen darin bestärkt), dass sich die Ergebnisse der angeführten Studie auf Therapie- und Coachingkontexte übertragen lassen. Was auf das Lernen von Inhalten zutrifft, die mit dem Lernenden in keiner persönlichen Beziehung stehen, gilt allemal für Impulse und Denkmuster, bei denen der Lernende im Zentrum steht. Wenn wir uns also im Gehen Vokabeln

15 In Zusammenhang mit Beratungen, in denen vermehrt Methoden eingesetzt werden, kann der Geh-Anteil natürlich auch sehr gering ausfallen.

besser als im Sitzen merken können, dann gelingt uns das erst recht mit Dingen, die uns persönlich betreffen.

Wir haben in Kapitel 2.1.1 davon gesprochen, dass schnelles Gehen zu Beginn der Beratungseinheit den positiven Effekt hat, dass durch die körperliche Anstrengung zunächst einmal Stresshormone abgebaut werden, ehe wir uns daraufhin befreit und in Ruhe den anstehenden Aufgaben widmen. Ein weiteres Argument spricht dafür, vor wichtigen Gesprächen erst einmal tüchtig in Schwung zu kommen. Es ist nachgewiesen, dass Lerninhalte besser Eingang ins Gedächtnis finden, wenn sie auf eine körperliche Aktivierungsphase von mäßiger Intensität folgen (Sales et al. 2011). Indem wir nur wenige Minuten zügig gehen, sodass Puls und Atemleistung spürbar ansteigen, erfüllen wir die Voraussetzung für verbesserte Merkfähigkeit im anschließenden Teil des Beratungsgesprächs. Die tatsächlich notwendige Geschwindigkeit bzw. Dauer dieser »sportlichen« Gangart hängt sehr stark davon ab, ob der Weg bergauf oder bergab führt und über welche körperliche Konstitution die jeweilige Klientin verfügt. Es liegt dann natürlich auch im Ermessen der Beraterin, ob bzw. in welchen Fällen sie diese Form der Anfangsaktivierung einsetzen möchte. Mit anderen Worten: Es lohnt sich zu wissen, dass es durchaus positiv ist, wenn wir zu Beginn eines Gesprächs erst einmal ein wenig außer Puste geraten. Das ist aber mit Sicherheit keine zwingende Voraussetzung für erfolgreiche Beratungen.

Schließlich möchten wir darauf hinweisen, dass auch die Wachheit und Merkfähigkeit der Beraterin durch die körperliche Bewegung während der Gespräche verbessert wird. Sie wird sich trotzdem während eines Spaziergangs oder direkt im Anschluss Notizen machen. Wenn ihr diese später als Gedächtnisstütze dienen, stehen die Chancen allerdings sehr gut, dass die Erinnerungen, zu denen sie sie führen, detailreicher und lebhafter sind, als dies durch Notizen geschieht, die sie sich bei oder nach einem Gespräch im Sitzen macht. In der Folge fühlt sich die Klientin besonders gut wahrgenommen.

2.1.3 Welchen Einfluss kann die Bewegung auf unsere Psyche haben?

Bis hierher haben wir uns angeschaut, wie Gehen zum einen physische und zum anderen kognitive Bedingungen der Beratungsarbeit positiv beeinflusst. Spätestens wenn wir uns mit den Einflüssen befassen, die Bewegung auf die Psyche unserer Klienten – und natürlich auch auf die Psyche des Beraters – haben kann, erkennen wir, dass die Grenzen zwischen den drei Bereichen sehr fließend sind. Wir haben uns trotzdem für diese Unterteilung entschieden, da sie uns einen systematischen Zugang zum Themenkomplex dieses Buches ermöglicht. Die Psyche des Menschen steht immer auch im Kontext sowohl zu seinem Körper als auch zu seinem Denken bzw. zu seinen Erinnerungen. Bei einer Untersuchung der positiven Auswirkungen, die das Gehen auf unsere Psyche hat, ist es darum kaum möglich, trennscharf festzulegen, ob diese Auswirkungen unmittelbar sind oder ob sie sich mittelbar über das Körpergefühl bzw. über die Resultate kognitiver Prozesse ergeben.

Nun begünstigt eine aufrechte Körperhaltung, sowohl im Sitzen als auch im Gehen, eine positive, zuversichtliche Selbstwahrnehmung, bei gleichzeitiger Minderung negativer Emotionen (Nair et al. 2015, Hackford et al. 2019). In den hier aufgeführten Studien werden zwar nur zusammengesackte Haltung im Sitzen mit aufrechtem Sitzen und gebeugtes Gehen mit aufrechtem Gehen verglichen, wir gehen aber, bestärkt durch eigenes Erleben und durch die Arbeit mit unseren Klienten davon aus, dass die Selbstwahrnehmung und die Stimmung im Gehen tendenziell positiver als im Sitzen ist bzw. dass sie sich im Gehen leichter aktiv zum Positiven wenden lässt als im Sitzen. So kann der Berater bei einem Spaziergang entweder seinem Klienten mit positivem Beispiel vorangehen, indem er selbst in aufrechter Körperhaltung kräftig und beherzt ausschreitet. Wenn dies nicht die erwünschte Wirkung auf den Klienten hat, so bietet ihm die Offenheit und grundsätzliche Dynamik des Settings gute Gelegenheiten zur Körperarbeit. Im Gehen ist es vergleichsweise einfach, den Zusammenhang zwischen Körperhaltung und Emotionen zu thematisieren und fließend in die weitere Arbeit zu integrieren.

Im Sitzen oder gar liegend neigen wir zu Trägheit und Passivität, wohingegen Stehen und Gehen eher mit Wachheit und Aktivität verbunden sind. Situationen, in denen wir sitzen oder liegen, verlangen sehr häufig von uns, dass wir das, was um uns oder mit uns geschieht, still akzeptieren oder über uns ergehen lassen. Im Stehen und Gehen haben wir buchstäblich – und darum auch viel leichter im übertragenen Sinne – einen Standpunkt, den wir diskutieren, vertreten oder verteidigen bzw. ein Ziel, das wir verfolgen. Wenn wir uns setzen oder legen, machen wir uns klein. Wir nehmen dann passive Körperhaltungen ein, in denen wir uns nach getaner Tat ausruhen oder darauf warten, dass etwas (mit uns) passiert.

Das dürfte auch während der vielen Jahrhunderttausende der Entwicklungsgeschichte des Menschen so gewesen sein. Sitzend und liegend versuchten sich unsere Vorfahren zu verstecken, um Gefahren zu entgehen oder sie lauerten auf günstige Jagdgelegenheiten. Im Stehen und Gehen waren sie für Freund und Feind gleichermaßen sichtbar. Sie hatten relativ zu ihrer Körpergröße einen maximalen Überblick und Weitblick. Sie waren sprungbereit und verfügten über optimale Bewegungsfreiheit für Arme und Hände. Die Exponiertheit des Stehenden und Gehenden verlangte damals wie heute Wachheit und Mut. Wer steht oder geht, verfügt über größere Freiheitsgrade als derjenige, der sitzt oder liegt. Sein Blick reicht weiter, seine Ohren nehmen Geräusche aus größerer Entfernung wahr, mit seiner Nase fängt er Gerüche ein, die über den Kopf des Sitzenden hinwegziehen. Kurz, unsere genetischen Programme haben sich bereits vor Urzeiten nach und nach entwickelt. Was damals entstand, tragen wir auch heute noch in uns. Damit ist auch die Verbindung zwischen Körperhaltung und Psyche, wie wir sie heute erleben, keine Erfindung des modernen Menschen, sondern ein fester Bestandteil unseres Grundbauplans. Auf den eigenen Beinen stehend oder Schritt für Schritt vorwärtsgehend fällt es uns darum vergleichsweise leicht, zuversichtlich Ideen für die Zukunft zu entwickeln oder uns mutig bedrohlichen oder schmerzlichen Erfahrungen aus der eigenen Biographie zu stellen.

»Sitzen ist Silber, Gehen ist Gold.« Dieser Satz hat genau wie das Sprichwort vom Reden und Schweigen, seine Stärken und Schwächen. Dem, der immerzu redet, wird nahegelegt, auch einmal in Ruhe nachzudenken, und wir werden davor gewarnt, uns von demjenigen verführen zu lassen, der uns mit sprudelndem Redeschwall einzufangen versucht. Wenn aber das Schweigen Grund oder Folge ungesunder Bedingungen ist, dann sollten wir natürlich versuchen, ins Reden zu kommen.

Vergleichbares gilt für Sitzen und Gehen im Zusammenhang mit Lebensgestaltung und Persönlichkeitsentwicklung im Allgemeinen und mit Beratungsgesprächen im Besonderen. Dem, der sich festgesetzt hat – aus Bequemlichkeit oder infolge schmerzlicher Erfahrungen –, unterstützen wir in Therapie oder Coaching dabei, wieder in Bewegung zu kommen, Blockaden zu überwinden, Selbstvertrauen zu gewinnen und Verantwortung für sich selbst zu übernehmen. Wir haben durch unsere Beratungsarbeit erlebt, dass sich die psychische Verfassung, um diese Ziele zu erreichen, im Gehen besonders leicht herausbildet: »… Gehen ist Gold.«

Wenn aber die Bewegung im Leben eines Menschen nichts mehr mit Entwicklung, sondern nur noch mit Unrast oder ungesundem Aktionismus zu tun hat, dann sollten wir versuchen, beruhigend zu wirken. Klienten, die in diese Gruppe fallen, erreicht man aber gerade über das Angebot, sich gemeinsam zu bewegen eher, als über die Perspektive, sich in eine Beratungspraxis setzen zu müssen. Der Berater passt sich dann zunächst an das hohe Tempo des Klienten an. Im Verlauf der gemeinsamen Arbeit hat er die Möglichkeit, ihn hier und da zum Innehalten zu ermutigen und Strategien der Entschleunigung und der inneren Entwicklung auszuprobieren.

Andererseits sollten wir uns aber auch unbedingt dessen bewusst sein, dass für so manchen die Perspektive, sich körperlich bewegen zu müssen, ausgesprochen belastend wirkt. Gehen ist in solchen Fällen nicht Gold. Es wird vielleicht aufgrund der jeweiligen körperlichen Konstitution als demütigend empfunden. Eine der Besonderheiten von Beratungsspaziergängen ist ja, dass die Hierarchie zwischen Berater und Klient, wie sie in Praxisräumen leicht, gewollt oder ungewollt, entsteht, im Gehen verschwindet oder zumindest in den Hintergrund tritt. Ein gegenteiliger Effekt tritt aber ein, wenn sich ein Klient aufgrund seiner körperlichen Verfassung neben seinem Berater kurzatmig, schwerfällig und schwächlich vorkommt.

Wir haben häufig erlebt, dass wir mit Klienten, mit denen wir zunächst einige Termine im Freien und im Gehen durchgeführt haben, später aufgrund der guten gemeinsamen Erlebnisbasis erfolgreich in der Praxis weiterarbeiten konnten. Für Klienten, die sich zunächst nicht vorstellen können, die Gespräche im Gehen zu führen, ist häufig die umgekehrte Reihenfolge ein sinnvoller Weg. In solchen Fällen führen wir die ersten Termine in der Praxis durch und finden später (vielleicht) den Weg ins Freie. Das Vertrauen ist dann vorhanden und der Klient kann von den Möglichkeiten, die das Setting bietet, profitieren. Er empfindet inzwischen gegenüber seinem Berater keinen sportlichen Leistungsdruck mehr.

Wissenschaftliche Belege für die positive Wirkung von Gehen auf die menschliche Psyche finden wir unter anderem in einer Übersichtsarbeit von Paul Kelly und Kollegen (Kelly 2018). Die Autoren analysieren fünf Metastudien und 50 Einzelarbeiten, in denen der Verbindung zwischen Gehen und psychischer Gesundheit nachgegangen wird. Dabei kommen sie zu dem Ergebnis, dass dieser Zusammenhang nachweislich existiert. Die meisten Studien zeigen: Gehen ist gut für die Psyche. Gelegentlich ist der Effekt nicht besonders deutlich. Negative Auswirkungen lassen sich aber nicht nachweisen.

Am besten erforscht ist, der Arbeit von Kelly und seinem Team zufolge, der therapeutische und präventive Nutzen, den Gehen im Zusammenhang mit Depressionen und Ängste hat. Die Autoren geben an, dass das Gros der Studien auf die Behandlung von psychischen Defiziten und Erkrankungen gerichtet sei. Demgegenüber erfahre der Zusammenhang zwischen Gehen und Well-Being, also der Minderung von Stress und der Förderung von Zufriedenheit, vergleichsweise wenig Beachtung. Des Weiteren legen die Ergebnisse der Überblicksarbeit nahe, dass es kaum möglich ist und auch kaum Ziel der Forschung sein muss, Gehen als kontextfreien Faktor in seiner Wirkung auf die menschliche Psyche zu isolieren. Gehen an sich wirkt zwar nachweislich positiv – wie im Zusammenhang mit kreativem Denken in Kapitel 2.1.2 dargestellt, diese positive Wirkung kommt aber nach unserer Erfahrung und übereinstimmender Forschungslage verstärkt zum Tragen, wenn in freier Natur und nicht in der Stadt bzw. draußen und nicht auf einem Laufband gegangen wird.

Fünf Gründe, warum Gehen gut fürs Denken und für die Psyche ist

- **Selbstbestimmt:** Bei Beratungen im Gehen sind wir buchstäblich auf eigenen Beinen unterwegs. Da Körper und Psyche eng miteinander verbunden sind, bieten Spaziergänge ein Setting, mit dessen Hilfe wir besonders gut dabei unterstützt werden, auch im übertragenen Sinne, selbstbestimmt und auf eigenen Beinen unseren Weg zu gehen.
- **Lösungsorientiert:** Im Gehen richtet sich unser Blick nach vorne und wir bewegen uns auf ein Ziel zu. Das begünstigt auch das Voranschreiten von Gedanken, die Klärung verworrener Zusammenhänge und die Entwicklung neuer Ideen.
- **Wachheit:** Im Gehen steigt der Puls und das Gehirn wird besonders gut mit Sauerstoff versorgt. Gleichzeitig werden Stresshormone abgebaut. Wir sind hell wach und frei im Kopf. Das sind optimale Bedingungen, für Heilung und Persönlichkeitsentwicklung.
- **Dynamisch:** Bei Beratungsgesprächen im Gehen profitieren wir von großer körperlicher Bewegungsfreiheit. Durch Tempowechsel und die Möglichkeit, sich einander zu bzw. von einander abzuwenden. Gedankengänge können angeregt oder gelenkt werden. Es ist leicht möglich, auch einmal zu schweigen, ohne dass die Gedanken »stehen bleiben«.
- **Gemeinsam:** Im Gehen finden Berater und Klient intuitiv einen gemeinsamen (Schritt-)Rhythmus. Der Klient fühlt sich begleitet und verfügt gleichzeitig über die Freiheit, Tempo und Richtung zu wählen. Das ist in Praxisräumen nicht in vergleichbarem Maße gegeben.

2.2 Beratung in freier Natur

Jetzt gehen wir endlich raus! – In den vorangegangenen Kapiteln haben wir uns das nur am Rande erlaubt. Wir haben vom Spazierengehen gesprochen und dabei den Fokus auf den Menschen gerichtet. Es war kaum Raum für die unzähligen zarten und starken Sinneseindrücke, die in freier Natur auf uns wirken.

Jetzt gehen wir endlich raus! Wenn wir dies schreiben, dann knüpfen wir an das Hochgefühl an, das wir empfinden, wenn wir nach langen Stunden disziplinierter Arbeit am Schreibtisch hinaus in einen von warmen Sonnenstrahlen durchfluteten, herb duftenden Wald kommen. Es ist das Gefühl, das wir als Schüler kennenlernten, wenn wir nach einem Vormittag im Klassenzimmer gemeinsam mit Freunden in einen Frühlingsnachmittag stürmten. Es ist das Gefühl, das wir haben, wenn wir nach einer langen Auto- oder Zugfahrt an einem langersehnten Ziel ankommen, uns genüsslich recken und strecken, um dann die ersten erkundenden Schritte zu gehen. Erleichterung, Lebensfreude, Abenteuerlust, Aufregung, Freiheit und Zuversicht, das sind einige der Gefühle, die wir mit »Jetzt gehen wir endlich raus!« verbinden.

Welche Assoziationen haben Sie bei diesem Satz?

Die positiven Gefühle, die wir mit dem »Hinausgehen« verbinden, sind nicht allein daraus entstanden, dass wir uns »drinnen« ausnahmslos unwohl fühlten. Es ist eher so, dass wir draußen vieles fanden und finden, was es drinnen nicht bzw. nur in anderer Qualität gibt. Wir denken etwa an Ruhe und Ungestörtheit, frische Luft und unendlich reichhaltige, harmonische Anregungen aller Sinne, Freiheit und Raum für Begegnungen. *Ruhe*, *Luft* und *Freiheit*, das sind wunderbare Bedingungen für ein Beratungssetting.

Um Missverständnissen vorzubeugen, wollen wir eins vorab klarstellen: Wenn wir hier und im Folgenden von Natur sprechen, dann beziehen wir uns auf Landschaften und Wetterbedingungen, die als angenehm und inspirierend empfunden werden. Dass die diesbezügliche Bandbreite groß ist, steht außer Frage. Die individuellen Vorlieben und Belastungsgrenzen, sind weit gefächert. Die eine liebt Regen und Dämmerungsstimmung, dem anderen sind 30 °C einfach zu heiß, um einen klaren Gedanken zu fassen. Die eine fühlt sich in dunklen Nadelwäldern unwohl, der andere schwärmt für Weinberge und Spaziergänge am Waldrand.

Ob eine Beraterin ihre Klientinnen in den Stadtpark, auf Bergpfade oder an die Steilküste zum Spaziergang einlädt, hängt primär von den Möglichkeiten ab, die sie in ihrer Region vorfindet. Die Vielfalt der erreichbaren Landschaften ist in der Regel begrenzt. Jeder, der mit seinen Klientinnen ins Freie geht, wird aber Routen finden, die den

Großteil dessen bieten, was wir nachstehend als wertvolle Wirkfaktoren der Natur beschreiben. Auch zur Anwendung der meisten Übungen, die wir im Methodenteil dieses Buches vorstellen, sollte jeder ohne weiteres geeignete Orte in seiner Region finden.

Es muss ja nicht immer gleich die verwunschene Waldlichtung oder das große Alpenpanorama sein. Beraterinnen und Klienten können selbst von einem Spaziergang im Stadtpark profitieren. Allein der Kontrast zur Beratungspraxis und die für eine Beratungssituation zunächst ungewohnte Form der Begegnung wirken oft Wunder, indem sie das Gefühl des »Jetzt gehen wir endlich raus!« wecken.

Aber halt! *Draußen* oder *drinnen*, ist das nicht nur eine Frage der Perspektive?

Wirklich draußen sind wir, zumindest so lange wir leben, ja eigentlich nicht. Es ist eine Frage von Bewegungsrichtung und Perspektive, ob wir uns drinnen oder draußen sehen oder ob wir davon sprechen, dass wir hinein oder hinaus gehen. Wir verlassen das Haus und gehen nach draußen. Gleichzeit sagen wir aber auch, dass wir *in* die Natur oder *in* den Wald (hinein-)gehen. Normalerweise sagen wir, dass wir mit unseren Klienten sehr gerne *hinaus* in die Natur gehen. Demgegenüber wirkt der Satz »Wir gehen mit unseren Klienten *hinein* in die Natur« vielleicht ein wenig fremd. Für den Beratungsprozess sind aber beide Perspektiven wertvoll.

Einmal geht es darum, *hinaus* zu kommen, Teufelskreise zu verlassen oder Blockaden und Belastungen loszuwerden.

Ein andermal liegt der Fokus darauf, *hinein* zu kommen, neue Erfahrungen zu machen, sich auf Gefühle einzulassen und neue Gedanken zu denken.

In den folgenden Kapiteln geht es sowohl um die Freiheit und Entlastung, die wir in der Natur finden, als auch um konkrete physikalische, chemische und biologische Faktoren, die auf uns wirken, wenn wir uns draußen aufhalten. Auch die Übungen im Methodenteil können im Sinne eines Hinaus-Kommens aus engen Denkräumen und Alltagszwängen und eines Hinein-Kommens in neue Gedanken und Gefühlswelten verstanden und angewendet werden.

2.2.1 Mensch-Natur-Verbindung

Wie kommt es, dass die Natur so ein guter Ort für uns Menschen ist? Warum tut es uns so gut, Natur mit allen Sinnen wahrzunehmen? Ehe wir einzelne Wirkfaktoren der Natur betrachten, stellen wir vier prominente Theorien vor, mit deren Hilfe die Beziehung des Menschen zur Natur und die wohltuende und heilende Wirkung der Natur auf den Menschen beschrieben werden:

1. Die Biophilie-Hypothese von Edward O. Wilson (Wilson 1984)
2. Die Stress Reduction Theorie von Roger S. Ulrich (Ulrich et al. 1991)
3. Die Attention Restoration Theorie von Rachel Kaplan und Stephen Kaplan (Kaplan & Kaplan 1989)
4. Die Supporting Environment Theory von Patrik Grahn und Kollegen (Grahn et al. 2010).

Drei der vier Arbeiten stammen bereits aus den 80er und 90er Jahren des vergangenen Jahrhunderts, sie gelten aber bis heute als maßgebliche Referenzwerke. Trotz unterschiedlicher Perspektiven stimmen die vier Ansätze dahingehend überein, dass wir Menschen eine sehr enge Verbindung zur Natur haben. Damit erhalten wir breite argumentative Bestätigung unserer persönlichen Erfahrung, dass die Natur ein förderliches Setting für Beratungsgespräche, Salutogenese und Persönlichkeitsentwicklung bietet.

Die Biophilie-Hypothese

Der Mensch liebt das Leben. Leben, das uns umgibt, macht uns lebendig.

Der Begriff »Biophilie« (aus Altgriechisch bios = Leben und philia = Liebe) wurde zuerst von Erich Fromm als psychologischer Terminus in Opposition zu Nekrophilie (Altgriechisch nekrós = »Leiche«) verwendet (Fromm 1992). Fromm bezieht sich mit dem Biophilie-Begriff auf eine Charaktereigenschaft, die den Menschen das Leben und alles Lebendige lieben lässt. Der Weg zur Biophilie-Hypothese des Biologen und Naturforschers Edward O. Wilson ist dann nicht mehr weit. Wilson definiert Biophilie als dem Menschen angeborene

Ausrichtung auf das Leben und auf lebensnahe Prozesse (Wilson 1984).

Besinnen Sie sich ein paar Augenblicke: Sie haben sicher schon sehr oft *Leben* beobachtet und waren dabei fasziniert, versunken, neugierig … Denken Sie zum Beispiel an eine Ameise, die emsig ihrer Arbeit nachgeht oder an Affen, denen Sie beim Spielen zuschauen, oder an Kinder, die Sie beim Laufen- und Sprechenlernen und beim Großwerden bestaunen oder an Pflanzen, die Sie auf Ihrem Balkon oder in Ihrem Garten beim Wachsen, Blühen und Früchtetragen beobachten. Denken Sie auch an die Faszination, mit der wir uns in *Leben* hineinziehen lassen, das uns in Büchern oder Filmen vorgeführt wird.

Da wir in der Natur und als Teil der Natur unsere evolutionäre Entwicklung durchlaufen haben, ist zu erwarten, dass wir durch unsere genetische Prägung auch heute noch eng mit der Natur verbunden sind. Viele von uns verbringen einen Großteil ihrer Zeit in Umgebungen und mit Tätigkeiten, die kaum noch etwas mit den Situationen zu tun haben, die den Menschen ursprünglich gefordert und geprägt haben, für die er darum auch körperlich und psychisch gerüstet ist. Unsere grundsätzliche Liebe zur Natur und die tiefe Sehnsucht nach aktiver Verbindung mit der Natur ist aber nach wie vor vorhanden, selbst wenn wir uns dessen nicht bewusst sind.

Je unberührter Völker vom technischen Fortschritt leben, desto größer ist ihre körperliche und geistige Nähe zur Natur. Menschen, die weitestgehend ohne den modernen Schutzmantel aus Wissenschaft und technischen Apparaten buchstäblich in Hautkontakt mit der Natur leben, durchdringen dieselbe mit Phantasie und Spiritualität. Andersherum gesehen wird die Natur nicht durchdrungen, sondern durch den nach Zusammenhängen und Sinn suchenden Geist des Menschen phantasievoll in dessen Weltbild integriert. Diese enge Verbindung lebt auch in unserer hoch entwickelten Gesellschaft fort. Unsere Sprache ist voll von Naturmetaphern und Sprichwörtern, die wir wegen ihrer Naturbilder alle intuitiv verstehen: lahm wie eine Schnecke, frech wie ein Spatz, blind wie ein Maulwurf. Frühaufsteher nennen wir Lerchen und Abendmenschen Eulen. Verliebte haben Schmetterlinge im Bauch, Ängstliche Frösche im Hals. Fließendes Wasser steht für Zeit und Vergänglichkeit. Blüten symbolisieren Fruchtbarkeit und reiche Ernte in naher Zukunft, es sei denn, sie sind verwelkt, dann stehen sie für den Tod. Im Stammbaum veranschaulichen wir Herkunft und Verwandtschaft. Den Nachthimmel bevölkern wir mit Bildern aus der Tierwelt unseres Planeten, die wir dann wiederum mit menschlichen Eigenschaften und dem Schicksal des Menschen in Verbindung bringen.

Ein weiterer starker Beleg für die tief im Menschen verwurzelte (wieder so ein Naturbild) Naturverbundenheit ist dessen Biophobie, also die Angst vor dem Lebendigen bzw. vor dem Gestorbenen, sprich dem ehemals Lebendigen. Diese Angst zeigt sich im reflexhaften Zurückweichen vor z. B. Schlangen oder Spinnen sowie im Ekel, der z. B. von Aasgeruch ausgelöst wird. Die Biophobie ist damit kein Widerspruch zur Biophilie. Sie ist notwendig, damit ein verwundbares Lebewesen wie der Mensch sich trotz vielfältiger tödlicher Gefahren, die in der Natur ringsum lauern, entwickeln kann.

Auch der japanische Immunologe Qing Li, der aufgrund seiner Forschungen und Publikationen als Begründer der »Wald-Medizin« gilt, bezieht sich auf Wilson und die Biophilie-Hypothese. Li bringt für Beratung in der Natur wesentliche Gedanken auf den Punkt, indem er schreibt:

> »We are »hard-wired« to affiliate with the natural world, and just as our health improves when we are in it, so our health suffers when we are disconnected from it.«
>
> (Li 2018)

Vergleichbares beobachten wir übrigens auch in Zusammenhang mit der immer häufiger auftretenden sogenannten »Klimaangst« oder auch »Klimadepression« (Cayton 2021). Auch sie verweist uns auf die tiefe Verbundenheit des Menschen mit der Natur. Es mag uns gut gehen, wenn wir ein schnelles Leben in Städten, Bürotürmen, Autos und Flugzeugen führen. Wenn dann aber auf einmal die Natur als potenzieller Erholungsraum nicht mehr zuverlässig vorhanden ist, merken wir, dass uns etwas fehlt. Es geht uns dann wie dem Kind, dass versunken spielt, während Vater oder Mutter in der Nähe und im Notfall schnell bei der Hand sind. Entdeckt es aber, dass es die Eltern »verloren« hat, gerät es in Panik.

Stress Reduction Theory

Natur senkt den Stresspegel. Wenn erst einmal der Stress geringer ist, wird alles andere auch besser.

Die Stress Reduction Theory stammt weder von einem Psychologen noch von einem Mediziner oder Naturforscher. Sie wurde in den 1980er Jahren von Roger Ulrich entwickelt, der sich als Architekt mit dem Design von Gesundheitseinrichtungen beschäftigte (Ulrich et al. 1991). Ulrich hatte erkannt, dass die physische Umgebung eines Patienten Auswirkungen auf dessen Stresslevel und damit auch auf dessen Heilungsprozess hat. Er konnte in einer vielbeachteten Studie nachweisen, dass es für Rekonvaleszenten einen Unterschied macht, ob das Fenster des Raumes, in dem sie liegen, auf eine natürliche Landschaft oder auf eine Ziegelmauer ausgerichtet ist. Dazu verglich Ulrich die Krankenakten von Patienten, die sich in einem Hospital in Pennsylvania von einer Gallenblasenresektion erholten. Es zeigte sich, dass die Genesenden mit Blick in die Natur 1. weniger Schmerzmittel verlangten, 2. in den Aufzeichnungen des Pflegepersonals seltener im Zusammenhang mit Beschwerden aufgeführt wurden und 3. früher aus dem Krankenhaus entlassen werden konnten als Patienten mit Blick auf eine Ziegelmauer (Ulrich 1984).

Die positive Wirkung eines Ausblicks ins Grüne beschränkt sich aber nicht nur auf Patienten im Krankenbett. Auch gesunde Menschen, die bei der Arbeit durch ihr Bürofenster auf einen Wald blicken, geben eine höhere Arbeitszufriedenheit und ein geringeres Stressniveau an als Kollegen, die von ihrem Fenster aus keinen Wald sehen (Shin 2007). Wohin schweifen Ihre Blicke von Ihrem Arbeitsplatz aus? Können Sie vielleicht mehr Natur in Ihr Blickfeld bringen? Auch Zimmerpflanzen heben die Stimmung und tragen zu einer Verbesserung der Produktivität bei (Nieuwenhuis 2014).

Ulrich kommt aufgrund seiner evidenzbasierten Forschung zu ähnlichen Schlüssen wie Wilson. Die Natur – im Gegensatz zur Stadt – ist das Umfeld, in dem der Mensch während seiner Evolution geprägt wurde. In der Folge begünstigt die Natur (solange sie frei von Signalen ist, die auf Gefahren schließen lassen) ein Absinken des Stresslevels. So kann nachgewiesen werden, dass zum einen der Aufenthalt in der Natur, ja sogar schon die visuelle oder akustische Wahrnehmung von friedlichen Naturbildern bzw. Naturgeräuschen dazu beiträgt, dass bei Testpersonen Blutdruck und Ruhepuls sinken, sich die emotionale Verfassung verbessert und Stressindikatoren abnehmen (Ulrich et al. 1991).

Die evolutionstheoretische Argumentationsweise Ulrichs folgt der Annahme, dass sich der Mensch aufgrund seiner ererbten Erfahrungen in der Natur grundsätzlich sicher und geborgen fühlt. Ein vergleichbares Gefühl in bzw. gegenüber Städten mit ihrem Gedränge, ihrer enormen Reizintensität und all ihren künstlichen baulichen Strukturen ist im Menschen nicht angelegt. Dafür sind Städte ein viel zu junges Phänomen in der Menschheitsgeschichte. Überspitzt gesagt, steht der Mensch in der Stadt unter Dauerstress. Hier ist er immer auf dem Sprung, bereit zu kämpfen oder zu fliehen. Er erbringt damit physische und psychische Höchstleistung, die ursprünglich nur bei Spitzenbelastungen, wie sie von Kampf oder Flucht verlangt werden, abgerufen wurden. Das aber ist in Ermangelung realer Bedrohungen extrem unökonomisch und damit schädlich für Körper und Psyche.

Indem wir dafür sorgen, dass natürliche Reize, wie sie von friedlichen Landschaften ausgehen, auf die Sinne des Menschen einwirken, adressieren wir nicht nur seine äußeren Sinnesorgane und sein Bewusstsein, sondern auch seine innere unbewusste Wahrnehmung. Dabei vermitteln wir ungefähr die folgenden Informationen: »Alles ist sicher. Es besteht keine akute Gefahr. Das Leben geht weiter.« Dies bewirkt, dass der Parasympathikus, also das Ruhe- und Erholungssystem des vegetativen Nervensystems, aktiviert wird und der Sympathikus, das Kampf- und Fluchtsystem, in den Hintergrund tritt. Mit anderen Worten: In der Natur und durch natürliche Sinneseindrücke sinkt der Stresspegel und wir haben die Möglichkeit, uns in Ruhe umzuschauen oder sogar die Augen zu schließen und unsere Gedanken zu sortieren, während sich unsere Energiereserven auffüllen.

Attention Restoration Theory

Natur bietet Erholung. Hier können wir loslassen, um dann wieder erfrischt anzupacken.

Im Zentrum der Attention Restoration Theory von Rachel und Stephen Kaplan steht nicht der Abbau von Stress, sondern die Rückgewinnung oder Stärkung der Aufmerksamkeitsfähigkeit (Kaplan & Kaplan 1989). Der Ansatz der beiden Psychologen geht, im Gegensatz zu den evolutionsbiologischen Deutungen der Stress Reduction Theory von Ulrich, von positiven Auswirkungen aus, die die Natur auf kognitive Ressourcen des Menschen hat. Während bei Ulrich die Natur auf den Menschen wirkt, ohne dass sich dieser dessen bewusst ist, sehen Kaplan und Kaplan eine aktive und bewusste Auseinandersetzung des Menschen mit der Natur.

Der Mensch ist in der Natur aufmerksam und neugierig. Er möchte seine Umgebung verstehen. Dabei geht jeder von seinem individuellen Kenntnisstand aus. Die einen haben einen eher unbefangenen, kindlichen Blick auf ihre Umgebung, andere betrachten die Dinge mit dem Enthusiasmus (und oft mit großem Detailwissen ausgestattet) des (Natur-)Wissenschaftlers.[16] Mit welchen Augen gehen Sie an einem sonnigen Frühlingstag durch den Wald? Erwacht das Kind in Ihnen? Begeistern Sie sich für die Namen und Eigenschaften der einzelnen Pflanzen?

Die Attention Restoration Theory unterscheidet zwischen zwei Arten von Aufmerksamkeit: Zum einen die Fähigkeit, sich willkürlich auf Aufgaben zu fokussieren, deren Bewältigung länger anhaltende Konzentration verlangt, und zum anderen die Fähigkeit zur unwillkürlichen Aufmerksamkeit. Letztere wird ohne Mühe er-

16 Dass Naturwissenschaftler mit ihrem zergliedernden Blick außerstande sind, die Schönheit der Natur wahrzunehmen, ist ein Vorurteil, mit dem der Physiker Richard Feynman in einem BBC-Interview aus dem Jahr 1981 mit dem Titel »The Pleasure of Finding Things Out« Schluss gemacht hat. Feynman erklärt, dass ein Wissenschaftler sich nicht nur über die mit bloßem Auge sichtbare Erscheinung einer Blume freuen kann, sondern dass er dank seiner Einblicke in deren Zellstrukturen und innere Prozesse zusätzlich große Ehrfurcht vor ihrer Schönheit empfindet. Wissenschaftliche Kenntnis zieht seiner Überzeugung nach nichts von der Schönheit ab. Sie fügt ihr etwas hinzu. Geben Sie auf YouTube »Ode To A Flower« ein und folgen Sie Feynmans überzeugender Argumentation.

bracht, solange sie von faszinierenden, die Aufmerksamkeit anziehenden Reizen stimuliert und aufrechterhalten wird. Da die willkürliche, fokussierte Aufmerksamkeit anstrengend ist, können wir sie nicht dauerhaft aufrechterhalten, ohne dabei zu ermüden. Die Ermüdung bedeutet abnehmende kognitive Leistungsfähigkeit und wachsende Ablenkbarkeit. Die Attention Restoration Theory postuliert, dass sich die Fähigkeit zur willkürlichen Aufmerksamkeit regeneriert, wenn sie durch Phasen der unwillkürlichen Aufmerksamkeit unterbrochen wird.

Kaplan und Kaplan beschäftigen sich also mit der Frage nach landschaftlichen Gegebenheiten, die einen positiven Einfluss auf die Regeneration der Aufmerksamkeit haben. Sie finden in der Natur günstige Bedingungen. Dabei liegt ihr Interesse auch darauf, zu beschreiben, wie Städte und Grünanlagen gestaltet werden sollten, damit sie dem Menschen gute Lebens- und Erholungsbedingungen bieten. Die Wissenschaftler geben vier Faktoren an, die idealerweise zusammenkommen, damit wir in den Modus der unwillkürlichen Aufmerksamkeit gelangen. Wir verwenden im Folgenden die englischen Bezeichnungen der vier Faktoren, da diese auch von anderen Autoren übernommen wurden, die sich mit der stärkenden Wirkung von Natur beschäftigen. Bei der jeweiligen Übersetzung und Interpretation der Begriffe stellen wir Verbindungen zu unserem Thema der Beratung in Bewegung und in der Natur her.

1. **Being away:** Die Natur bietet die Möglichkeit, in Distanz zu den Alltagsroutinen und Gedanken zu treten. Die Übersetzung »abwesend sein« ist unserer Meinung nach sehr zutreffend, da damit neben der physischen Abwesenheit auch geistige Abwesenheit verstanden werden kann. Mit geistiger Abwesenheit meinen wir in diesem Zusammenhang einen tagtraumähnlichen Zustand. Bei Beratungen im Gehen und in freier Natur befindet sich der Klient körperlich außerhalb seiner vier Wände und der gewohnten Umgebung, in der sich sein Alltagsleben abspielt. Es fällt ihm darum leichter, loszulassen und die Dinge, die ihn beschäftigen aus größerer Distanz und aus unterschiedlichen Perspektiven zu betrachten. Ehe er dies aber tut, bedeutet Abwesenheit so viel wie: »Ich

stehe für meine Alltagsaufgaben im Augenblick nicht zur Verfügung. Meine Sinne und Gedanken sind gerade von Wahrnehmungen in der Natur angefüllt.«

Es ist gut, wenn wir uns als Berater dessen bewusst sind, dass diese Phasen der Abwesenheit und des Nicht-zur-Verfügung-Stehens alles andere als eine Zeitverschwendung bedeuten. Speziell Klienten, die einen überhöhten Perfektionsanspruch haben und denen es schwerfällt, auch einmal die Zügel lockerer zu lassen oder Verantwortung abzugeben, hilft die Natur dabei, die willkürliche Aufmerksamkeit für eine Weile in den Hintergrund treten zu lassen. Dann gilt aber auch: Wer draußen abschalten kann, dem gelingt dies, wenn er möchte, mithilfe von Naturbildern oder Videos bzw. mit Naturgeräuschen (Berto 2005) in geschlossenen Räumen. In diesem Fall ermöglichen Sinneseindrücke aus der Natur ein geistiges Abwesendsein, ohne dass der Körper das Haus verlässt.

2. **Soft fascination:** Der Begriff »Faszination« stammt vom Lateinischen fascināre = »behexen«. Er wird seit dem 17 Jh. verwendet, um äußerst starke Anziehungskraft und ursprünglich eben auch Behexung zu beschreiben. Die Natur wäre kein guter Ort für Therapie und Coaching, würden hier die Sinne behext und das Denken in einen fesselnden Bann gezogen. Es ist darum sehr treffend, dass Kaplan und Kaplan der Faszination durch das Adjektiv »soft« einen korrigierenden Filter mitgeben. Wir schlagen darum für »soft fascination« die Übersetzung »sanfte« Anziehung‹ vor.

   Sinneseindrücke aus der Natur können selbstverständlich auch schrill und überwältigend sein. Im Kontext von Beratungssituationen interessieren uns aber all jene Phänomene, die Ruhe ausstrahlen und Zeichen großer harmonischer Zusammenhänge sind. Zu nennen sind als Beispiele: ziehende Wolken, fließendes Wasser, Blätter, die sich im Wind bewegen, Vogelstimmen, ein Sonnenuntergang, ein Käfer, der einen Baumstamm emporkrabbelt, der Duft von Wäldern und Wiesen nach einem Gewitterregen im Juni … Derartige Reize können bewusst in die Therapie oder Coachingarbeit einbezogen werden. Sie wirken aber auch, ohne dass man den Klienten zur achtsamen Wahrnehmung anleitet.

   Indem die Aufmerksamkeit des Menschen durch sanfte Anziehung angesprochen wird, beruhigt sich sein Denken. Das ist mit aktiver Achtsamkeits- oder Meditationspraxis auch möglich, diese verlangt allerdings erst einmal eine gewisse Übung und damit auch Disziplin. Die positive Wirkung sanft anziehender Eindrücke, die parallel über unterschiedliche Sinneskanäle in der Natur wahrgenommen werden, ist mit vergleichsweise niedrigem willentlichem Einsatz zu erlangen.

3. **Extent:** Diese Eigenschaft übersetzen wir mit »Freiraum«. Die Natur, in der wir uns erholen können, bietet uns einen Raum, in dem wir uns zum einen frei, und gleichzeitig auch sicher fühlen. Sie bietet uns Weite und reiche, stimulierende Sinneseindrücke. Sie sollte aber nicht befremdlich oder bedrohlich sein. Die Landschaft, in der wir mit einer Klientin arbeiten, sollte dieser also vertraut oder zumindest für sie verstehbar sein. (Überwältigende Kulissen oder Landschaften, die von fremden Kulturen oder ungewohnten klimatischen Bedingungen deutlich geformt sind, würden das Kriterium der »sanften Anziehung« nicht erfüllen.) Das heißt natürlich nicht, dass die Klientin genau in dem Gebiet, in dem sie gemeinsam mit ihrem Berater spazieren geht, zuvor schon einmal gewesen sein muss.
   Ein Praxisraum bietet nicht den Freiraum, den wir in der Natur finden. Die Praxis ist ein Raum des Beraters, der überdies physisch klar begrenzt ist. Die Natur hingegen gehört Berater und Klientin gleichermaßen und sie ist nach allen Richtungen offen. (Im Falle eines Gartens, der speziell für Therapiezwecke angelegt wurde oder der Teil einer therapeutischen Einrichtung ist, mag die Eigentumsfrage spürbar anders geregelt sein. Eine Beraterin mag zwar Eigentümerin von Grund und Boden sein, sie besitzt und bestimmt aber nicht das Wachstum der Pflanzen und die Wolken, die über ihren Garten ziehen, in gleicher Weise, wie sie die Einrichtung und das Design eines Praxisraums kontrolliert.)
4. **Compatible:** Diesen Begriff übersetzen wir mit »stimmig«. Während mit »Freiraum« objektive Vorzüge einer Landschaft benannt werden, ist mit Stimmigkeit die Qualität der Beziehung des Individuums zu ihr gemeint. Damit eine Umgebung die Wiederherstellung der willkürlichen Aufmerksamkeit unterstützt, sollten wir uns in

ihr wohlfühlen. Sie sollte mit unseren Erwartungen und Bedürfnissen übereinstimmen, d.h., wir sollten sie aus einer intrinsischen Motivation heraus ausgewählt haben.

Kaplan und Kaplan geben sechs Kriterien an, die eine Umgebung bzw. Landschaft erfüllen sollte, damit sie als stimmig empfunden wird und förderlich für die Erholung der willkürlichen Aufmerksamkeit ist.[17]

Geborgenheit: Die Landschaft zieht uns nicht durch starke Reize in ihren Bann, sondern sie macht es uns leicht, in sie einzutauchen. Die unzähligen Sinneseindrücke, die während eines Beratungsspaziergangs auf den Klienten wirken, tragen dazu bei, dass er sich eingeladen und am rechten Platz fühlt.

Verständlichkeit: Wir bedürfen keiner Erklärungen, um die Landschaft, die uns umgibt, zu verstehen und uns in ihr wohlzufühlen. Die Natur gibt der Klientin während der Beratungsgespräche keine Rätsel auf. Es sollte vielmehr so sein, dass sie ihr wie nebenbei die Botschaft entnimmt: »Hier ist die Welt in Ordnung.«

Sicherheit: Unserer Wahrnehmung nach geht keinerlei Gefahr von der Umgebung aus. Wir müssen auch nicht befürchten, von anderen Menschen schräg angeschaut zu werden. Der Klient kann sich (obwohl er sich nicht in einer geschützten Beratungspraxis befindet) sicher fühlen.

Unbeschwertheit: Wir empfinden keine akuten Verpflichtungen, sondern einfach nur Daseinsfreude. Dies ist ein günstiger Ausgangspunkt, um dann in der Beratung auch schwere Themen zu bearbeiten.

Ehrlichkeit: Wir kommen uns bei unserem Tun nicht komisch vor. Die Klientin, die sich mit ihrer Beraterin in der Natur aufhält,

---

17 Im Originaltext nennen die Autoren negative Kriterien (Ablenkung, Informationsmangel, Gefahr, Verpflichtung, Täuschung, Beschwerlichkeit), die einer Erholung im Wege stehen und darum in der Landschaftswahrnehmung des Klienten keine Rolle spielen sollten. Wir haben die Begriffe ins Positive übersetzt und jeweils eine Verbindung zur Beratungsarbeit hergestellt. So können wir aus der Aufzählung die folgenden beiden Handreichungen ziehen: 1. Das *sollte* die Landschaft, in der wir unsere Klienten beratend begleiten leisten. 2. Das *kann* eine Landschaft dem Klienten bieten.

sollte Tätigkeit (Beratungsgespräch oder Methoden) und Umfeld als zueinander passend erleben.

Leichtigkeit: Die Landschaft stellt keine größeren körperlichen Anforderungen an den, der sich in ihr aufhält oder sie durchwandert. Der Klient muss sich weder auf Strapazen einstellen noch während der Beratung befürchten, dem vor ihm liegenden Weg nicht gewachsen zu sein.

Supportive Environment Theory

Natur ist vielfältig. Für jedes Bedürfnis bietet die Natur einen geeigneten Platz.

Aufbauend auf den Theorien von Ulrich sowie von Kaplan und Kaplan finden wir bei Patrik Grahn und seinen Kollegen interessante Weiterentwicklungen (Grahn et al. 2010). Die Autoren untersuchen mithilfe eines Gartens, der speziell zu Therapiezwecken gestaltet wird, in welchem Umfeld sich Patienten am besten erholen, die infolge von überhöhtem, andauernden Stress unter Burn-out, geistiger Ermüdung, physischen Schmerzen oder Depressionen leiden. Dabei kommen sie zu dem Schluss: Je schwerer die Erkrankung und Hilflosigkeit der Patienten ist, desto ruhiger, reizärmer und friedlicher muss die Umgebung sein, damit sie einen konkreten Beitrag zu ihrer Genesung leistet. Je weiter ein Patient in seinem Genesungsprozess voranschreitet, desto vielfältiger, lebendiger und bunter darf bzw. sollte die Natur um ihn herum sein. Während der schwer Kranke von einem Platz profitiert, an dem er umgeben von sehr dezenten Natureindrücken völlig ungestört, fast wie in einer Kirche sitzen oder liegen kann, wird er im Zuge seiner Gesundung zunehmend Interesse für seine Umgebung und dann auch für andere Menschen, für Interaktion und eigenes gestaltendes Tun entwickeln. Dies ist ein Hinweis darauf, dass, je größer die geistige Ermattung des Patienten ist, er desto mehr von Wirkmechanismen, wie sie Ulrich in der Stress Reduction Theory beschreibt, profitiert. Beginnt ein Patient, die Fähigkeit aktiven Interesses zu zeigen, wirken die von Kaplan und Kaplan beschriebenen Anforderungen an beruhigende und gleichzeitig faszinierende, kohärente Umgebungen.

Wenn Sie Sorgen haben und in Ruhe nachdenken wollen, an welchen Ort in der freien Natur gehen Sie? Wenn Sie sich müde und ausgebrannt fühlen, wie sieht dann der Ort in der Natur aus, an den Sie sich gerne zurückziehen? Wenn Sie einen verzagten oder antriebsschwachen Freund dabei unterstützen wollen, wieder mehr Freude und Schwung zu empfinden, wo gehen Sie mit ihm spazieren?

Grahn und Kollegen benennen und beschreiben acht Bereiche bzw. Qualitäten, die ein Therapiegarten, aber auch ein öffentlicher Park, der ja zu vielfältigen Erholungszwecken bestimmt ist, den Patienten bzw. Besuchern idealerweise bieten sollte (Grahn et al. 2005, Pálsdóttir et al. 2018). Je nach der psychischen und mentalen Verfassung und den persönlichen Bedürfnissen des Individuums bietet einer der nachstehend skizzierten acht Bereiche eine besonders wertvolle Umgebung für Erholung und Stärkung. In der Realität sind strenge Abgrenzungen zwischen den Bereichen kaum möglich und auch nicht wünschenswert. Das bedeutet auch, dass speziell die ruhigeren, reizärmeren Zonen für vitale und gesunde Besucher nicht tabu, sondern unter Umständen einfach nur ein wenig langweilig sind.

1. Ruhe – friedlich, still und sicher
2. Schutz – Rückzugsräume, die als »Versteck« dienen
3. Wildnis – vom Menschen (scheinbar) unberührte Natur
4. Raum – wie eine eigenständige und stimmige Welt
5. Artenreichtum – vielfältige Flora und Fauna
6. Weitblick – offenes Gelände
7. Kultur – Hinweise auf gemeinschaftliche Werte und kulturelles Erbe
8. Begegnung – einladend für soziales Miteinander und Aktivität

In einem (hypothetischen) Garten, der als Setting für die Therapie stressgeschädigter Personen dient, kommen die Bereiche *Ruhe*, *Schutz* und *Wildnis* vorzugsweise in der ersten Phase der Erholung zum Einsatz. In der zweiten Phase, in der sich die Patienten zunehmend dazu im Stande sehen, ihre Aufmerksamkeit auf ihre Umwelt zu richten und den Blick (und auch die Gedanken) in die Ferne schweifen zu lassen, spielen die Dimensionen *Raum*, *Artenreichtum* und *Weitblick* eine größere Rolle. In der dritten Phase schließlich bilden die Bereiche *Kultur* und *Begegnung* einen Übergang zum gesunden, aktiven Leben.

Je nachdem, mit welchen Aufgaben wir als Berater konfrontiert sind, kann es von großem Nutzen sein, wenn wir uns darüber Gedanken machen, welche Art von Landschaft bzw. welche Intensität und Vielfalt der Natureindrücke für unsere Klientinnen einen förderlichen Rahmen im jeweils aktuellen Stadium ihrer Entwicklung bedeutet. Je besser die Umgebung zur Stimmung bzw. zu den Bedürfnissen des Klienten passt, desto leichter wird er Fortschritte machen. Allerdings sollten wir uns nicht davon abhalten lassen, mit unseren Klienten hinaus in die Natur zu gehen, nur weil ggf. der Spazierweg, der uns zur Verfügung steht, nicht durch eine Landschaft führt, die optimal auf die aktuellen Bedürfnisse des Klienten abgestimmt ist.

2.2.2 Wie vermag es die Natur, auf physikalischem und biochemischem Weg die Grundlagen für den Beratungsprozess zu verbessern?

Je weniger Zugang zur Natur ein Mensch hat bzw. je weniger Zeit er in der Natur verbringt und je größer der körperliche und psychische Stress ist, unter dem er leidet, desto mehr profitiert er von Aufenthalten in Parkanlagen, auf Wiesen und in Wäldern. So, wie jemand, der keinen Sport treibt und der nur die nötigsten Schritte zu Fuß geht, seiner Gesundheit einen Gefallen tut, wenn er z. B. die Treppe an Stelle des Aufzugs nimmt, profitiert auch derjenige, der nie in die Natur kommt, wenn er seine Gewohnheit ein wenig ändert und gelegentlich in den Stadtpark oder in den Wald geht. Woran liegt das? Welche Faktoren sind dafür verantwortlich, dass die Natur positiv auf unsere Gesundheit wirkt und damit auch ein hervorragendes Setting für Beratungen bietet?

Um diese Fragen zu beantworten, wurden in den vergangenen Jahren zahllose Studien durchgeführt. Besonders breite Beachtung auch hierzulande – in Ratgeberliteratur und populärwissenschaftlichen Veröffentlichungen – haben Forschungsbestrebungen aus Japan gefunden. Hier ist unter den Bezeichnungen »Shinrin-Yoku« (Waldbaden) und »Forest Medicine« eine in Japan sogar offiziell anerkannte und geförderte Therapieform entstanden, die sich auf die heilsame Wirkung von Waldspaziergängen, das Atmen von Waldluft und achtsame Aufenthalte im Wald stützt.

Aber ehe Sie weiterlesen, gehen Sie einmal kurz in sich und überlegen Sie: An welchen Orten in der Natur fühlen Sie sich besonders wohl? Woran liegt es, dass Sie sich speziell an diesen Orten so wohlfühlen? Wenn Sie diesen Ort mit nur einem Sinn wahrnehmen dürften, welchen würden Sie aussuchen? Augen, Ohren, Nase, Haut oder Zunge (Geschmack)?

Speziell in diesem Kapitel spielen viele Elemente eine Rolle, die in der Waldbaden- und Naturtherapieliteratur genannt werden. Wir sollten aber nicht die Erwartung oder den Anspruch haben, dass bei jedem Waldspaziergang ein großer Cocktail aus »Supermedikamenten« in uns hineinströmt und alle körperlichen und seelischen Leiden von uns nimmt. Bei einigen Zutaten des Cocktails ist das Ausmaß ihrer tatsächlichen Wirkung in der Wissenschaft umstritten, andere sind nicht in jedem Wald oder zu jeder Tages- und Jahreszeit vorhanden. Gleichwohl halten wir es für sinnvoll, über die meistdiskutierten Wirkfaktoren des Waldes und der Natur, die im Ruf stehen, heilend und stärkend zu wirken, allgemein zu informieren. So gewinnen Sie wertvolle Argumente, die dafürsprechen, Beratungen im Freien durchzuführen, und die Informationen helfen Ihnen dabei, passende Strecken für Ihre Arbeit im Freien auszuwählen.

Negative Luftionen

Negative Luftionen (Anionen), also molekulare oder atomare Teilchen in der Luft, die eine negative Ladung aufweisen, stehen im Ruf, die körperliche, kognitive und psychische Gesundheit bzw. das Wohlbefinden, zu fördern. Diese positive Wirkung wird als Argument für Waldbaden und naturtherapeutische Verfahren häufig angeführt. Wir nehmen Sie darum auch in unsere Sammlung mit auf, weisen aber gleichzeitig darauf hin, dass jüngste wissenschaftliche Studien zum Schluss kommen, dass weder der Wirkmechanismus noch die tatsächliche Wirkung der negativen Luftionen auf das Denken und die Stimmungslage abschließend geklärt ist (Della Vecchia et al. 2021).

Anionen sind geschmack- und geruchlos. Sie können künstlich (zur Raumluftverbesserung) hergestellt werden, treten aber auch in der freien Natur auf. Sie entstehen in großer Zahl z. B. durch Radium, das in der Erdkruste zerfällt, aber auch durch Blitzschläge, UV- und kosmische Strahlung sowie durch Photosynthese. Auch Wasser in Bewegung ist eine ergiebige Anionenquelle. Hier sind ganz besonders Wasserfälle, Meeresbrandung und Wolkenbrüche zu nennen. In Städten und ganz besonders in Innenräumen (selbst wenn diese gut belüftet sind) ist die Menge der in der Luft messbaren Anionen mehr als fünfhundert Mal geringer als in der unmittelbaren Nähe zu Wasserfällen (Hochschule Luzern 2013).

Wozu sind die negativen Luftionen aber gut? Zunächst einmal tragen sie zu einer Verringerung der Feinstaubkonzentration bei. Damit ist ein Aufenthalt im Wald zum einen gesund, da man dort üblicherweise einen gewissen Abstand zu Orten hat, an denen viel Feinstaub entsteht, und zum anderen, da hier die Anionendichte rund zehn Mal höher ist als in der Stadt. Anionen binden potenzielle Schadstoffe in der Luft. Die so entstehenden Cluster sinken dann zu Boden.

Anionen stehen nicht nur im Ruf, unsere Atemluft zu reinigen und damit auch allergische Symptome zu lindern. Sie sind für uns im Zusammenhang mit Beratung in freier Natur interessant, da sie positiv auf das psychische Befinden wirken sollen und gleichzeitig die kognitive Leistung erhöhen. Beides würde die Voraussetzungen für Gespräche, bei denen es darum geht, Probleme zu lösen und Ideen zu entwickeln, deutlich verbessern.

Della Vecchia und Kollegen tragen in ihrer groß angelegten Metaanalyse Argumente zusammen, die dafür sprechen, dass negative Luftionen die individuelle Leistungsfähigkeit in Bereichen wie Wahrnehmung und Kognition erhöhen, indem sie den Stresspegel senken und das Zufriedenheitsgefühl stärken. Die beobachtete Leistungssteigerung lässt sich mit einem neurophysiologischen Ansatz erklären. Dieser Ansatz geht davon aus, dass eine relativ hohe Anionendichte in der Atemluft zwar hemmend auf das Gehirn wirkt, dass diese Hemmung aber im Sinne einer Beruhigung bzw. eines Filters zu verstehen ist, der unwichtige Reize und Kognitionen dämpft und damit den Fokus auf einzelne Gedankengänge erleichtert (Chu et al. 2019).

Entgegen der häufig propagierten Meinung, dass negative Luftionen einen heilenden Einfluss auf vielfältige emotionale Störungen, Ängste und Stimmungsschwankungen, aber auch Schlafstörungen und das allgemeine Wohlbefinden haben, kommen die meisten wissenschaftlichen Studien zu dem Schluss, dass diese Wirkung lediglich im Zusammenhang mit Depressionen besteht (Perez et al. 2013, Della Vecchia et al. 2021). Für die Beratungsarbeit in freier Natur können wir festhalten, dass eine Linderung depressiver Verstimmungen schon ein guter Beitrag ist, an dessen Wirkung wir gerne glauben. In der Realität, d. h. außerhalb von Laborbedingungen, sind negative Luftionen nur eine Zutat in einem großen Cocktail aus physikalischen, chemischen und biologischen Faktoren, die im Freien auf den Klienten einwirken.

Phytonzide

Phytonzide sind chemische Verbindungen, mit denen sich Pflanzen vor schädlichen Bakterien, Pilzbefall oder sogar Insekten schützen. Sie stellen damit einen wichtigen Faktor des pflanzlichen Immunsystems dar. Ihre Vielfalt ist immens. Am einfachsten, wenn auch aus Sicht des Chemikers unbefriedigend, werden sie über ihre konkrete Wirkung beschrieben. Diese besteht darin, das Wachstum von Schädlingen und Krankheitserregern zu verringern oder diese sogar absterben zu lassen. Speziell immergrüne Nadelbäume sorgen für eine hohe Phytonzid-Konzentration in Wäldern. Wir nehmen Terpene – eine Untergruppe der Phytonzide – besonders an warmen Tagen über den Geruchssinn wahr, da sie Bestandteil der ätherischen Öle sind, die dem Harz dieser Pflanzen entströmen.

Auch am Geruch feuchter Erde ist ein Phytonzid, nämlich Geosmin, maßgeblich beteiligt. Die menschliche Nase nimmt diesen Geruch schon in sehr geringen Mengen wahr. Das mag zum einen daran liegen, dass Geosmin auch im Zusammenhang mit Schimmel auftritt und dem Menschen im Verlauf seiner evolutionären Entwicklung als Warnung vor Vergiftungen diente. Zum anderen ist Geosmin aber auch ein Indikator für Wasserquellen. Eine solche in der Nähe zu wissen, dürfte für unsere Vorfahren ein Gefühl der Sicherheit bedeutet haben. Wo Wasser ist, da ist eine Grundvoraussetzung für Leben erfüllt. Und so empfinden wir auch heute noch den Geruch, den der Erdboden, vor allen Dingen an warmen Tagen, schon bei den ersten fallenden Regentropfen verströmt, als kräftigend.

In In-Vitro-Experimenten konnte gezeigt werden, dass gewisse Phytonzide die Aktivität von NK-Zellen (natürliche-Killerzellen) erhöhen. Diese Beobachtung spricht dafür, dass Phytonzide, die wir speziell bei Waldspaziergängen in erhöhter Zahl einatmen, eine Stärkung unseres Immunsystems bewirken, da ja NK-Zellen die Funktion haben, u.a. Tumorzellen oder virusinfizierte Zellen zu neutralisieren. Des Weiteren wurde in Studien festgestellt, dass durch Phytonzide auch intrazelluläre Anti-Krebsmoleküle aktiviert werden (Li et al. 2006, Chae et al. 2021). Sogar auf die Regulation von Stresshormonen könnten Phytonzide positiv einwirken. Es liegt Evidenz vor, die besagt, dass einige von Bäumen freigesetzte Phytonzide einer Schwächung des Immunsystems entgegenwirken, die durch anhaltenden Stress herbeigeführt wurde. Der angenommene Wirkmechanismus involviert u.a. eine Senkung des Cortisol-Spiegels, Verringerung des Blutdrucks sowie die Minderung chronischer Müdigkeit (Chae et al. 2021).

Für unsere Beratungen in der freien Natur nehmen wir die Möglichkeit eines Gesundheitsboosters durch Phytonzide sehr gerne an. Da die Studienlage zu diesem Thema aber (noch) nicht breit abgesichert ist, raten wir davon ab, die beschriebenen Zusammenhänge in den Vordergrund naturtherapeutischer Angebote zu stellen. Zum einen ist die Menge der Phytonzide in der Atemluft stark von Faktoren wie Jahres-, Tageszeit und Temperatur abhängig, zum anderen halten wir es für sehr plausibel, dass Effekte wie Senkung des Blutdrucks und Stressreduktion ebenso (oder vielleicht sogar besonders) durch die sinnlichen Wahrnehmungen im Wald (Bilder, Gerüche, Geräusche) und die durch sie angestoßenen Gefühle und Assoziationen erklärt und herbeigeführt werden können. Mit anderen Worten: Wir sind offen für neue Erkenntnisse zu einer positiven Wirkung von Phytonziden auf die körperliche und psychische Gesundheit. Als Beraterinnen sollten wir das Thema wachsam verfolgen und zukünftige Forschungsergebnisse berücksichtigen, die uns z.B. dabei helfen, optimale Spazierwege und Beratungszeiten zu definieren.

Sonnenstrahlen und Tageslicht

Bereits 400 Jahre v.Chr. verordnete der griechische Arzt Hippokrates seinen Patienten Sonnenbäder zur Behandlung unterschiedlicher Krankheiten. So wird schon seit der Antike Sonnenlicht mit Erfolg als Stimmungsaufheller empfohlen. Der Zusammenhang zwischen wärmendem Licht und Vitalität ist uns meist intuitiv klar. Anderenfalls würden wir Freude und Leichtigkeit nicht mit Licht- und Sonnenmetaphern ausdrücken. Wir sagen, dass jemand ein »sonniges Gemüt hat« oder ein »Sonnenschein ist«. Niedergeschlagenheit, Hoffnungslosigkeit/Angst oder Unzugänglichkeit/Demenz hingegen werden mit Grautönen und Schwarz beschrieben. Wir sprechen dann z.B. von »düsterer Stimmung«, »grauen Vorahnungen« oder »geistiger Umnachtung«.

Seit dem Jahre 1984 wird eine Form der affektiven Störungen, die bei vielen Menschen in der dunkleren Jahreszeit auftritt, als Winterdepression (Seasonal Affective Disorder) beschrieben (Rosenthal et al. 1984). Als Therapie werden zum einen Licht am frühen Morgen, aber auch Spaziergänge während der hellen Stunden des Tages empfohlen. Trotzdem ist die tatsächliche Bedeutung bzw. das therapeutische Potenzial von Tageslicht noch nicht erschöpfend erforscht. Tageslicht nehmen wir oft als Selbstverständlichkeit hin. Dabei liegen uns Hinweise vor, dass es vielfältige Auswirkungen auf Gesundheit und Wohlbefinden des Menschen hat. Es konnte gezeigt werden, dass ein Zusammenhang zwischen Tageslichtintensität und dem Serotoninpegel im Gehirn besteht (Gagné et al. 2010). Diese Erkenntnis ist sowohl interessant, wenn nach Gründen für vermehrt auftretende Depressionen in den Wintermonaten gesucht wird, als auch wenn wir nach Möglichkeiten suchen, eben diesen Verstimmungen entgegenzuwirken.

Wir nehmen Licht nicht nur über die Stäbchen und Zapfen auf. Neben diesen Zellen befinden sich auf der Retina des menschlichen

Auges weitere fotosensitive Ganglienzellen. Sie machen ca. 1 bis 3 % der lichtempfindlichen Zellen aus, dienen aber nicht der Übermittlung von Bildern oder Farben an das Gehirn. Die Licht- und Helligkeitsinformationen, die von ihnen aufgenommen und weitergeleitet werden, beeinflussen den Tag-Nacht-Rhythmus, den Melatonin-Pegel und damit den Schlaf-Wach-Rhythmus sowie die Anpassung der Pupillen an die aktuellen Lichtverhältnisse. Diese Zellen stehen aber auch mit Arealen des menschlichen Gehirns in Verbindung, die für die Regulation der Stimmungslage, des Stressempfindens und der Lernfähigkeit verantwortlich sind. Diese nachgewiesene, wenn auch noch nicht in allen Details verstandene Verbindung zwischen (Tages-)Licht auf der einen Seite und emotionaler Befindlichkeit, kognitiven Prozessen und Wachheit (Schläfrigkeit) auf der anderen Seite bestärkt uns darin, Beratungen unter freiem Himmel durchzuführen (Wirz-Justice et al. 2021).

Schließlich ist an dieser Stelle zu erwähnen, dass bekanntlich Sonnenlicht, das auf unsere Haut trifft, für die notwendige Synthese von Vitamin-D im Körper verantwortlich ist. Der vermutete Zusammenhang zwischen Vitamin-D und dem emotionalen Wohlbefinden, macht das Thema für Beratungen unter freiem Himmel interessant. Eine kurze Internetsuche zeigt uns, dass Vitamin-D als Prophylaxe gegen Winterdepressionen und als Stimmungsaufheller angeboten wird. In der Wissenschaft ist dieser Zusammenhang allerdings nicht eindeutig geklärt (Okereke et al. 2020). Es sieht auf den ersten Blick zwar verlockend aus, sich vor direktem Sonnenlicht zu schützen, um Hautkrebs zu vermeiden und das nötige Vitamin-D in Tablettenform zu sich zu nehmen. Dass diese Rechnung aber nicht so einfach ist, legen Untersuchungen nahe, die zeigen, dass die positive Wirkung von Sonnenlicht nicht nur auf die Synthese von Vitamin-D beschränkt ist (Razzaque 2018).

Mykobakterium vaccae

Das Mykobakterium vaccae (MV) gehört zur Familie der Mycobacteriaceae. Es kommt im Erdboden vor und hat für den Menschen keine pathogene Wirkung. Seinen Namen verdankt es dem lateinischen Wort »vacca« = »Kuh«, da erstmalig ein Stamm dieses Bakteriums aus Kuhdung isoliert und gezüchtet wurde. Nachgewiesen wurde das Bakterium aber schon früher in Uganda. Dort schrieben Einheimische einer schlammigen Substanz heilende Wirkung gegen zahlreiche Krankheiten zu.

Dieser Mikroorganismus ist für uns von Interesse, weil er im Zusammenhang mit Waldbaden und Naturtherapien immer wieder genannt wird. Bei Aufenthalten in der Natur nehmen wir MV vor allem über die Atmung auf. Dabei dürfte die tatsächliche Menge an Bakterien, die in unseren Körper gelangt, stark davon abhängen, wie eng der jeweilige Kontakt mit der Natur und vor allen Dingen mit Erde ist. Bei einem Spaziergang atmen wir aller Wahrscheinlichkeit nach weniger MV ein, als wenn wir beim Einsatz von Methoden näheren Kontakt zum Erdboden und zu Naturmaterialien haben.

Welchen Nutzen haben wir nun aber vom Kontakt mit MV? Für Beratung in freier Natur sind zwei potenzielle Effekte von Interesse: Zum einen gibt es Evidenz dafür, dass das Bakterium das Immunsystem und damit das Wohlbefinden stärkt. Zum anderen liegen Studien vor, die Minderungen von Ängsten und Depressionen sowie eine Steigerung der Lernfähigkeit im Zusammenhang mit MV vermuten lassen. 2004 führte die britische Onkologin Mary O'Brien eine klinische Studie durch, bei der sie Patienten mit Lungenkarzinomen begleitend zu einer Chemotherapie eine Suspension mit abgetöteten MV injizierte. Die Intention der Therapie war eine Stärkung der Immunabwehr. Die erwünschte Reaktion blieb zwar aus und der Krebs wurde nicht in seiner Entwicklung gebremst. In anderer Hinsicht konnte die Behandlung aber als Erfolg gewertet werden, denn die Patienten erfuhren infolge der Injektionen eine Verbesserung ihrer Lebensqualität: Sie waren glücklicher, zeigten mehr Vitalität und höhere kognitive Leistungen als Patienten der Kontrollgruppe (O'Brien et al. 2004). In Mausexperimenten konnten Hinweise darauf gefunden werden, dass MV Ängste lindern und die Lernfähigkeit steigern (Matthews & Jenks 2013). Die Wissenschaftlerinnen vermuten, dass sich diese Ergebnisse auf Säugetiere allgemein und insbesondere auch auf den Menschen übertragen lassen. In weiteren Studien wird eine mögliche Verbindung zwischen MV und einer antidepressiven Wirkung gezogen (Lowry et a.l 2007, Reber et al. 2016).

Messbare Effekte

Forschungen und Publikationen zu Waldbaden und Naturtherapien stellen immer wieder heraus, dass durch Aufenthalte in der Natur – besonders im Wald – der Stresspegel des Menschen sinkt und dass dies mit einem hier niedrigeren Cortisolspiegel einhergeht. In jüngeren Überblicksartikeln und Metaanalysen geben die Autoren an, dass ein positiver Einfluss auf das Stressniveau (anhand von Cortisolmessungen nachgewiesen) zwar sehr wahrscheinlich ist, dass aber die Studienlage in ihrer Gesamtheit betrachtet zu widersprüchlichen Ergebnissen kommt (Antonelli et al. 2019, Jones et al. 2021). Den Autoren dieser Arbeiten zufolge genügt nur ein Bruchteil der vorliegenden Studien strengen wissenschaftlichen Kriterien. Trotz allem kommen sie zum Schluss, dass die Natur Cortisol-senkend und damit stresslindernd wirkt. Dieser Effekt wird sowohl durch Forschungen belegt, in denen Testgruppen im Wald mit Testgruppen in der Stadt verglichen werden als auch durch Arbeiten, in denen Cortisolmessungen vor und nach Waldaufenthalten vorgenommen wurden. Dabei geben Antonelli und Kollegen an, dass an dieser positiven und erwünschten Wirkung der Natur durchaus auch ein Placeboeffekt beteiligt sein kann, gegen den (solange man ihn auch als solchen benennt) nichts einzuwenden ist.

Weitere physiologische Parameter, die gemessen werden, um eine positive Wirkung von Aufenthalten im Wald und in der Natur ganz allgemein nachzuweisen, sind Blutdruck und Herzfrequenz. Speziell in Gegenüberstellungen mit Kontrollgruppen, deren Vitalwerte bei Stadtaufenthalten gemessen werden, zeigt sich immer wieder, dass in der Natur Blutdruck und Herzfrequenz niedriger sind als in der Stadt (Park et al. 2010). Dieses Ergebnis wird auch in einer Metaanalyse aus dem Jahr 2017 bestätigt, deren Autoren besonders günstige Effekte von Waldaufenthalten für Menschen im mittleren und gehobenen Alter mit hohem Blutdruck feststellen (Ideno et al. 2017). Vergleichbare Ergebnisse erzielte eine Studie aus dem Jahr 2022. Hier wurde in einem Laborraum mithilfe von Projektoren, Lautsprechern und einem Perfusor für ätherische Öle ein erholsamer Wald simuliert (Takayama et al. 2022). Es zeigte sich, dass selbst der Aufenthalt in einem simulierten Wald ähnlich positive physische (und psychische) Effekte bei den Testteilnehmern hervorrief, wie sie auch bei Aufenthalten in realen Wäldern gemessen werden.

Die Literaturverweise – besonders diejenigen in den vorangegangenen Abschnitten – zeigen, dass der deutlich überwiegende Teil der Forschung zum medizinischen Nutzen von Waldaufenthalten in Japan betrieben wurde. Speziell in den Arbeiten von Qing Li werden positive Auswirkungen des Waldes auf die Gesundheit und das Wohlbefinden des Menschen beschrieben (Li et al. 2006, Li et al. 2011, Li 2018). Da sich viele Autoren in der populärwissenschaftlichen Literatur auf die Ergebnisse dieser Arbeiten beziehen, die Studienlage ansonsten aber nicht solide und umfangreich ist, haben wir uns dazu entschieden, an dieser Stelle Lis Ergebnisse zu erwähnen, ohne sie im Detail auszuführen.

Das Prohormon Dehydroepiandrosteron (DHEA) steigt bei Waldaufenthalten an. Es wirkt androgen und ist im Zusammenhang mit Dopingpräparaten bekannt. In den USA wird DHEA als Nahrungsergänzungsmittel zur physischen und mentalen Leistungssteigerung sowie als Anti-Aging-Mittel, als Mittel gegen Übergewicht und gegen Diabetes angeboten. In Deutschland ist es ein verschreibungspflichtiges Arzneimittel. Uns ist nicht bekannt, dass der DHEA-Pegel, den wir durch Waldaufenthalte erreichen können, in irgendeiner Weise unerwünschte Nebenwirkungen für den Menschen haben könnte.

Das Gewebshormon Adiponectin wird bei Waldaufenthalten vermehrt ausgeschüttet. Li gibt an, dass dieses Hormon gegen Arteriosklerose wirkt. Außerdem wird eine Senkung des Diabetes- und Darmkrebsrisikos vermutet (Aleksandrova et al. 2014). Neben der bereits erwähnten Verringerung des Stresshomons Cortisol durch Waldaufenthalte beobachtet Li auch ein Absinken von Adrenalin, Noradrenalin und Dopamin. Auch eine positive Wirkung auf die Gesundheit des Herzens wird anhand von Messugen von BNP und NT-proBNP im Serum nachgewiesen. Diese Faktoren sinken durch längere Aufenthalte im Wald (Mao et al. 2017).

Eine Hauptstraße zu Gesundheit und Wohlbefinden

Wir haben in den vorangegangenen Abschnitten beispielhaft einige Zutaten betrachtet, die sehr wahrscheinlich dazu beitragen, dass die Natur ein Zaubertrank ist, der positiv auf die Gesundheit und das Wohlbefinden des Menschen wirkt. Eine interessante Übersichtsarbeit zu diesem Thema hat die amerikanische Forscherin Ming Kuo vorgelegt (Kuo 2015). Als Überschrift ihrer Analyse stellt die Autorin die grundsätzliche Frage, wie, d. h. durch welche Faktoren, Kontakt zur Natur zuträglich für Gesundheit und Wohlbefinden sein könnte. Zur Beantwortung dieser Frage trägt Kuo 21 potenzielle Verbindungen bzw. Wirkmechanismen zusammen, die jeder für sich auf die eine oder andere Weise wissenschaftlich in einen positiven Zusammenhang mit körperlicher und mentaler Gesundheit gebracht wurde. Kuo geht bei ihrer Analyse davon aus, dass ein einzelner Faktor nicht verantwortlich für die Gesundheitswirkung der Natur ist, sondern dass es vielmehr ein »central pathway«, also gewissermaßen eine Hauptstraße zu Gesundheit und Wohlbefinden gibt, in die mehrere aus Richtung der Natur kommende Straßen (Wirkfaktoren) potenziell einmünden. Eben diese Hauptstraße könnte nach Meinung Kuos das Immunsystem sein.

Das Immunsystem steht anerkanntermaßen direkt in Verbindung mit der Gesundheit des Menschen. Es wird bei Aufenthalten in der Natur über zahlreiche Faktoren gestärkt. Kuo unterteilt diese Faktoren in drei Gruppen: 1. aktiv wirkende Zutaten, die in der Natur auf den Menschen treffen (können), 2. physiologische und psychologische Zustände, die beim Menschen, der sich in der Natur aufhält, beobachtet werden (können) und 3. Verhaltensmuster bzw. Bedingungen, die in Kontakt mit der Natur relativ häufig beobachtet werden. Zu den »aktiv wirkenden Zutaten« zählt Kuo neben den bereits genannten Phytonziden, negativen Luftionen, Mycobakterium vaccae und visuellen Wahrnehmungen (Letztere haben wir im Zusammenhang mit Attention Restoration Theory und Stress Reduction Theory erwähnt) noch Biodiversität, Naturklänge, relativ geringere Luftverschmutzung, geringere Hitze und weniger Gewalt.

- Biodiversität korreliert positiv mit Mikroorganismen auf der Haut und der Darmflora.
- Naturklänge tragen ebenso wie visuelle Wahrnehmungen zur physischen Erholung und Stressreduktion bei. Wir widmen diesem Thema weiter unten ein eigenes Kapitel (2.2.4).
- Dass geringere Luftverschmutzung zuträglich ist, liegt auf der Hand.
- Die stressreduzierende Wirkung von Kühlung (an heißen Tagen) und geringerer Gewalt (das latente Risiko, Opfer von Verkehrsunfällen oder aggressivem Verhalten zu werden) begünstigt ein Absenken der sympathischen und ein Hochfahren der parasympathischen Aktivität, eine Verschiebung, die bekanntlich mit einer Stärkung des Immunsystems einhergeht.

Das Immunsystem stärkende »physiologische und psychologische Zustände« sind Kuo zufolge die bereits erwähnten erhöhten DHEA- und Adiponektinwerte sowie Entspannung und Stressreduktion. Hinzu kommen eine Normalisierung des Blutzuckerspiegels sowie die Steigerung von Ehrfurcht und Vitalität.

- Der Blutzuckerspiegel sinkt bei Bewegung im Wald stärker als bei Bewegung in der Stadt (Ohtsuka et al. 1998). Ein dauerhaft zu hoher Blutzuckerspiegel bedeutet u. a. ein erhöhtes Risiko, zu erblinden, Schädigungen des Nervensystems oder Nierenversagen zu erleiden.
- Regelmäßige Erfahrung von Ehrfurcht (in der Natur gegenüber kleinen und großen Wundern sowie erstaunlichen Zusammenhängen …) konnte mit einem niedrigeren Pegel an Zytokinen (einem Indikator für Entzündungen) in Verbindung gebracht werden (Stellar et al. 2015). Der Zusammenhang zwischen negativen Gefühlen und einer labilen Gesundheit war schon länger bekannt. Eine positive Wirkung von Ehrfurcht auf das Immunsystem und damit auf eine robustere Gesundheit ist neu. Hier sind die Wissenschaftler einem interessanten Mechanismus auf der Spur, bei dem ein Affekt, der häufig mit Spiritualität und Esoterik in Verbindung steht, in naturwissenschaftlich messbare Bereiche hineinwirkt.

- Dass Aufenthalte in der Natur günstig für die Vitalität sind, erscheint intuitiv einsehbar. Vitalität wird darüber hinaus aber auch, ähnlich wie Ehrfurcht, mit einer besseren Abwehr von Infektionen in Verbindung gebracht (Cohen et al. 2006).

Mit »Verhaltensmuster bzw. Bedingungen«, die in Kontakt mit der Natur relativ häufig beobachtet werden, meint Kuo die vier Punkte: körperliche Aktivität, Übergewicht, Schlaf und soziale Verbindungen.

- Den positiven Zusammenhang zwischen körperlicher Aktivität und körperlicher sowie psychischer Gesundheit, speziell in Bezug auf Coaching und Therapie, haben wir bereits ausführlich in Kapitel 2.1 behandelt.
- Kuo stellt fest, dass die landläufige Auffassung falsch oder zumindest unvollständig ist, wonach Natur zu Bewegung animiert und *darum* Menschen mit viel Naturkontakt eher ein gesundheitsförderliches Gewicht haben als Menschen mit wenig Naturkontakt. Überspitzt formuliert bedeutet dies: Natur macht dünn, auch wenn wir uns in ihr nicht bewegen. Als Erklärung für diesen unerwarteten Zusammenhang führt die Autorin neben dem durch die Natur erhöhten Adiponektin und dessen positiven Einfluss auf den Stoffwechsel, Stressreduktion und eine gestärkte Impulskontrolle an.
- Die Verbindung zwischen Schlafqualität und Immunsystem ist uns intuitiv vertraut und gut erforscht (Besedovsky et al. 2012). Guter Schlaf wiederum wird durch die Natur begünstigt, da hier der Sympathikus herunterfährt und der Parasympathikus angeregt wird.
- Auch der direkte Zusammenhang zwischen sozialen Beziehungen und einem leistungsstärkeren Immunsystem ist Kuo zufolge belegt. Wir führen hier dazu auch eine relativ junge Untersuchung auf, die anhand der Folgen von sozialer Isolation während der Corona-Pandemie die Bedeutung zwischenmenschlicher Beziehungen für das Immunsystem analysiert (Muntsant & Giménez-Llort 2020). Aufenthalte in der Natur sind zwar nicht zwin-

gend mit sozialer Interaktion verbunden, sie scheinen diese jedoch besonders zu stimulieren. Für Beratungen heißt dies, dass es vielen Menschen leichter fällt, Einzel- oder Gruppenangebote anzunehmen, wenn diese mit Aufenthalten in der Natur verbunden sind.

Wir gehen davon aus, dass all die Pro-Natur-Argumente, die wir hier aufgeführt haben, nur einen Teil dessen abbildet, was wir mit unseren Sinnen während eines Waldspaziergangs bewusst und unbewusst zum Wohle von Körper und Psyche aufnehmen. Jeder Ort, jede Tages- und Jahreszeit und jede Witterungsbedingung bietet einen Cocktail aus ganz besonderen Zutaten, die jeweils in einem einzigartigen Mischungsverhältnis stehen und darüber hinaus von jedem Individuum durch seine persönliche physische und psychische Verfassung auf ganz individuelle Weise aufgenommen werden.

2.2.3 Wie wirkt sich der Aufenthalt in der Natur auf unser Denken aus?

Wir erleben es immer wieder: Klientinnen, mit denen wir zum ersten Mal eine Beratung in freier Natur durchführen, sind begeistert. Sie atmen sichtlich durch und auf, dabei erklären sie sinngemäß, dass es »so guttut, endlich einmal hinauszukommen«. Dabei beziehen sie sich offensichtlich nicht allein auf ein körperliches Hinauskommen. Die Blicke schweifen neugierig umher. Sie erforschen die Umgebung oder nehmen den vor uns liegenden Waldweg in Augenschein. Es tut gut »hinauszukommen«, bedeutet dann auch, eine Bereitschaft, gewohnte Bahnen zu verlassen, Neuland zu erkunden, neue Erfahrungen zu sammeln und neue Gedanken zu denken.

Die Natur ist ein großartiger und ein neutraler Ort, um im Gespräch oder mithilfe von Coaching- und Therapiemethoden Gedanken zu sortieren, Rückschau zu halten oder neue Ideen zu entwickeln. Wenn sich Berater und Klient im Freien, z. B. an einem Wanderparkplatz, treffen, dann sagt das Setting deutlicher, als dies in einem Praxisraum der Fall ist, in etwa Folgendes: »Wir stehen *gemeinsam* am Beginn eines Weges. Vor uns liegt der Wald mit all seinen Überraschungen. Wir wissen noch nicht, was uns begegnen wird. Es ist gut, wenn wir offen für Neues sind.«

Selbstverständlich kommt auch die Klientin, die eine Beratung in der Natur in Anspruch nimmt, mit gewissen Erwartungen zum vereinbarten Treffpunkt. Vielleicht kennt sie auch schon den Berater und dessen Beratungsstil von früheren Terminen im Praxisraum. Da man sich aber während des aktuellen Termins im Freien fortbewegt und da weder Berater noch Klientin vorhersehen, was ihnen hinter der nächsten Wegbiegung begegnen wird, und da ein und derselbe Wanderweg auch jedes Mal anders aussehen kann, ergibt sich ganz von selbst eine gehobene Wachsamkeit und üblicherweise auch Offenheit. Beides ist in einem Praxisraum, der sich während der Beratung kaum verändert und der eng mit dem Stil des Beraters verwoben ist, nicht in gleichem Maße der Fall. Wachsamkeit und Offenheit sind aber zwei wesentliche Merkmale, die uns voranbringen.

Kreatives Denken

Kreatives Denken funktioniert in der Natur besonders gut. Die Gültigkeit dieser Aussage setzt natürlich voraus, dass wir uns an einem Ort befinden, an dem wir uns wohl und sicher fühlen. Die uns umgebenden Sinneseindrücke wirken dann nicht ablenkend, sondern inspirierend. Unsere Augen und Ohren, aber auch unsere Nase, unser Geschmackssinn und unsere Haut empfangen sanfte Impulse, die belebend, schmeichelnd und beruhigend zugleich wirken. Unsere Aufmerksamkeit wird angeregt, aber nicht »in Atem gehalten«. Diese, in der Literatur als »restorativeness« beschriebene Leistung von Natur haben wir bereits eingehend im Zusammenhang mit der Attention Restoration Theory von Kaplan und Kaplan behandelt (S. 2.2.1). An einem Wohlfühlort, der überdies eine räumliche und inhaltliche Distanz zu unserem Alltag bedeutet, finden auch unsere Gedanken andere als die üblichen Alltagsinhalte. Mit anderen Worten: An einem Ort, an dem es weder wie zu Hause noch wie am Arbeitsplatz aussieht und zugeht und an dem wir uns wohlfühlen, kommen uns besonders leicht kreative Ideen. Das ist speziell dann der Fall, wenn dieser Wohlfühlort nicht statisch, sondern dynamisch ist. Als statisch bezeichnen wir hier einen Praxisraum, in dem sich während einer Beratungssitzung vergleichsweise wenig verändert. Dynamisch nennen wir demgegenüber Orte in der freien Natur, an denen ständig Veränderungen in allen sinnlich wahrnehmbaren Dimensionen vonstattengehen.

Wenn wir in der Natur nachdenken, sind die Chancen hoch, dass unter den tausenden Sinneseindrücken, die zur gleichen Zeit sanft auf uns einströmen, immer wieder der eine oder andere Impuls ist, der die Tür zu einer neuen Idee öffnet. Da springt während eines Coachings, in dem die Klientin die Frage hat, wie sie ihre langjährigen Mitarbeiterinnen aus ihrer Komfortzone locken kann, vor uns ein Reh auf den Weg. Das Tier hält inne, betrachtet uns und verschwindet mit einem Satz zwischen den Bäumen. »Wie schön, ein Reh!«, ruft die Klientin: »So leichtfüßig und neugierig, – Toll! …« Mit einem Schlag hat sie erkannt, was sie sich wünscht, und sie hat auch ein Bild dafür. In der Folge fallen ihr zahlreiche Dinge ein, die sie anpacken und anders machen will. Sie denkt daran, was *sie selbst* machen wird, und nicht primär, was die anderen besser machen sollten.

Nicht immer sind die Impulse, die Klientinnen aus der Natur empfangen und dann tatsächlich umsetzen, so offensichtlich zu erkennen wie in dem eben wiedergegebenen Beispiel. Manchmal merkt die Beraterin, wie die Atmosphäre ganz allgemein, eine Klientin zunächst ins Schwärmen und dann ins kreative Planen geraten lässt. Bisweilen ist es dann hilfreich oder nötig, dass die Beraterin eingreift und die fliegenden Gedanken der Klientin auf den Boden holt, ehe sie sich im Bau schöner und flüchtiger Luftschlösser verliert.

Auch der Berater profitiert von einer Arbeitsumgebung, an der die Kreativität seines Denkens gefördert wird. Die Gefahr, bei der Arbeit im Wald in eine Routine zu verfallen, ist wesentlich geringer als in einer Beratungspraxis. Die zahlreichen Eindrücke, die sich uns bieten und auf die es sich lohnt, kreativ (zum Wohle des Klienten) zu reagieren, verhindern, dass der Beratungsprozess ins Stocken gerät. Zum Beispiel könnte der Berater angesichts eines von Efeu erdrückten Baumes seinen unter der Last seiner Verantwortungen ächzenden Klienten fragen, welche Gedanken ihm bei der Betrachtung dieses Baumes kommen. Er wird dann unmittelbar feststellen, ob er den Blick des Klienten in eine Richtung gelenkt hat, die ihm den Zugang zu neuen Gedankengängen und Emotionen öffnet, für die er bisher keine Worte hatte bzw. die bisher für ihn nicht fassbar waren.

Die Natur ist für den Berater, der sich auf sie einlässt, ein Werkzeugkasten, der mit unendlich vielen, immer wieder neuen Hilfsmitteln bestückt ist. Im Methodenteil dieses Buches stellen wir einige dieser Hilfsmittel vor. Wir erwähnen diesen Punkt aber bereits an dieser Stelle, da zwischen dem Angebot der Natur und den Möglichkeiten, die daraus für die Beratungsarbeit erwachsen, eine direkte Verbindung zum kreativen Denken besteht. Wenn wir als Berater die Natur dann noch aktiv in unsere Arbeit integrieren, indem wir kreativ mit den Werkzeugen umgehen, die sie uns anbietet, dann besteht eine gute Chance, dass das durch die erholsame Atmosphäre ohnehin schon angeregte kreative Denken um eine weitere Dimension ergänzt wird.

Wie eingangs angedeutet machen sich Beraterin und Klientin bei Terminen in der freien Natur *gemeinsam* auf den Weg. Ein Reh oder sonstiges Phänomen wird sehr häufig von beiden Mitgliedern des Berater-Klient-Teams wahrgenommen, eingeordnet und kommentiert. Oder es geschieht, dass der eine etwas entdeckt, auf das er dann den anderen aufmerksam macht. Damit wird auch das gemeinsame kreative Denken gestärkt, bei dem plötzlich eine Idee im Raum steht, die Beraterin und Klient synchron haben oder auf die der eine den anderen hinweist. Mit anderen Worten: Offenheit für Entdeckungen in der Außenwelt steigert auch die Offenheit für Entdeckungen in der Innenwelt. Der Austausch mit der Beraterin während dieser Entdeckungsreisen hat zur Folge, dass die neuen Eindrücke besser festgehalten und später erinnert werden können. Er trägt auch dazu bei, dass der Fokus immer wieder speziell auf die neuen inneren Eindrücke, also auf die Problemlösungen, kreativen Gedanken und Neubewertungen, gelenkt wird und damit die Erfüllung des Beratungsauftrags im Blick bleibt.

Der Zusammenhang zwischen Aufenthalten in der Natur und einer Verbesserung von kreativem Denken ist auch wissenschaftlich nachgewiesen (Atchley et al. 2012, Yu & Hsieh 2020). Die Autoren stellen fest, dass in der Natur zum einen die emotionale Verfassung von Testpersonen positiver wird und damit einhergehend zum anderen die Leistungen im Bereich des kreativen Denkens zunehmen.

Erinnerungsarbeit

Wenn wir uns draußen in der Natur an einem Ort befinden, an dem wir uns wohlfühlen, sind die Bedingungen günstig, dass wir vielfältige Erinnerungen, und damit das Material für Therapie und Coaching, ins Bewusstsein holen. Woran liegt das? Zunächst einmal bedeutet draußen in der Natur zu sein für die meisten Menschen einen deutlichen Kontrast zum alltäglichen Umfeld. Dieser Kontrast besteht zum einen im Bereich der Sinneseindrücke, die wir draußen empfangen und die sich von denen in der Stadt stark unterscheiden. In der Natur strömen andere Farben und Formen, andere Geräusche und Klänge, andere Gerüche und Gefühle auf der Haut auf uns ein als in bebautem Umfeld und besonders in Innenräumen. Dann sind aber auch Inhalt, Rhythmus und Tempo der Aufgaben, die uns im Wald oder auf Feldern und Wiesen begegnen, von völlig anderer Qualität, als dies am Arbeitsplatz, zu Hause, im Straßenverkehr oder im Einkaufszentrum der Fall ist. Die Natur bietet uns damit nicht nur eine gute Distanz, sondern auch die Möglichkeit, gesund zu entschleunigen. Beides trägt dazu bei, dass sich die nach innen gerichtete Aufmerksamkeit in ähnlichem Maße beruhigt wie die nach außen gerichtete Aufmerksamkeit. Wenn wir uns auf diese Beruhigung einlassen – und das machen die meisten Menschen unwillkürlich, anderenfalls kann der Berater durch angeleitete Achtsamkeitsübungen unterstützend eingreifen (s. z. B. 3.2, 3.6 und 3.7) –, entsteht in uns ein Freiraum, in dem zum einen Platz für wie von selbst aufsteigende Erinnerungen ist. Zum anderen wird Energie frei, die wir dazu einsetzen können, aktiv Gedanken zu verfolgen und Erinnerungen hervorzuholen.

Wie wir weiter unten noch genauer beschreiben werden, nehmen in der Natur negative Emotionen wie Angst, Depression oder Wut ab. Gleichzeitig werden Freude und Glücksgefühle gestärkt. Damit entsteht eine weitere günstige Voraussetzung für die Erinnerungsarbeit, denn die Verschiebung von negativen zu positiven Gefühlen bringt eine Stärkung des Selbstvertrauens mit sich. Ein gestärktes Selbstvertrauen bedeutet aber auch, dass wir mutiger sind und uns eher dazu im Stande fühlen, uns bedrohlichen und schmerzhaften Themen bzw. Erinnerungen zu stellen. Aus sicherer Distanz, an einem Wohlfühlort mit Sonnenschein, Vogelgezwitscher und mit einem gestärkten Selbstbewusstsein betrachtet, verlieren die Dinge zumindest einen Teil ihres Schreckens. Das gilt selbst an Regentagen, wenn wir in geeignetem Schuhwerk, durch Jacke oder Schirm geschützt und in empathischer Begleitung, durch lebendige Landschaften spazieren. Was uns vergangene Woche im Gespräch mit Kollegen noch höchst peinlich war, können wir mit einem Lächeln Revue passieren lassen; was uns in unserer Beziehung immer wieder zur Weißglut bringt, können wir in Ruhe analysieren. Die schmerzlichen Gründe für die Angst, die uns in Meetings den Mund verschließt, werden auf einmal verstehbar …

Diese Etappenziele können natürlich auch in einem Praxisraum erreicht werden. Wir haben allerdings die Erfahrung gemacht, dass die freie Natur in vielen Fällen ein vorteilhafter Ort ist, um Erinnerungen ganz allgemein zu sortieren und speziell unangenehme und/oder weit zurückliegende Gedächtnisinhalte ins Bewusstsein zu heben. Wir führen dies neben den bereits genannten Gründen auch darauf zurück, dass die Natur, im Gegensatz zur Beratungspraxis, ein »neutraler« und »ur-*menschlicher*« (nicht *ur*-menschlicher) Ort ist. Die Neutralität des Ortes bietet den großen Vorteil, dass die Beraterin sich wahlweise diskret aus den Erinnerungsgängen (und sonstigen Entwicklungsprozessen) ihres Klienten zurückziehen oder intensiv einbringen kann. Die diesbezügliche Bandbreite ist im Praxisraum, der selbst bei physischer Abwesenheit der Beraterin deren Autorität und Persönlichkeit (oder sogar Parfum) ausstrahlt, nicht gegeben. Andersherum könnte man auch sagen, dass die Neutralität des Ortes dem Klienten dabei hilft, sich selbständig und frei vom Einfluss der Beraterin seinen Erinnerungen und Gedanken zu widmen. Die Beraterin hat dann gegebenenfalls darauf zu achten, dass trotz dieser Freiheit der Prozess voranschreitet.

Mit der Ur-*Menschlichkeit* des Ortes beziehen wir uns darauf, dass die freie Natur und all die Sinneseindrücke, die wir aus ihr empfangen, das Umfeld ist, in dem wir unsere evolutionäre Entwicklung durchlaufen haben. Solange die Landschaft, in der wir uns befinden, keine konkreten Gefahren aufweist, sondern wir ganz im Gegenteil (unterbewusst) wahrnehmen, dass rings um uns das Leben seinen ruhigen Gang geht, haben wir keine Veranlassung, im Kampf- oder Fluchtmodus zu verweilen. Die Blicke können getrost nach innen und in die Vergangenheit gerichtet werden. Wer aber z. B. mit einem Raubtier kämpft oder wer mit feuchten Händen oder klopfendem Herzen noch einmal schnell die Argumentationslinie eines Bewerbungsvortrags durchgeht, der hat nicht den Kopf, um die Gründe zu sortieren, die am Abend zuvor zum Streit mit dem Partner und gegenseitigen Verletzungen geführt haben. Im Kapitel zur Stress Reduction Theory von Ulrich (2.2.1) haben wir die entspannende Wirkung von Wohlfühllandschaften besprochen.

Schließlich erklärt noch ein weiterer wichtiger Zusammenhang, warum Erinnerungs- und Biographiearbeit im Freien sehr oft besonders gut funktionieren. Die Episoden und Erfahrungen, die in unserem Gedächtnis haften bleiben, werden alle während ihrer Speicherung von Emotionen begleitet. Indem wir in der freien Natur bzw. durch die freie Natur und durch die Begleitung eines respektvollen Beraters zunächst befreit und dann sensibilisiert werden, sind wir nicht nur offen für Gedanken, sondern auch für Emotionen. Durch Gespräche, die wir umgeben von Natur führen, und auch durch den Einsatz von Methoden, die sehr häufig einen besonders engen physischen und tief empfundenen Kontakt mit Naturphänomenen und Naturmaterialien bedeuten, entstehen im Klienten emotionale Erfahrungen, die er aus Erinnerungen bereits kennt und die ihn darum sehr häufig zu eben diesen Erinnerungen führen.

Die Natur ist nicht nur ein Ort, an dem wir besonders frei und offen für Emotionen sind. Sie umgibt uns, wir betonen dies immer wieder, mit unzähligen kleinen und großen Sinneseindrücken. Es ist darum kein Wunder, dass das offene Auge, das gespitzte Ohr, die Nase, der Geschmackssinn oder die Haut Reize aufnehmen, die unmittelbar Assoziationen zu Erinnerungen wecken, die in der Enge und relativen Reizarmut einer Beratungspraxis vielleicht noch lange im Verborgenen geblieben wären. Dies ist vor allen Dingen dann der

Fall, wenn wir ohnehin wach und nach innen und außen forschend durch die Landschaft gehen. Fragen, Fingerzeige und Methoden, mit denen der Berater diese Forschungen begleitet, sorgen dafür, dass der Prozess nicht stagniert und dass sich der Klient hin und wieder ein Herz fasst und auch einmal einen gedanklichen Weg geht, den er sich alleine nicht zu gehen trauen würde.

Lernen und Merkfähigkeit

Lernen ist für Therapie und Coaching von immenser Bedeutung, denn neue Erkenntnisse, die wir durch Erinnern und Kreativität während eines Beratungsspaziergangs erarbeiten, sollten schließlich am Ende auch von den Klientinnen mit nach Hause genommen werden. Ja, schon während eines einzelnen Beratungstermins ist es von großem Nutzen, wenn sich die Klientin an Zwischenergebnisse gut erinnert und diese selbständig als Bausteine für weitere Entwicklungsschritte verwenden kann. Damit kommen wir schon zu einem großen Vorteil, den die Natur für das Lernen während der Beratung bietet. Die Rede ist von einer anhaltend hohen Wachheit und Konzentrationsfähigkeit. Im Freien haben wir immer reichlich Sauerstoff zum Atmen. Hier erhält das Gehirn immer eine wichtige Zutat für die Verbrennungsprozesse, die es mit Energie versorgen. Entscheidender für die Wachheit und damit auch die Denk- und Lernfähigkeit ist aber der Kohlendioxidgehalt, der in Räumen, in denen sich Menschen aufhalten und die nicht gut mit Frischluft versorgt werden, kontinuierlich ansteigt. In einem Wald, in dem sich Berater und Klientin eine Stunde lang unterhalten, bleibt die Luftqualität während des gesamten Termins auf ein und demselben hohen Niveau.

Wir haben bereits die Attention Restoration Theory von Kaplan und Kaplan erwähnt (2.2.1), der zufolge sich die gerichtete Aufmerksamkeit in der freien Natur besonders gut erholen kann. Es ist nachgewiesen, dass selbst die Betrachtung von Naturfotografien, im Gegensatz zu Aufnahmen von Stadtszenen oder geometrischen Figuren, die Aufmerksamkeit und damit auch Lernfähigkeit von Testteilnehmern erhöht (Berto 2005). Wenn wir uns während des Lernens in der Natur befinden, dann verfügen wir fortwährend über die Möglichkeit, kurz innezuhalten, den Blick umherschweifen zu lassen oder die Augen zu schließen und einem Vogel zu lauschen. Damit gönnen wir unserer Aufmerksamkeit zwischendurch Mikro-Erholungsphasen. Dies tun wir entweder ganz bewusst oder nebenbei. Die gerichtete Aufmerksamkeit und Aufnahmefähigkeit bleibt uns so über sehr lange Zeitspannen erhalten. Natürlich kleben auch beim Arbeiten und Lernen in geschlossenen Räumen unsere Augen nicht unentwegt am Bildschirm, an einem Buch oder am Gesicht unseres Gegenübers. Was wir aber wahrnehmen, wenn wir gelegentlich den Blick umherschweifen lassen, hat in der Regel nicht den Erholungseffekt, den Berto in ihrer Studie mit den Naturfotografien nachweisen konnte.

Um einen möglichen Einfluss von Natur auf die Lernleistung zu untersuchen, verglichen zwei amerikanischen Wissenschaftlerinnen bereits in den 1990er Jahren vier Gruppen von Studenten, die nach der Menge an Natur bzw. bebautem Gelände eingeteilt wurden, die bzw. das sie von ihren Zimmerfenstern aus sehen konnten. Die Studenten wurden unterschiedlichen Lern- und Aufmerksamkeitstests unterzogen. Auch das Ergebnis dieser Studie zeigt, dass die Möglichkeit, den Blick in die Natur schweifen zu lassen, das Lernen begünstigt (Tennessen & Cimprich 1995).

Die Art von Lernen, an die wir im Zusammenhang von Beratungssituationen denken, hat selbstverständlich wenig mit trockenem Lernen von Fakten, Formeln und Vokabeln zu tun. Die Themen, um die es hier geht, stehen doch meistens in sehr engem persönlichem Bezug zum Lernenden. Ablenkbarkeit ist dann unter Umständen ein Zeichen von Angst vor oder Widerwillen gegenüber den in Rede stehenden Inhalten. In solchen Fällen steigt die Bereitschaft, sich doch auf das schwierige oder unangenehme Gespräch einzulassen, tendenziell in der Offenheit, die ein Setting in freier Natur mit sich bringt.

Die Natur wirkt mit ihren vielfältigen Phänomenen (Tieren, Pflanzen, Topographien sowie dem Zusammenspiel zwischen ihren einzelnen Bestandteilen und den Prozessen, die wir in ihr beobachten oder erahnen können) als unendliche Spenderin für Bilder und Metaphern. Sie dient uns darum – wir mögen uns dessen bewusst sein oder auch nicht – immer wieder als Übersetzungshelferin, wenn es darum geht Worte, für schwer einzuordnende Erfahrungen, für unbestimmte Gefühle oder vage Vermutungen zu finden, für die uns zunächst die Worte fehlen. Haben wir erst einmal mithilfe eines Bildes, das während wir versuchen, ein Gefühl einzuordnen, auf unsere Netzhaut fällt und den Weg in unser Bewusstsein findet, weil es genau das ausdrückt, was zu sagen uns so schwerfällt, eine Verbindung zwischen einem konkreten Naturphänomen und unseren schwer fassbaren inneren Gedankenwolken hergestellt, dann finden wir auch bald Wörter und Sätze, um uns selbst besser verständlich zu machen, uns selbst besser zu verstehen. Den Dingen einen Namen geben zu können, ist schließlich ein wichtiger Schritt zu neuen Erkenntnissen, um etwas über uns selbst und unsere Situation in der Welt zu verstehen.

Im Kapitel über die Kreativität haben wir vom Reh berichtet, das der Klientin, die auf der Suche nach Möglichkeiten der Persönlichkeitsentwicklung war, durch sein Erscheinen und sein Verhalten erst ein Bild und dann Wörter gab und damit den weiteren Weg wies. Dieses Beispiel hätten wir auch im Zusammenhang mit den Vorteilen, die die Natur für das Lernen bietet, anführen können. Ein anderes Beispiel ist das des Klienten, der nach Krankheit und daraus entstandenen beruflichen und privaten Folgen von seinem Berater den Auftrag bekam, sich im Wald umzublicken und einen Baum zu finden, der etwas über seine Situation aussagen könnte. Bald wurde er fündig. Er entdeckte einen Baum, dessen Stamm wenige Meter über dem Boden einen auffälligen Knick aufwies, ehe er dann wieder senkrecht nach oben wuchs. Im anschließenden Gespräch fand der Klient Worte für seine Gefühle. Er lernte, sein Schicksal anzunehmen, und gewann neues Vertrauen in seine Fähigkeit, den vor ihm liegenden Weg gestalten zu können.

2.2.4 Welchen Einfluss hat die Natur auf unsere Psyche?

Das Spektrum der möglichen Wirkungen der Natur auf die Psyche des Menschen ist groß. Wir nehmen die Natur über unsere fünf Sinne wahr. Gleichzeitig wirkt sie aber auch über physikalische und chemische Wege auf unseren Körper, die wir nicht bewusst über unsere Sinne empfinden. Damit ist es kaum möglich, all die Einflüsse, die bei einem Aufenthalt in der Natur auf unsere psychische Verfassung einwirken, aufzuzählen. Selbst wenn wir dies könnten, bliebe immer noch offen, welche konkrete Kombination von Einflüssen vom einzelnen Menschen *wie* aufgenommen und verarbeitet wird. Schließlich ist auch das, was wir so kurz und praktisch mit dem Wort Psyche bezeichnen, etwas höchst Komplexes.

Wenn die Frage, die wir diesem Kapitel als Überschrift vorangestellt haben, noch suggeriert hat, dass im Anschluss eine einfache und vor allen Dingen umfassende Antwort kommt, dann wird durch den ersten Absatz klar geworden sein, dass eine derartige Erwartung nicht zu erfüllen ist. Die Antwort bleibt Fragment. Dennoch zeigt sie wertvolle, bereits bekannte Wirkmechanismen, die dem Menschen zur Heilung oder Stärkung verhelfen.

Ein und dasselbe Landschaftspanorama verändert seinen Charakter bisweilen erheblich, je nachdem, in welchem Licht, unter welchem Himmel, zu welcher Tages- oder Jahreszeit wir es sehen. Die individuelle Wahrnehmung der Natur, die uns umgibt, hängt darüber hinaus aber auch von unserer jeweiligen Stimmung, unseren Erwartungen und unseren Erfahrungen ab. Es ist von Nutzen, wenn der Berater, der seinen Klienten im Freien empfängt und begleitet, sich dessen bewusst ist, dass die Natur allgemein und die konkrete Landschaft im Besonderen in jedem Menschen ganz unterschiedliche Resonanzen auslöst. Was der eine als bedrückend empfindet, ist für den anderen beglückend. Für die einen ist Regen eine Einladung, nach draußen zu gehen, den Duft der feuchten Erde in vollen Zügen zu atmen und durchs feuchte Gras zu stapfen, während für andere freundlicher Sonnenschein und Vogelgezwitscher Voraussetzungen sind, die unbedingt erfüllt sein müssen, damit man sich auf einen Spaziergang einlassen kann.

Worauf die einzelne Klientin positiv reagiert und wovor sie zurückweicht, liefert mitunter wertvolle Hinweise für die Beraterin, denn dies sagt etwas über die Persönlichkeit und die momentane Verfassung der Klientin aus. Die Beraterin selbst hat natürlich auch ihre Vorlieben und Abneigungen, die sie aber im Zweifelsfall hintanstellen sollte. Manchmal ist es aber auch gut, wenn die Beraterin mit ihrer Begeisterung für eine Landschaft, eine Pflanze oder ein Tier ihre

Klientin ansteckt. Sie kann z. B. einem Klienten, der Berührungsängste mit der Natur zeigt, der aber gleichzeitig vorsichtige Neugier signalisiert, vertrauensvoll vorangehen. So öffnet sie ihm zunächst den Zugang zur Natur und dann den Weg zu seinem eigenen Inneren.

Man könnte sagen, dass die Natur bei vielen Menschen ein gutes Image hat. Dieses Image wird zum einen durch die Medien gepflegt: Hier erscheint Natur meist als idyllischer, romantischer Ort oder als Symbol für Wohlstand, Glück und Gesundheit. Zum anderen verfügen die meisten Menschen tatsächlich über konkrete positive Naturerfahrungen aus Kindertagen oder aus dem Sport- und Freizeitbereich. Da wir nun wissen, dass die positiven Effekte der Natur auf den Menschen bereits wissenschaftlich nachgewiesen wurden, ist es natürlich auch für uns mit gutem Gewissen vertretbar, das positive Naturimage als Einstiegshilfe für Beratungen in freier Natur zu nutzen.

Viel von dem, was wir in den vorangegangenen Kapiteln über die Wirkungen der Natur auf Körper und Denken beschrieben haben, hat auch heilende und stärkende Wirkung auf die Psyche. Wir werden darum im Folgenden noch speziell auf die wichtige Frage eingehen, wie Natur lindernd bei Formen von Stress, Depressionen und Ängsten wirkt. Außerdem geben wir einen Einblick in den bisher wenig beachteten Zusammenhang zwischen Naturklängen und Naturgeräuschen auf der einen und psychischem Wohlbefinden auf der anderen Seite.

Stress, Depression, Angst

Stress, und vor allen Dingen physische und psychische Erkrankungen, die als Folge von Stress entstehen, ist ein Problem, mit dem eine überwältigende Mehrheit der Menschen aller Altersgruppen und sozialer Schichten zu tun hat. In einem Artikel der Online-Zeitschrift *Psych Central* lesen wir, dass 75 bis 90 % aller Arztbesuche Leiden zur Ursache haben, die mit Stress in Verbindung stehen und dass die sechs häufigsten Todesursachen – Herzerkrankungen, Krebs, Lungenleiden, Unfälle, Leberzirrhose und Suizide – auf die eine oder andere Weise eine Folge von Stress sind (Ashworth 2017). In der Literatur zu Waldbaden und Naturtherapie spielt die Prävention und Behandlung von Stress, Depressionen und Ängsten eine zentrale Rolle. Dabei liegt das Augenmerk der Wissenschaftlerinnen meist auf positiven und heilenden Wirkungen von Wäldern. Diese werden als Wohlfühlorte und Therapieräume gewürdigt, deren Potenzial zur Minderung von Stress, Depressionen und Ängsten noch längst nicht ausgeschöpft ist und die eine ebenso kostengünstige wie effiziente Alternative zu konventionellen Behandlungs- und Beratungsräumen in Praxen oder Kliniken darstellen. Gleichzeitig werden sorgfältige wissenschaftliche Primärstudien zur Erforschung von Wäldern und Natur als Therapieort und Therapeutikum sowie zur Sicherung der bisher vorliegenden Erkenntnisse zu diesen Forschungsbereichen angemahnt (Stier-Jarmer et al. 2021).

Stier-Jarmer und Kolleginnen kommen in ihrem breit angelegten Metareview, in dem sie elf systematische Reviews und Metaanalysen zur Wirksamkeit von waldbasierten Interventionen untersuchen, zu dem Schluss, dass die Studienlage in diesem Bereich sehr häufig nicht den höchsten wissenschaftlichen Standards genügt. Gleichwohl lassen sich aus dem Gesamtbild der 131 Studien, die mittelbar in die Analyse der Autorinnen einfließen, starke Hinweise dafür finden, dass der Wald ein guter Ort ist, um präventiv und therapeutisch gegen Stress, Depressionen und Ängste vorzugehen. Nach Auffassung der Forscherinnen sollten in Zukunft aber noch Studien durchgeführt werden, in denen genau untersucht wird, welche Art von Wald für wen, in welchem zeitlichen Umfang und mit welchen Interventionsformen besonders wirkungsvoll ist.

Bei der Betrachtung möglicher günstiger Effekte, die der Wald im Besonderen und Natur ganz allgemein auf die psychische Verfassung der Klienten hat, sollte nach unserer Erfahrung nicht nur auf einzelne Symptome und Krankheitsbilder fokussiert werden. Wir erleben es immer wieder, dass bei der Arbeit im Freien zunächst einmal nicht Defizite und Leiden verringert werden, sondern dass Stärken, Fähigkeiten und Persönlichkeitsanteile, die dem Klienten in seiner aktuellen Verfassung nicht bewusst sind, auf einmal (wieder-)entdeckt werden. Bei diesen Prozessen wirkt die Landschaft und wirken einzelne Details, wie sie draußen mit allen Sinnen wahrgenommen werden können, wie ein Katalysator. Die Natur ist damit nicht nur ein Raum, in dem Ballast von der Seele des Klienten schwindet, sie ist auch ein Raum, in dem er Kraftquellen entdeckt, die ihm dabei helfen, einen gesunden Umgang mit herausfordernden Situationen zu lernen.

Diese Betrachtungsweise wird beispielhaft durch eine japanische Studie zum Waldbaden aus dem Jahr 2007 bestärkt. Hier wurde die Wirkung von Waldaufenthalten untersucht, indem 498 gesunde Probanden sowohl an »Waldtagen‹ als auch an »normalen« Tagen bezüglich ihres psychischen Zustands (Feindseligkeit, Depression, Langeweile, Freundlichkeit, Zufriedenheit, Lebendigkeit und Angstniveau) befragt wurden (Morita et al. 2007). Die Forscher kamen zu dem Ergebnis, dass Stress, Depressionen und Ängste im Wald verringert wurden und gleichzeitig Zufriedenheit und Vitalität anstiegen. Für viele Beratungsprozesse bedeutet dies, dass im Wald zum einen ein Teil des jeweiligen Anliegens wie von selbst erfüllt wird und dass der Klient die Kraft gewinnt, den verbleibenden Teil (mithilfe seines Beraters) gestärkt in Angriff zu nehmen.

Eine wesentlich jüngere Studie aus den Niederlanden bestärkt uns in der Sichtweise, die Natur nicht nur als heilende Komponente, sondern als Impuls- und Kraftgeber zur Selbstheilung zu verstehen (Meuwese et al. 2021). Die Wissenschaftlerinnen führten 506 Probanden in eine Stimmung des Bedauerns und der Niedergeschlagenheit. Anschließend wurde der einen Hälfte der Probanden ein Video mit Naturaufnahmen und der anderen Hälfte der Gruppe ein Video mit Stadtaufnahmen vorgeführt. Es zeigte sich, dass die Naturvideo-Gruppe im Stande war, sich intensiver und konstruktiver mit der schmerzlichen Erinnerung auseinanderzusetzen als die Stadtvideo-Gruppe. Die Autorinnen äußern die Vermutung, dass durch die Naturbilder die Fähigkeit, ruhig nachzudenken, zunächst gestärkt wird und in der Folge die kognitive Auseinandersetzung mit internen Prozessen leichter und besser vonstattengeht. Dieser Erklärungsansatz fügt sich sehr gut in unsere eigenen Erfahrungen mit Beratung in der Natur. Wir erleben immer wieder, wie sich durch die Wahrnehmung von Natur die Aufmerksamkeit erholt, klare Gedanken gefasst werden, Erkenntnisse entstehen und psychischer Druck schwindet.

Als Berater nutzen wir diese Phasen eines relativ niedrigen Angstniveaus aktiv, indem wir unsere Klienten dabei begleiten und dazu anhalten, in dieser günstigen psychischen Verfassung Gedanken und Gefühle zu sortieren, neue Erfahrungen zu machen und Veränderungsprozesse einzuleiten.

Warum werden wir eigentlich krank, wenn wir zu wenig Naturkontakt haben? Auf diese Frage suchten Stanforder Wissenschaftler eine Antwort (Bratman et al. 2015)? Die Forscher beobachteten einen negativen Zusammenhang zwischen Naturkontakt und der Neigung des Menschen zum Grübeln. Mit grübeln ist hier eine schädliche Form selbstbezogener Gedanken gemeint, die wiederum ein besonders hohes Risiko bedeuten, eine Depression oder sonstige psychische Krankheiten zu entwickeln. Die Wissenschaftler zeigen, dass bei Probanden, die einen 90-minütigen Waldspaziergang machten, im Gegensatz zu den Mitgliedern einer Kontrollgruppe, die in einem urbanen Gebiet spazierten, sowohl die von den Testteilnehmern berichtete subjektiv Grübelneigung geringer war als auch die neuronale Aktivität im subgenualen präfrontalen Cortex. Die Forscher geben an, dass speziell dieses Gehirnareal mit Grübeln sowohl bei depressiven als auch bei gesunden Menschen in Verbindung steht. Die Studie zeigt damit, dass sowohl ein subjektiver als auch ein objektiv messbarer Risikofaktor für Depressionen und psychische Erkrankungen bei Spaziergängen im Wald geringer ist als bei Spaziergängen in der Stadt.

Naturklang

Die meisten Studien, die sich mit der restaurativen Wirkung von Natur und Landschaften beschäftigen, haben Bilder, Videos und das visuelle Erleben im Fokus. Bisher vergleichsweise unbeachtet sind Naturgeräusche und Naturklänge und deren Bedeutung für Entspannungs- und Heilungsprozesse. Eine amerikanische Metaanalyse aus dem Jahr 2021 kommt zu dem Ergebnis, dass Naturklänge nachweislich gesund sind. Stress und Gereiztheit nehmen durch die Wahrnehmung von Naturklängen ab, die Laune wird besser, die kognitive Leistungsfähigkeit steigt und sogar physische Schmerzen werden weniger stark empfunden (Buxton et al. 2021). Wir widmen dem

Thema Naturklang besondere Aufmerksamkeit, da wir durch unsere Beratungen im Freien zweierlei gelernt haben: Zum einen leistet der akustische Background jeder Landschaft einen wichtigen Beitrag zur atmosphärischen Gesamtwahrnehmung. Zum anderen lassen sich Geräusche und Klänge, die uns während der Beratung in der Natur umgeben, im Rahmen von Achtsamkeitsübungen gezielt integrieren.

Prototypisch für Naturgeräusche steht natürlich Vogelgezwitscher. Dabei beschränkt sich der akustische Beitrag von Vögeln zum Naturklang nicht aufs Zwitschern allein. Quaken, Krächzen, Gurren und Schnattern gehören ebenso zum Repertoire wie das Gehämmer der Spechte und das Geräusch eilig schlagender Flügel. Je nachdem, an welchem Ort, bei welcher Witterung, zu welcher Tages- und Jahreszeit wir die Ohren spitzen, mischen sich auch die Laute anderer Tiere in das Konzert. An sommerlichen Tagen, auf Wiesen und Feldern ist z.B. das Summen von Insekten zu hören, speziell gegen Abend wird dann vielleicht das Zirpen der Grillen immer prominenter. Aber auch Frösche, Rehböcke oder das Rascheln huschender Eidechsen in dürrem Laub sind vielerorts zu vernehmen.

Wasser ist das übergeordnete Thema einer weiteren wichtigen Geräuschegruppe, die immer wieder sowohl mit Natur als auch mit Erholung und Entspannung in Verbindung gebracht wird. Zu nennen sind plätschernde Quellen oder Brunnen und murmelnde, glucksende oder rauschende Bäche mit ihren Stromschnellen und Wasserfällen. Auch das Rauschen von Regen oder das Trippeln einzelner Tropfen trägt zu einer ganz eigenen Atmosphäre bei (die wir vor allen Dingen dann zu schätzen wissen, wenn wir dabei nicht nass werden und frieren). Und schließlich ist natürlich die Brandung des Meeres mit ihren unendlichen Spielarten ein eindrucksvolles und beliebtes Wassergeräusch.

Als dritte Quelle für Naturgeräusche wird meist der Wind genannt. Wenn dieser nicht gerade mit hoher Geschwindigkeit durch oder über Spalten und Höhlen pfeift, nehmen wir ihn akustisch nur mittelbar wahr, da er in unseren Ohrmuscheln wirbelt und dadurch ein Rauschen erzeugt wird oder da er Gegenstände in Bewegung versetzt, die dann ihrerseits Geräusche erzeugen, wie z.B. raschelndes

Herbstlaub, das über den Boden schleift, oder Baumwipfel und Nadelbäume, die von Windböen gezaust werden. Für Beratung in freier Natur ist Wind ab einer gewissen Stärke in den meisten Fällen eher störend. Akustisch übertönt er andere inspirierende Laute, oder er macht sie durch die Luftwirbel in unseren Ohren unhörbar. Auch Gespräche zwischen Berater und Klient werden durch tosenden Wind erschwert.

Neben auditiven Wahrnehmungen aus den drei genannten Gruppen passen unserer Meinung nach auch gewisse Zivilisationsklänge und -geräusche in eine erholsame Landschaft. Gleiches gilt ja für die visuellen Wahrnehmungen, zu denen Kulturlandschaften gehören dürfen. Welche akustischen Wahrnehmungen dann im Einzelnen als störend, neutral oder angenehm empfunden werden, ist höchst subjektiv. Je dezenter – d.h. leise bzw. aus größerer Distanz zum Hörer und passend zum landschaftlichen sowie kulturellen Kontext – ein akustisches Phänomen ist, desto größer ist die Wahrscheinlichkeit, dass es als stimmig und damit auch beruhigend und angenehm oder inspirierend empfunden wird. Beispiele sind Kirchen- oder Kuhglocken, landwirtschaftliche Nutztiere oder Maschinen, Stimmen spielender Kinder, das Tuten eines Dampfers oder das Rattern eines Eisenbahnzuges … Wie gesagt sollten sich all diese Geräusche harmonisch in das natürliche Konzert einfügen.

Schließlich sind noch die Geräusche zu nennen, die wir selbst erzeugen, indem wir uns durch die Natur bewegen, Naturgegenstände berühren und sogar, indem wir unsere eigene Stimme erklingen lassen. Die Füße durchs tiefe Herbstlaub zu ziehen, wäre nicht halb so schön, wenn dadurch nicht ein kräftiges Rauschen und Rascheln entstünde. Der Reiz, über federnden Waldboden zu wandern, wird durch den sonoren Klang unsere Schritte verstärkt. Mit den Händen über eine Baumrinde zu streichen oder die Finger durchs Wasser zu bewegen erzeugt natürlich zunächst einmal haptische Empfindungen. Es entstehen dabei aber auch Geräusche, die wir bewusst oder unbewusst aufnehmen. Alles, was wir in der Natur hören, und damit auch der Klang unserer eigenen Stimme, wird durch die Echo- und Resonanzeigenschaften des jeweiligen Umfeldes moduliert und gefärbt. Im Wald finden Klänge und Geräusche einen Hall. Gegenüber einer Bergwand entstehen Echos und auf einer ausgedehnten Ebene mit niedriger Vegetation oder an breiten Stränden, wo die Blicke in weite Ferne schweifen, ist es, als würden unsere Stimmen schon nach wenigen Metern vom Erdboden verschluckt. All das nehmen wir – meist unterbewusst – ebenso wie Temperatur und Gerüche wahr. Damit fließen die akustischen Phänomene sowie deren Resonanzen als bedeutender Bestandteil des atmosphärischen Gesamtbildes, das wir über unsere Sinne aufnehmen bzw. das wir aufgrund unserer Sinneswahrnehmungen in unseren Gehirnen konstruieren, ein.

Dass die Bedeutung, die wir einem Klang oder Geräusch beimessen, subjektiv ist, haben wir bereits erwähnt. Dieser Beobachtung wollen wir uns aber noch einmal zuwenden, da sie für die Beratungsarbeit durchaus von besonderem Interesse sein kann. Während wir sehr oft bei der Beschreibung bzw. dem willkürlichen Taxieren unserer Umwelt auf visuelle Eindrücke konzentriert sind, trägt gleichzeitig speziell das, was wir über die Ohren wahrnehmen, maßgeblich dazu bei, unser emotionales Empfinden am jeweiligen Ort zu prägen. In der Werbung oder in der Filmproduktion wird dieser Wirkmechanismus genutzt, um Vertrauen oder Glücksgefühle, aber auch Ängste oder Schwermut beim Hörer auszulösen.

Klanglandschaften, die wir in der Natur wahrnehmen, sind häufig sehr filigran und vielschichtig. Sie treffen in unseren Gehirnen nicht auf einen Verarbeitungs- und Bewertungsprozess, der von einem Algorithmus nach objektiven Kriterien gesteuert wird. Die jeweilige Wahrnehmung ist durch individuelle Erwartungen und Erfahrungen geprägt. (Da natürlich innerhalb einer Gesellschaft viele Menschen ähnliche Erfahrungen machen, besteht damit auch bei den Erwartungen ein relativ großer Konsens.) Welches Geräusch, welche Vogelstimme, welcher Zusammenklang von Wald- und Zivilisationsgeräuschen beim Einzelnen welche bewussten Assoziationen oder unbewussten Empfindungen auslöst, können wir nicht vorhersagen. (Vergleichbares gilt z. B. ganz besonders auch für Gerüche.) Wir wissen aber, dass Wald und Natur, und damit auch Wald- und Naturklänge, sehr häufig mit gesunden Lebensräumen, mit Freizeit, Sport und Urlaub, mit sonnigen Kindheitstagen, mit Nachhaltigkeit,

Lebensqualität, Sorglosigkeit und Wellness in Verbindung gebracht werden. Das bedeutet, dass wir als Berater, die wir in freier Natur arbeiten, davon ausgehen dürfen, dass unsere Klienten unterbewusst von Naturklängen profitieren und dass wir diese immer wieder auch aktiv, z. B. in Achtsamkeitsübungen oder als Türöffner, in der Biographiearbeit einsetzen können.

Ein bewusstes Einbeziehen von Naturklängen in die Beratungsarbeit steht nach unserer Erfahrung im Einklang mit den in Kapitel 2.2.1 vorgestellten Hypothesen/Theorien zur Mensch-Natur Verbindung.

Vogelstimmen und Tiergeräusche signalisieren uns unmittelbar die Anwesenheit von Leben. Im Sinne von Wilsons Biophilie-Hypothese helfen uns diese akustischen Lebenszeichen dabei, uns an einem Ort wohl zu fühlen. Tiergeräusche, die Gefahr bedeuten, wie z. B. das Grunzen von Wildschweinen, das Rascheln eines gleitenden Schlangenkörpers oder das Quieken einer Ratte, bedeuten hier keinen Widerspruch. Sie zeigen uns im Gegenteil, wie unmittelbar wir über unser Gehör mit der Natur verbunden und bei Bedarf reflexhaft bereit sind, zu kämpfen, zu fliehen oder uns »tot zu stellen«.

Auch die Stress Reduction Theory von Ulrich bezieht sich vornehmlich auf die Gestaltung von Räumen und die stresslindernde Wirkung, die die Aussicht auf Natur im Gegensatz zur Aussicht auf Mauern hat. Wir dürfen aber davon ausgehen, dass friedliche Naturgeräusche einen vergleichbaren (vielleicht sogar stärkeren) Effekt auf den angespannten, gestressten Menschen haben. Wenn Ulrich argumentiert, dass wir, geprägt durch unsere evolutionäre Entwicklung, angesichts einer friedlichen Landschaft vom Kampf- und Fluchtmodus in den Energiespar- und Erholungsmodus wechseln, dann wird dieser Effekt höchstwahrscheinlich auch durch Naturgeräusche herbeiführt. Tief in uns steckende Schlussfolgerungen dürften z. B. folgendermaßen lauten: »Solange die Vögel zwitschern, ist alles in Ordnung. Wenn aber Krach oder Totenstille herrscht, dann droht Gefahr.« Oder: »Wenn ich einen Bach plätschern höre, dann weiß ich, dass Wasser in der Nähe ist, und das ist lebenswichtig.«

Die Attention Restoration Theory von Kaplan und Kaplan wird zwar größtenteils über visuelle Wahrnehmungen definiert, sie lässt sich aber auch sehr gut mit Naturklängen in Verbindung bringen und erweitern. So helfen uns Naturgeräusche (im Sinne von »being away« – »abwesend sein«) dabei, den Alltagstrubel mit all seinen Aufgaben und Geräuschen in weite Ferne rücken zu lassen. Naturgeräusche nehmen wir in der Regel als angenehm und unaufdringlich wahr.

Wir können ihnen lauschen, ohne uns dabei sonderlich anzustrengen (»soft fascination« – »sanfte Anziehung«). Die Akustik im Freien unterscheidet sich deutlich von der in geschlossenen Räumen. Spätestens wenn dann noch Naturgeräusche und Naturklänge zu hören sind, wissen wir, dass wir im Freien und umgeben von Natur sind. Wir bekommen also auch über unsere Ohren signalisiert, dass ringsum uns viel Platz (»extent« – »Freiraum«) ist, dass unsere Bewegungsfreiheit groß ist, dass wir durchatmen, loslassen und entspannen können. Schließlich werden durch Naturklänge und -geräusche unsere Erwartungen erfüllt. Haben wir uns doch hinaus ins Freie begeben, um uns etwas Gutes zu tun. Wir sind davon überzeugt, dass Natur gesund ist und sind darum auch froh, mit allen Sinnen zu erfahren, dass wir von Natur und Leben umgeben sind (»compatible« – »stimmig«).

Wenn wir als Berater die Möglichkeit haben (z.B. durch die Wahl der Orte, an denen wir mit unseren Klienten arbeiten), die Klangkulisse an die Bedürfnisse unserer Klienten anzupassen, dann steht zu vermuten, dass wir die Erkenntnisse von Grahns Supportive Environment Theory auf Klanglandschaften übertragen dürfen. In der Konsequenz ist darauf zu achten, dass, je schwerer die geistige Ermattung eines Klienten ist, desto ruhiger sollte der Ort sein, an dem er sich aufhält. Dabei gehen wir davon aus, dass vor allem zu bedenken ist, dass Stimmen und Geräusche, die von anderen Menschen ausgehen, und jeglicher Zivilisationslärm als Erstes »verbannt« werden sollte und dann darauf zu achten ist, dass nur sehr leise, sanfte und unbedingt friedliche Naturgeräusche zu hören sind. Bei zunehmender Gesundung der Patienten dürfen sie in der Therapie zunächst mit größerem Artenreichtum und damit intensiveren, vielfältigeren Naturklängen und schließlich auch mit Zivilisationsgeräuschen konfrontiert werden. Diese Vorgaben sind, wie gesagt, in den meisten Fällen kaum umsetzbar. Sie können aber hier und da durchaus als Entscheidungshilfe dienen, wenn es darum geht, eine passende Spazierroute für eine Beratung zu wählen. Sie sind ebenfalls interessant, wenn wir in Praxisräumen mit Naturklängen und Geräuschen arbeiten oder Audioaufnahmen als Entspannungshilfen einsetzen.

Bekräftigung und wissenschaftliche Fundierung unserer Erfahrungen im Zusammenhang mit Naturklängen und Beratung finden wir in einer Übersichtsarbeit von Eleanor Ratcliffe (Ratcliffe 2021). Die Autorin legt eindrücklich dar, dass die visuelle Wahrnehmung einer Landschaft durch Naturgeräusche positiv erweitert wird. Diese Beobachtung erscheint sehr plausibel. Versetzen wir uns dazu einmal in die Situation, dass wir im Kino eine Szene sehen, in der ein lebendiger Frühlingswald gezeigt wird. Wenn jetzt auf einmal der Ton des Films verstummt, entsteht eine Art Vakuum. Die Natur, die eben noch sehr nahe gewirkt hat, da sie ja nicht nur als Bild frontal über die Augen wahrgenommen wurde, sondern uns durch die Ohren auch von links und rechts in den Kopf hineingeflossen war, verliert ohne die akustische Begleitung einen großen Teil ihrer Eindringlichkeit. Mit anderen Worten: Unsere emotionale Resonanz auf ein Bild kann durch begleitende Töne sehr stark beeinflusst werden. Ein Waldbild plus Vogelgezwitscher führt zu Entspannung und Glücksgefühlen. Dasselbe Bild plus die Geräusche von Kettensägen und fallenden Bäumen führt zu Anspannung und negativen Gefühlen.

Hiermit sind wir bei einer weiteren Erkenntnis, die Ratcliffe in ihrem Review darlegt und die wir als Argument für Beratung in der Natur werten. Naturklänge beeinflussen nicht nur unsere emotionale Resonanz auf eine Landschaft positiv, sie tragen auch zur subjektiv wahrgenommenen und objektiv messbaren Erholung bei.

2.2.5 Ist die Natur *immer* der beste Praxisraum?

In diesem Buch singen wir ein ums andere Mal Loblieder auf die Natur als einem optimalen Raum für Coaching, Therapie und Beratung. Selbstverständlich sollten wir uns dessen bewusst sein, dass es sowohl Klienten als auch Berater sowie Beratungssituationen und Methoden gibt, für die Natur und Draußensein keine sinnvollen Alternativen zum Praxisraum darstellen.

Eine Studie von Forscherinnen der Universität Pepperdine in Malibu legt nahe, dass die Natur unter gewissen Bedingungen nicht der bessere Praxisort ist (Trammell & Aguilar 2021). Sie zeigt uns aber gleichzeitig, wann mit besonders guten Effekten durch die Natur zu rechnen ist. Zwei Punkte seien hier erwähnt:

1. **Individueller Erholungsbedarf:** Die Teilnehmer der genannten Studie wurden unter anderem aufgrund guter psychischer Gesundheit und Zufriedenheit ausgewählt. Der individuelle Erholungsbedarf war folglich gering. So konnte die Natur, der wir ja genau diese Leistung – Erholung zu begünstigen – zuschreiben, ihr Potenzial nicht ausspielen. Wer schon zufrieden ist, der wird in der Natur nicht noch zufriedener. Er wird aber auch nicht unzufriedener und profitiert, ohne sich dessen bewusst zu sein, von Faktoren der Natur und Bewegung, die die körperliche und psychische Gesundheit stärken. Mit anderen Worten: Natur tut demjenigen besonders gut, der unter erhöhtem Stress leidet.
2. **Hedonistische Adaption**[18]**:** Die Studie wurde im kalifornischen Malibu mit Probanden aus der Region durchgeführt, die mindestens einmal pro Woche joggen. Für die Testteilnehmer war der Aufenthalt in attraktiver Natur also etwas Alltägliches. Diese Tatsache führte ganz im Sinne der hedonistischen Adaption dazu, dass die Natur keine besonderen Glücksgefühle hervorrief. Mit anderen Worten: Natur wirkt besonders gut, wenn sie einen Kontrast zum Alltäglichen darstellt.

18 Mit »hedonistischer Adaption« oder auch »hedonistischer Tretmühle« wird seit den frühen 70er Jahren die Beobachtung beschrieben, dass jeder Mensch über sein individuelles Niveau des Glücksempfindens verfügt. Dieses ändert sich bei Auftreten stark positiver oder stark negativer Ereignisse zwar kurzfristig, pendelt sich dann aber für gewöhnlich wieder auf das jeweilige Niveau ein.

Für Menschen, die durch enorme Anforderungen, wie sie z. B. von anhaltenden Mehrfachbelastungen in Beruf und Familie ausgehen, unter Dauerstress stehen, kommt ein Aufenthalt in der Natur, währenddessen sie sich allein mit sich selbst und den sie umgebenden Sinneseindrücken befassen, einer Vollbremsung und 180°-Wendung gleich. Schwedische Wissenschaftlerinnen untersuchten die Wirkung einer Waldtherapie, die begleitend bzw. im Vorfeld zu einer kognitiven Verhaltenstherapie durchgeführt wurde (Sonntag-Öström et al. 2015). Dazu wurden 19 Personen, die wegen Burn-out auf einer Warteliste für einen Therapieplatz standen, ausgewählt und über einen Zeitraum von drei Monaten zwei Mal pro Woche für zwei Stunden an einem Ort im Wald allein gelassen. In der Studie sollte die Annahme verifiziert oder falsifiziert werden, dass der Wald als solcher eine heilende Wirkung auf Menschen hat, die unter Erschöpfungssyndromen leiden. Der größte Wunsch, den die Patienten äußerten, war es, inneren Frieden zu finden und einen Erholungseffekt wahrzunehmen. Alle Patienten beschrieben gleichwohl die ersten Male, die sie im Wald verbrachten, als sehr ungewohnt oder sogar als beängstigend. Ein großes Problem bestand darin, die langsam vergehende Zeit zu ertragen. Im Verlauf der drei Monate und mit zunehmender Erholung machten aber die ängstlichen Gefühle dem Wald gegenüber und das Unwohlsein angesichts der langsam verstreichenden Zeit einem Gefühl der Geborgenheit und Zufriedenheit Platz.

Aus dieser Untersuchung sehen wir, dass es für Individuen, denen der Kopf im Dauerstress und vor lauter Verantwortung nur so dröhnt, ebenso schwierig wie lohnend sein kann, sich auf die Natur und die Sinneseindrücke, die hier wahrnehmbar sind, einzulassen. So lernen sie, auf sich selbst und die eigenen innersten Gefühle und Bedürfnisse zu hören, deren leise Stimme im Alltag oftmals übertönt wird und deren Vorhandensein und Bedeutung darum leicht in Vergessenheit gerät.

Die Natur ist ein Praxisraum, den man niemandem aufzwingen sollte. In unserer Beratungsarbeit haben wir aber sehr oft erlebt, dass wir durchaus selbstbewusst zögerlichen Klienten raten dürfen, es auf einen Versuch ankommen zu lassen und der Natur und dem Draußensein eine Chance zu geben. Im Unterschied zur erwähnten schwedischen Studie lassen wir bei Beratungen in der Natur die Klienten üblicherweise nicht allein. Wir halten uns lediglich, wenn dies der Prozess verlangt, hin und wieder dezent im Hintergrund. So besteht auch kein Grund zur Angst vor Einsamkeit und Langeweile.

Die Frage, ob die Natur *immer* der beste Praxisraum für Beratungsarbeit ist, muss sicher mit »Nein« beantwortet werden. Jede Beraterin sollte einschätzen können, wie viel Natur und wie viel Schutzraum (bzw. Praxisraum) für den einzelnen Klienten sinnvoll ist. Im Großen und Ganzen sind wir aber davon überzeugt und entnehmen der gewaltigen Zahl an wissenschaftlichen Arbeiten, die wir zum Thema gelesen haben, dass die Natur *sehr häufig* ein hervorragender Praxisraum ist. Die Natur wirkt durch vielfältige Faktoren positiv auf Körper und Seele von Beraterin und Klientin ein, ohne dass diese sich dessen bewusst sein müssen. Gleichzeitig hält sie für den kreativen und offenen Berater unendlich viele Werkzeuge und Anknüpfungspunkte für effizientes und wirkungsvolles methodisches Arbeiten bereit.

2.3 Zusammenschau: Beratung in Bewegung und in freier Natur

Zu gehen ist erst dann wirklich sinnvoll, wenn wir dabei vorwärtskommen. Das Ziel des Gehens ist ja ursprünglich nicht die körperliche Ertüchtigung, sondern das Erreichen eines geographischen Ortes. Im Zusammenhang mit Beratungsgesprächen im Gehen ist diese Anforderung natürlich nicht ganz so streng zu sehen. Hier trifft die Weisheit »Der Weg ist das Ziel« schon eher den Kern. Beratungen im Gehen können wir führen, indem wir auf Wegen im Stadtpark schlendern, indem wir kreuz und quer durch den Wald streifen, indem wir einem Wasserlauf folgen, einen Hügel oder Berg erklimmen oder einen Rundweg durch Wälder und Wiesen wandern. Wie die Orte und Strecken aussehen, auf denen wir unsere Klienten begleiten, hängt sehr oft primär davon ab, was uns unsere Umgebung zur Verfügung stellt. So sind die meisten Methoden, die wir im dritten Kapitel vorstellen, sowohl im Stadtpark als auch in abgeschiedenen Landschaften durchführbar.

Wir haben sowohl im Zusammenhang mit »Gehen und Bewegung« als auch mit Natur von einer nachgewiesenen »stresslindernden Wirkung« gesprochen. Es ist naheliegend, dass dieser positive Effekt noch einmal verstärkt wird, wenn beide Faktoren zusammenkommen. Unebenheiten und Veränderungen des Untergrundes verlangen vom Spaziergänger (im Unterschied zum Laufbandgeher) Geschicklichkeit und zusätzliche Muskeltätigkeit. Solange der Weg aber nicht wirklich beschwerlich und gefährlich ist, erbringen wir diese Leistungen ohne einen spürbaren Aufwand. Die durch die Bewegung gesteigerte Atemleistung und das angeregte Herzkreislaufsystem sowie die Stoffwechselprozesse werden durch die natürliche Umgebung intensiver und vielfältiger mit all den heilsamen Stoffen versorgt, die wir als positive Wirkfaktoren der freien Natur kennengelernt haben.

Für kreatives Denken, Erinnerungsarbeit und Lernfähigkeit konnten wir sowohl im Zusammenhang mit »Bewegung und Gehen« als auch mit »Natur« positive Einflüsse ausmachen. Offengestanden ist es so, dass wir bei der Analyse derjenigen Studien, in denen untersucht wird, inwieweit Bewegung das Denken fördert, selbst nicht wirklich an Bewegung auf dem Laufband oder Ergometer gedacht haben, auch wenn dies oft das Setting ist, das in wissenschaftlichen Studien verwendet wird. Hier lassen sich zwar gute Resultate finden, die eigene Erfahrung, die uns zum Beraten im Gehen gebracht hat, und die Rückmeldungen unserer Klient*innen sprechen aber eine andere Sprache:

1. Gehen fördert das Denken und Fühlen ganz besonders, wenn es in freier Natur stattfindet.
2. Die Natur fördert das Denken und Fühlen, wenn wir sie gehend auf uns wirken lassen.

Die Ideen der Biophilia-Hypothese (s. Kapitel 2.2.1) fordern förmlich dazu auf, dass der Mensch aktiv in Tuchfühlung mit der Natur kommt. Liebe zum Leben wird vor allen Dingen dann erfahrbar, wenn wir uns als Teil des Lebens empfinden. Das wiederum gelingt am intensivsten, wenn wir mit allen Sinnen wahrnehmen, dass wir von Leben (Pflanzen, Tieren, Mitmenschen) und lebensfreundlichen Bedingungen (Luft, Licht, Wasser, Erde) umgeben sind. Diese Wahrnehmung machen wir, wenn wir an einem Platz inmitten der Natur sitzen oder liegen. Wir intensivieren sie, wenn wir uns immer wieder auch gehend durch die Natur bewegen. Dann spüren wir den Boden unter den Füßen und sich stetig verändernde Luft-, Licht- und Temperaturverhältnisse auf der Haut. Dann nehmen wir fortwährend neue Bilder, Geräusche und Gerüche wahr. Dann nehmen wir uns aber vor allen Dingen auch selbst immer wieder neu wahr. Wir spüren den Druck auf unseren Fußsohlen, wir spüren Prickeln auf der Haut, wir spüren unsere Atmung und unseren Herzschlag. Wir spüren, dass wir lebendig sind, dass Leben in uns ist. Genau das lieben wir.

Der Ansatz der Stress Reduction Theory (s. Kapitel 2.2.1) geht davon aus, dass die Natur – solange sie sich friedlich zeigt – ein Ort ist, an dem wir von Alarmbereitschaft in einen Ruhe- und Erholungsmodus umschalten. Wenn die Aussicht durch ein Fenster in einen Park stresslindernd wirkt, dann dürfte dies beim Eintauchen in die Natur während eines Spaziergangs allemal gelten.

In der Attention Restoration Theory (s. Kapitel 2.2.1) werden Eigenschaften beschrieben, die eine Landschaft haben sollte, damit sich die willkürliche Aufmerksamkeit des Menschen in ihr erholen kann. Eine solche Landschaft möchte aber nicht nur betrachtet, sie möchte durchwandert werden.

- Durch die Natur zu gehen, anstatt sie nur von einem Punkt aus zu betrachtet, steigert das Gefühl von »Abwesenheit«. Im Gehen nehmen wir uns mehr oder weniger bewusst aus den Alltagstätigkeiten heraus. Der Spaziergänger vermittelt sich selbst die Botschaft: »Ich bin abwesend von Heim und Arbeitsplatz. Ich funktioniere jetzt nicht im Takt, den die Erledigung von Aufgaben verlangt, sondern ich gebe mich dem Rhythmus meiner eigenen Schritte und den Eindrücken der Natur hin.«
- Wer durch die Natur geht, bewegt sich in einem Tempo, das Ver-

änderungen der Aussichten und Perspektiven sehr allmählich geschehen lässt. Das ist ganz im Sinne der »sanften Anziehung«.

- »Freiraum« wird im Gehen besonders erfahrbar, wenn wir von der Freiheit Gebrauch machen, uns auf eigenen Beinen umherzubewegen. Im Beratungskontext kümmert sich der Berater obendrein darum, Zeit und räumliche Orientierung im Blick zu behalten. Das entlastet die Klientin zusätzlich.
- »Stimmig« ist Gehen allemal. Es mag zwar für so manchen eine ungewohnte Erfahrung sein, auf eigenen Beinen durch die Natur zu spazieren, und doch ist diese Fortbewegungsart diejenige, die zum Menschen am besten passt. (Selbstverständlich hat der Berater etwaige körperliche Einschränkungen des einzelnen Klienten zu berücksichtigen.)

Im Gehen durch die Natur wirken unzählige Eindrücke auf unsere Emotionen und Gedankengänge. So wie sich vor den Augen der Spaziergängerin nach und nach neue Perspektiven aufspannen, so entfalten sich in ihrem Inneren auch neue Blickwinkel und Ansichten auf das Problem, die Sorge oder die Fragestellung, mit der sie sich auf den Weg gemacht hat. Stellen Sie sich einmal vor, wie Sie durch einen sonnenlichtdurchfluteten Maienwald spazieren:

Sie atmen den zarten Duft des Frühlingstages, Ihr Gesicht wird von einem sanften Lufthauch und von einem Spiel aus Licht und Schatten gestreichelt. Sie gehen leichten und ruhigen Schrittes und fühlen sich wohl in diesem wunderschönen Wald. Links und rechts von Ihnen gleitet ganz langsam die Landschaft vorbei. Die Alltagswelt ist weit weg. Sie atmen die gute Luft des Waldes in tiefen, fast gierigen Atemzügen. – Sie füllen Ihre Lunge, Ihren Bauch, Ihre Schultern, Ihre Arme und Beine bis zu den Fingerspitzen und Zehen mit der Wärme und dem Duft des Frühlings. Ihre Muskeln und Ihre Blicke entspannen sich. Ihre Gedanken fließen entlang der Bäume und Sträucher, der jungen Blätter und Blüten ringsumher. Sie folgen den Ausblicken, die sich hier und da auftun. Sie werden sachte nach vorne gezogen, dorthin, wo der Weg eine leichte Biegung macht und sich in hellem Grün verheißungsvoll verhüllt.

Sehen Sie den Frühlingswald vor Ihrem inneren Auge? Spüren Sie die Wärme und Freude, die das leuchtende Grün der Blätter und der Duft, der vom Erdboden und aus unzähligen Blüten aufsteigt, in Ihnen auslösen? Empfinden Sie die Einladung zum Wandern und Umherschweifen, die von Wiesen und Wäldern ausgeht?

Die Natur, die uns umgibt und die wir mit unseren Sinnen unmittelbar wahrnehmen, ist nicht platt und statisch, sondern vieldimensional und dynamisch. Mit unseren Gedanken (Vorstellungen, Erinnerungen, Überlegungen) verhält es sich ähnlich, allerdings liegen sie nicht als physisch fassbare, konkrete Gegenstände vor uns. So erleben wir sie sehr leicht als chaotisch und kaum greifbar. Sie kreisen, verwickeln sich, nerven, bohren, verflüchtigen sich. Wir hätten sie aber gerne klar und geordnet, schließlich wollen wir die Welt und uns in der Welt verstehen. Eben dafür, dass wir uns selbst verstehen und uns entwickeln, sprich, dass wir lebendig sind, bietet uns die Natur ein optimales Umfeld. Lassen Sie uns noch einmal an den Maitag denken, den wir eben imaginiert haben:

Wir halten auf dem Spazierweg, der uns durch den sonnenlichtdurchfluteten Wald führt, inne und suchen einen guten Stand für unsere Füße. Wir kommen zu Ruhe. Mit jedem Atemzug nehmen wir die warme Luft tief in uns auf. Jedes Mal, wenn wir ausatmen, spüren wir, wie wir sicherer auf dem Boden stehen und wie sich unser Körper entspannt. Wir haben Bäume und Büsche, helles Grün, warme Gelb- und Ockertöne und das Blau des Himmels in uns einströmen lassen und schließen die Augen. Wir atmen tief durch die Nase ein und riechen den Duft der Blüten. Wenn wir lauschen, hören wir Vogelstimmen, das Summen von Insekten, zartes Rascheln und Rauschen, vielleicht sogar plätscherndes Wasser. Die Welt um uns strömt in uns. Sie setzt sich in uns fort. Innen und außen werden eins. Die Wärme, der Duft und der Klang der Natur ringsum lassen unser Fühlen und Denken leicht und frei werden. Alles ist offen. Innen und außen sind eins. So verweilen wir. Wenn wir bereit sind, öffnen wir die Augen. Der Blick fällt entspannt einige Meter vor uns auf den Weg. Wir sehen, riechen, hören und fühlen den Wald und all das Leben um uns und in uns, und wir beginnen zu gehen. Innen und außen sind eins, die Welt um uns strömt in uns und wir gehen, wir strömen durch die Natur. Wir gehen und wir atmen. Unsere Füße schreiten abwechselnd nach vorne und nehmen uns Schritt für Schritt mit. Es tut gut zu gehen, also gehen wir, und um uns und in uns ist Leben. Wir setzten unsere Füße ganz bewusst. Wir blicken uns neugierig um. Wir sind offen und interessiert. Unsere Gedanken sind zu Ruhe gekommen und wir fühlen uns frei.

Was wir hier beschrieben haben, spielt sich bei Spaziergängen und Beratungen in der Natur in mehr oder weniger intensiver Form ab. Der Text dient als Achtsamkeitsübung und möchte demonstrieren, wie sich im ersten Schritt »Fühlen und Denken« in der Natur beruhigen, dann im zweiten Schritt »Freiheit und Offenheit« für neue Ideen entstehen und schließlich im dritten Schritt die »Beschäftigung mit festgefahrenen, bedrückenden und verworrenen Gedanken, Gefühlen und Konstellationen« (wieder) möglich wird. Im Gehen durch die Natur wird die Selbstwahrnehmung verstärkt; dem Denken wird Richtung und Rhythmus verliehen.

Die wechselnden Kulissen und Perspektiven, die einen Beratungsspaziergang begleiten, liefern immer wieder neue Impulse, die sowohl Erinnerungen als auch kreatives Denken anregen. Dank der konkreten sinnlichen Wahrnehmungen, die die Gespräche und Denkprozesse begleiten, können diese im Nachhinein besonders gut erinnert und weitergesponnen werden. Wir nutzen diesen Vorteil in unseren Beratungen, indem wir unseren Klienten empfehlen, mit den Erkenntnissen, die sie während eines Termins gewonnen haben, bzw. mit den Fragestellungen, die sie selbständig entwickelt oder als Hausaufgabe von uns erhalten haben, nach zwei bis drei Tagen noch einmal spazieren zu gehen. Dies geschieht bevorzugt auf derselben Strecke, auf der zuvor der Beratungstermin stattgefunden hat, denn dann ist die Wahrscheinlichkeit sehr hoch, dass durch einzelne Ausblicke oder Details am Wegesrand erneut Gesprächsteile, Gedankengänge oder Emotionen aus der zurückliegenden Beratung ins Bewusstsein geraten. Die Klienten knüpfen so gedanklich an die Inhalte aus dem Beratungstermin an. Der selbständige Folgespaziergang kann aber selbstverständlich auch auf einem anderen Weg, der den Klienten geeignet erscheint, unternommen werden. Dann bleibt zwar der Erinnerungseffekt durch das Wiedererkennen von bestimmten Wegabschnitten aus, trotzdem ist es immer wertvoll, einen Spaziergang zu unternehmen, für den man sich vornimmt, die Gedanken um ein bestimmtes Thema kreisen zu lassen.

Die Klienten stellen auf diesen eigenständigen Spaziergängen sehr häufig fest, dass sich ihre Gefühlslage bezüglich der behandelten Themen seit dem Beratungstermin verändert hat und dass auch neue Ideen und neue gedankliche Zusammenhänge quasi über Nacht entstanden sind. Indem die Klienten sich alleine auf einem Spaziergang mit den Themen beschäftigen, die zuvor in der Beratung bearbeitet wurden, üben sie nicht nur Selbständigkeit und Eigenverantwortung. Sie erleben unter Umständen auch, dass es einen Unterschied macht, ob sie in Begleitung einer Beraterin ihre Themen bearbeiten oder ob sie sich ihnen selbständig widmen. In einer kürzlich erschienen koreanischen Studie vergleichen die Wissenschaftler die Wirkung von eigenständig durchgeführter Waldtherapie mit geführter Waldtherapie. Dabei zeigte sich, dass die Testpersonen, die sich alleine in den Wald zu Therapiezwecken begeben, zu vergleichsweise tiefen Selbstwahrnehmungen kamen, während bei denjenigen, die begleitet wurden, eher emotionale und soziale Veränderungen gefördert wurden (Kim & Shin 2021). Beide Leistungen tragen zu guten Beratungserfolgen bei. Das eben angeführte Forschungsergebnis wurde mit 37 Studenten durchgeführt. Diese Gruppe ist weder groß noch heterogen. Wir nehmen die Arbeit vor allen Dingen als Hinweis darauf, dass noch viel Raum für Erkenntnisgewinn im Zusammenhang mit Beratung und Selbst-Coaching in freier Natur und in Bewegung besteht.

Ist es uns gelungen, Sie mit unserer Begeisterung anzustecken? Wenn ja, dann probieren Sie es aus. Nutzen Sie den Stadtpark oder Wälder und Wiesen für Selbst-Coaching, als Setting für herausfordernde Gespräche oder für Ihre beraterische Arbeit. Im folgenden Kapitel stellen wir Ihnen vielfältige Methoden für Coaching und Therapie in freier Natur vor.

KAPITEL 3

Methodenbuffet

Im vorangegangenen Kapitel haben wir Argumente zusammengetragen und diskutiert, die dafür sprechen, Beratungsangebote in Bewegung und in freier Natur durchzuführen. Dabei haben wir immer wieder auch auf Erfahrungen aus unserer Beratungspraxis Bezug genommen und Wert darauf gelegt, dass alle Theorie und Wissenschaft einen sinnvollen, unterstützenden praktischen Bezug hat.

Im nun folgenden Methodenteil steht die Praxis eindeutig im Vordergrund. Gleichwohl behalten wir die Theorie und Wissenschaft immer im Hinterkopf. Für jede Methode, die wir vorstellen, bieten wir theoretische Begründungen.

Die Darstellung aller Methoden folgt einem festen Muster:

- Am Kopf stehen Überblicksangaben: **Zeitbedarf**, benötigtes **Material**, **Warnhinweise**, **Natur-Bedingungen** sowie Angaben zur **Konstellation** (Einzel-/Paar-/Gruppenberatung oder Selbst-Coaching)
- Danach erklären wir, bei welchem Beratungs-**Anlass** die jeweilige Methode besonders wirkungsvoll ist. Unter der Überschrift **Vorbemerkungen** weisen wir auf wichtige Zusammenhänge und Voraussetzungen hin, die zu bedenken sind, wenn die Methode zum Einsatz kommen soll. Darauf folgt die ausführliche **Anleitung**.
- Die Punkte **Wie es wirkt und warum es hilft** sowie **Natur und Bewegung** versammeln Hintergrundinformationen. Damit gewinnen Sie ein zusätzliches Verständnis der Methode, das Sie dabei unterstützt, die Anleitung nicht einfach nur »nachzukochen«, sondern sie mit großer Überzeugungskraft und eigenen Interpretationen zu gestalten.

- Die Überschriften **Varianten und Einsatzmöglichkeiten** sowie **Fallbeispiel** sprechen für sich. Hier wird zum einen der Horizont erweitert und die Kreativität angeregt, den Ansatz der Methode für andere als die von uns vorgestellten Konstellationen und Situationen auszugestalten und einzusetzen. Zum anderen werden Fragen, die in der **Anleitung** nicht eindeutig beantwortet wurden, mittels eines Berichts aus der Praxis anschaulich geklärt.

Die **Fallbeispiele** stammen alle aus der Praxis von Frau Istas. Um die Anonymität der Klientinnen zu schützen, haben wir deren Namen sowie Hinweise, die Rückschlüsse auf die jeweiligen Personen zulassen würden, geändert.

Der Vollständigkeit halber müssen wir darauf hinweisen, dass die Anleitungen und Impulse, die wir in diesem Buch unseren Leserinnen zur Verfügung stellen, von diesen nur eigenverantwortlich verwendet werden dürfen. Dies gilt insbesondere dann, wenn sie im Rahmen von Therapien und therapieähnlichen Kontexten Anwendung finden. Wir haften nicht für Schäden an Personen oder Sachen, die während oder infolge von hier vorgestellten Methoden entstehen. Die jeweilige Verantwortlichkeit sollten Berater und Klient vor ihrer Zusammenarbeit klären. Auch im Fall von Selbst-Coaching übernehmen wir keine Verantwortung für etwaige Schäden. Im Übrigen gehen wir aber davon aus, dass die Warnhinweise, die wir nach bestem Wissen und Gewissen geben, und ein professioneller Umgang Ihrerseits mit unseren Beschreibungen eine sehr gute Grundlage für ein sicheres und erfolgreiches Arbeiten in Bewegung und in der Natur sind.

3.1 Blütenatmung

Zu innerer Ruhe finden und Freude spüren

Zeit:	5–15 Minuten
Material:	Blüten (ggf. auch als Foto oder Zeichnung)
Vorsicht:	Achten Sie bitte darauf, dass Pflanzen, die unter Naturschutz stehen, nicht beschädigt werden, und berühren Sie keine giftigen Pflanzen.

Natur:	Am eindrucksvollsten ist diese Methode, wenn Sie in freier Natur mit lebenden Blüten durchgeführt wird. Eine Ausführung in geschlossenen Praxisräumen ist aber auch möglich.
Konstellation:	Einzel-/Paar-/Gruppenberatung und Selbst-Coaching

Anlass

In manchen Lebensphasen fühlen wir uns wie eingefroren. Es kommt uns vor, als würden wir im Alltag nur noch wie ein Automat funktionieren, und das obendrein oft mehr schlecht als recht. Wir wissen zwar, dass es so etwas wie Freude, Ausgelassenheit und das Gefühl von Vertrautheit, ja, sagen wir doch gleich Verbundenheit und Liebe gibt. Da kommen wir aber im Augenblick einfach nicht dran. Unsere Kontakte zu anderen Menschen geschehen scheinbar nur auf der Ebene des Verstandes. Das ist kaum verwunderlich, denn, wenn wir ehrlich sind, empfinden wir auch zu uns selbst keine glückliche Verbindung.

Die *Blütenatmung* ist eine ebenso einfache wie wirkungsvolle Übung, mit deren Hilfe wir zunächst einmal eine innerliche Erfahrung von Wärme und Freude machen und uns damit auch für freudiges Erleben speziell des Schönen und Guten rings um uns öffnen.

Vorbemerkung

Bei dieser Methode kommt gelegentlich die Frage auf, ob es erlaubt ist, eine Blume zu pflücken. Grundsätzlich gehen wir bei der Beschreibung von lebenden, mit ihren Wurzeln und der Erde verbundenen Blüten aus. Wir sehen aber auch, dass es für den einen oder anderen hilfreich sein kann, die Blüte in der Hand zu halten und vielleicht sogar mit nach Hause zu nehmen. Außerdem besteht bisweilen eine Unsicherheit, ob eine Pflanze möglicherweise giftig ist und deshalb lieber gar nicht erst berührt werden sollte. In beiden Fällen weisen uns wenige einfache Regeln einen Weg durch die Natur, auf dem wir sicher sein können, dass wir uns respektvoll, rechtskonform und umweltfreundlich verhalten und dabei auch unsere Gesundheit nicht gefährden.

Am eindeutigsten und damit auch am einfachsten ist die Situation in Naturschutzgebieten. Hier ist es grundsätzlich verboten, die Wege zu verlassen, sowie Pflanzen oder Pflanzenteile zu entnehmen oder zu zerstören. Damit fällt auch ein wichtiger Grund weg, eine Pflanze mit den Händen zu berühren und so in Kontakt mit eventuell vorhandenen giftigen Substanzen zu kommen. An allen anderen öffentlichen Orten gilt, dass wildwachsende Pflanzenteile, also auch Blumen, in kleinen Mengen (zum persönlichen Gebrauch) gepflückt werden dürfen. Die jeweiligen Pflanzen sollten zum einen in ausreichender Zahl am Standort vorhanden sein und dürfen natürlich nicht unter Naturschutz stehen. Was die Giftgefahr angeht, so gilt die Faustregel, dass man nur berühren und pflücken sollte, was man kennt.

Anleitung

Diese Beschreibung setzt in dem Moment ein, in dem die Klientin eine Blüte ausgewählt und in den Blick genommen hat. Ob sie zuvor über die Zielsetzung der Übung informiert wurde oder ob sie unvoreingenommen geführt wird, liegt im Ermessen der Beraterin.

1. **Die Blüte wahrnehmen** – Wir stehen oder sitzen vor einer Blüte und nehmen diese intensiv wahr. Nun leiten wir die Klientin an, sich in die Farben und Formen der Blüte zu vertiefen. Je mehr Zeit wir uns für diesen Teil der Übung nehmen, desto vielschichtiger können wir wahrnehmen, wie wunderbar filigran, perfekt und einzigartig die Blüte aufgebaut ist.
2. **In Verbindung treten** – Unsere Aufmerksamkeit bleibt ganz allein bei der Blüte. Sie erfüllt geradezu unsere gesamte Wahrnehmung. Wir werden immer ruhiger und unsere Verbindung zur Blüte wird immer intensiver. Hier können wir auch die Augen schließen und das Bild der Blüte visualisieren.
3. **Die Blüte schließt und öffnet sich** – Wir atmen gleichmäßig in tiefen Zügen. Dabei stellen wir uns vor, wie sich die Blüte ganz langsam schließt. Mit jedem Atemzyklus faltet sie sich ein wenig weiter zusammen, so als wäre der Abend gekommen und

die Sonne ginge unter. Einmal zur Knospe geworden, beginnt sich die Blüte mit jedem unserer Atemzüge ganz allmählich wieder zu öffnen. Sie wird größer und größer, strahlender und schöner, bis sie sich zu ihrer vollen Pracht entfaltet hat.

4. **Das Herz spüren** – Wir wiederholen diesen Kreislauf ein paarmal. Bei Bedarf können wir unterstützend die Hand auf die Brust legen, um noch bewusster unseren Atem zu spüren.
5. **Blüte und Herz öffnen sich synchron** – Nun stellen wir uns vor, wie sich die Blüte mit jedem Atemzug langsam öffnet und lassen dabei der Empfindung freien Lauf, dass das Herz bei jedem Einatmen weiter, größer, wärmer und freudiger wird und bei jedem Ausatmen ruhiger und gelassener.
6. **Genießen** – Wir gönnen uns noch ein paar entspannte Atemzüge und genießen dabei die Schönheit und das Wunder der Blüte sowie die Offenheit und die Freude unseres Herzens.
7. **Gute Erinnerungen wiederentdecken** – Schönheit, Offenheit und Freude haben wir auch schon anderswo erlebt. Jetzt ist es an der Zeit, sich vom Gefühl unseres Herzens zu freudigen Erinnerungen führen zu lassen.
8. **Die guten Erinnerungen würdigen** – Wenn es in das Setting passt, können die angenehmen Erinnerungen auch laut ausgesprochen werden. So kommen sie noch etwas präsenter ins Bewusstsein und können später wieder besser aufgesucht werden.
9. **In der Freude verweilen** – Nun verweilen wir noch einige Augenblicke in den angenehmen Erinnerungen und den freudigen Gefühlen, die mit ihnen verbunden sind. Währenddessen ruht der Blick weiterhin auf der Blüte. Das hilft den gedanklichen Fokus zu halten. Zuletzt verabschieden wir uns von der Blüte und der dazugehörigen Erinnerung in dem Bewusstsein, dass wir das freudige Gefühl in uns tragen und dass wir, wann immer wir wollen, zu ihm zurückkehren können.
10. **Weitergehen** – Im Weitergehen fangen wir immer wieder mit dem Blick einzelne Blüten ein. Mit ein wenig Übung kann es schon bald gelingen, einzelne Blüten über die Atmung mit dem Herzen zu verbinden und uns so für Schönheit und Freude

im Hier und Jetzt sowie für Erinnerungen an Schönheit und Freude zu öffnen.

Wie es wirkt und warum es hilft

Die Aufmerksamkeit zunächst einmal auf eine Sache zu lenken, hilft dabei, Grübelspiralen und Problemdenken zu verlassen. Wir haben hierfür aus gutem Grund die Blüte als Hilfsmittel gewählt. Blüten nehmen in den Grün-, Braun- und Grautönen der Landschaft dank ihrer Farbenpracht und oft auch dank ihres Geruchs eine prominente Stellung ein. Sie sind darauf spezialisiert, die Aufmerksamkeit von potenziellen Bestäubern auf sich zu ziehen, dabei sprechen sie mit ihren oft betörend und verschwenderisch anmutenden Reizen aber auch ganz besonders uns Menschen an.

Dass Blumen schön sind, wird kaum einer bestreiten. Gleichzeitig bieten sie bei näherer Betrachtung ihres Aufbaus und ihrer Funktionsweise Anlass für Bewunderung und ehrfürchtiges Staunen. Über ihr konkretes Erscheinungsbild hinaus und ihre Fähigkeit, unsere Aufmerksamkeit auf sich zu ziehen, wirkt die Blüte im Verlauf der hier beschriebenen Methode als eine Art Türöffner und Katalysator. So erleichtert sie den Weg zu positiven Empfindungen und den mit ihnen verknüpften Erinnerungen. Das gelingt, da Blüten in symbolischer und metaphorischer Weise seit Menschengedenken mit vielfältigen positiven Gefühlen und Ereignissen verbunden sind. Die Blüte ist für den menschlichen Betrachter alles andere als:

»[…] *ein nach Eintritt der Blühreife zu beobachtender unverzweigter Kurzspross mit begrenztem Wachstum, dessen Blätter indirekt oder direkt im Dienst der geschlechtlichen Fortpflanzung stehen …*« So lautet im April 2022 der erste Satz im Wikipedia-Artikel zum Stichwort »Blüte«.

Für den Menschen sind Blüten Ausdruck von Lebendigkeit, Wachstum und Erfolg. Sie sind ein Zeichen für Fruchtbarkeit und begleiten als Schmuck die großen und kleinen Feste im Verlauf eines Menschenlebens. Sie stehen für Zartheit und Verletzlichkeit. Damit ist es kein Wunder, dass sie auch mit der Vergänglichkeit, also der Endlichkeit des Lebens, in Verbindung gebracht werden.

Blüten laden den Menschen dazu ein, sein Herz zu öffnen. Sie begleiten und verstärken die Freude und sie gemahnen, den Augenblick, die hellen und warmen Tage des Lebens bewusst zu genießen und in den Schatzkammern des Herzens aufzubewahren.

Natur und Bewegung

Grundsätzlich lässt sich diese Übung auch mit Blüten durchführen, die aus einem Strauß oder Beet gezüchteter Blumen stammen. Unserer Erfahrung nach haben aber Blüten, die wir in einem naturbelassenen Umfeld entdecken, einen besonders hohen emotionalen Wert. Das dürfte daran liegen, dass Blüten, die ihre Schönheit in freier Wildbahn entfaltet haben und nicht lediglich dank optimierter Schutz- und Zuchtbedingungen groß und strahlend geworden sind, unser Staunen und unsere Begeisterung besonders stark anregen. Ihnen ist es gelungen, trotz mancher widriger Umstände zu gedeihen. Wir freuen uns dann an der Blüte als solcher und gleichzeitig aber auch an der Beobachtung, dass die Natur von sich aus im Stande ist, ein derartiges Kleinod hervorzubringen. Damit sind unterbewusste Assoziationen zwischen der Blüte und dem eigenen Leben, dem eigenen Potenzial und der eigenen Widerstandskraft vielleicht schon ganz von alleine gegeben.

Und was ist mit der Bewegung? – Zum Entdecken gehört dann auch die Bewegung, körperlich wie gedanklich. Hier liegt wieder einmal die metaphorische Verbindung zwischen Spazier- oder Wanderweg und Lebensweg nahe. Beide Wege haben ihre Beschwerlichkeiten, und beide Wege bieten dem aufmerksamen Wanderer Blumen und Freuden. So lässt sich die *Blütenatmung* sehr harmonisch in einen Beratungsspaziergang integrieren. Durch die hohe Fokussiertheit, zunächst auf die Blüte im Äußeren und dann das Herz und Empfinden im Inneren bietet die Methode einen wertvollen Kontrast zum Weit- und Überblick, den die Klientin auf anderen Abschnitten des Weges erlebt. Darüber hinaus werden auch das Mitnehmen und In-sich-Tragen der gemachten Erfahrungen im Gehen als ganz natürlich erlebt.

Variantenund Einsatzmöglichkeiten

Obschon die freie Natur und die Bewegung einen ausgezeichneten Rahmen für die *Blütenatmung* bieten, so sind doch auch Indoor-Varianten der Methode mit Erfolg einsetzbar. Als konkreter Impuls dienen dann entweder frische Blumen oder ästhetisch und technisch hochwertige Zeichnungen bzw. Fotos von Blüten. In jedem Fall ist es von Vorteil, wenn dem Klienten eine Auswahl zur Verfügung steht, sodass er sich für eine Blüte entscheiden kann, die ihn besonders anspricht.

In der Arbeit mit Kindern kann eine spielerische Form der Methode zum Einsatz kommen. Das Ziel ist dann, eine neue Annäherung, zum einen an ein Detail der Natur, zum anderen an die eigenen Gefühle, zu ermöglichen. Für beides kann auf diesem Weg die Sensibilität, aber auch der Respekt und die Neugier gestärkt werden.

Ganz besonders eignet sich die Blütenatmung für die Arbeit mit alten Menschen. Es ist dann häufig der Fall, dass dem Klienten die Blüten, real oder als Abbildung, gebracht und in die Hand gegeben werden. Dem Lebensabschnitt entsprechend findet die Bewegung mehr im Inneren als im Äußeren statt. Zumindest kann und sollte dies so sein, sobald die körperliche Beweglichkeit und die Schärfe der Sinne nachlassen. Die innere Beweglichkeit und die (Wieder-)Entdeckung der inneren Reichtümer bewirken wir durch sinnliche Impulse, die dazu geeignet sind, Emotionen hervorzurufen, die dem Klienten aus früheren Erlebnissen bekannt sind und die ihm eben diese Erlebnisse wieder ins Bewusstsein aufsteigen lassen. Viele frohe Feste und Sternstunden im Leben sind, wie bereits erwähnt, mit Blumenschmuck und blühenden Landschaften verbunden. Die Betrachtung der Blüte an sich reicht darum schon oft, um Erinnerungen hervorzurufen. Der Teil der Methode, in dem die Atmung und die Verbindung mit dem Herzen im Vordergrund stehen, ist beim Kontakt mit alten Menschen oft weniger von Bedeutung als respektvolles Nachfragen, ehrliches Interesse und geduldiges Zuhören.

Schließlich bietet der Teil der Methode, bei dem es um die Atmung geht, eine wunderbare Achtsamkeitsübung. Spüren Sie dazu in sich hinein und beobachten Sie, mit welcher Phase des Atemzyklus Sie das Öffnen und mit welcher Sie das Schließen der Blüte intuitiv verbinden. Nach unserer Erfahrung sind Präferenzen relativ gleichmäßig verteilt. Für die einen bedeutet Einatmen Großwerden und Aufblühen und Ausatmen Kleinwerden und Zugehen. Für die anderen ist genau das Gegenteil stimmig. Einatmen ist verbunden mit Anspannung und Anstrengung und Ausatmen mit Entspannung und Loslassen. Hat man erst einmal erspürt, welche Atemrichtung einem das Gefühl von Freude vermittelt, dann verfügt man über einen Weg, auf dem man sich in Minimeditationen zwischendurch stärken kann.

Fallbeispiel

Monika hält es nicht mehr aus. Es wird ihr zu Hause alles zu viel. Ganz besonders leidet sie unter dem ständigen Schreien ihres fast 2-jährigen Sohnes. Sie spricht davon, dass sie kaum schläft und ihr Mann beruflich stark eingebunden ist.

Die junge Frau kommt jetzt schon zum dritten Mal zu mir in die Beratung in freier Natur. Wir haben bereits einige Achtsamkeitsübungen gemacht. Ich merke, dass sie für diese Erfahrungen sehr offen ist und dass sie ihr guttun. Sie erzählt mir, dass sie Freude daran hat, gemeinsam mit ihrem Sohn die Übungen kindgerecht im Alltag auszuprobieren. Da kommt mir die *Blütenatmung* in den Sinn. Es ist Mai und überall am Wegesrand blühen die Blumen in leuchtenden Farben.

Ich erkläre die Übung kurz und bitte Monika, während des Gehens nach einer Blüte Ausschau zu halten, mit der sie die *Blütenatmung* einmal ausprobieren möchte. Bald bleibt sie bei einer satten, gelben Löwenzahnblüte stehen.

Ich bitte sie, zunächst einmal diese Blüte mit ihren Sinnen zu erkunden. Monika beugt sich hinunter. Ich merke, dass sie in den Entdeckermodus kommt. Der Boden ist trocken, die Sonne scheint warm und so setzen wir uns vor diese Blüte und ich leite an:

»Nun, da du schon Kontakt mit diesem Löwenzahn aufgenommen hast, schließe doch bitte einmal kurz die Augen und spüre nach: Sitzt du bequem? Dann lass die Blüte noch einmal vor deinem inneren Auge erscheinen und verbinde dich mit ihr. Stell dir vor, wie die Sonne untergeht und die Blüte sich langsam schließt, sie bleibt die ganze Nacht lang fest geschlossen und morgens, wenn die Sonne wieder aufgeht, öffnet sie sich wieder. Jetzt achte mal darauf, wie sich das Öffnen und Schließen in deiner Herzgegend anfühlt. Lege gern dafür eine oder beide Hände auf dein Herz. Nun verbinde das Öffnen und Schließen mit dem entspannten Takt deines Atems: Beim Einatmen öffnet sich die Blüte, beim Ausatmen schließt sie sich wieder. Nimm die ganze Blüte wahr, fühle sie, wie sie dein Herz weit und groß werden lässt und wie es sich dann wieder zusammenziehen darf, ganz natürlich. Und wenn du so weit bist, schenke bitte der Blüte, wenn du magst, ein Lächeln und öffne langsam deine Augen. Bleibe in der Verbindung zu der Blüte und atme weiter, ganz bewusst und sieh, wie die Blüte dich einlädt, dein Herz noch weiter und wärmer werden zu lassen.«

Monika strahlt und wirkt sehr erleichtert, als sie die Augen wieder öffnet. Sie blickt die Blüte noch einmal dankbar an und streichelt mit ihren Fingern über die zarten kleinen Blättchen.

Sie beginnt zu erzählen: »So weit hat sich mein Herz in den letzten Monaten nie gefühlt … jetzt fühlt es sich so schön groß und weit an, ein bisschen wie frisch verliebt. Es ist so, als hätte ich mein Herz aufgrund der ganzen Belastung zu Hause in ein Gefängnis eingesperrt.«

Sie beginnt nun auf eine viel lösungsorientiertere Art von ihren Herausforderungen zu Hause zu erzählen. Immer wieder blickt sie dabei auf die Blüte, besonders, wenn sie innerlich anfängt, wieder enger, ängstlicher oder nervöser zu werden.

»Ich werde mir jetzt zu Hause an alle Stellen, an denen ich mich oft überfordert fühle, kleine Löwenzahn-Bilder hinkleben und mich regelmäßig damit verbinden.«

Ich gebe Monika noch den Impuls, die Blüte, mit der sie gerade die Übung gemacht hat, zu fotografieren und diese als Handy-Hintergrundbild einzurichten. So könne sie auch genau diese Blüte mehrfach auf Fotopapier ausdrucken und sich an die Orte kleben, von denen sie eben gesprochen habe.

Beim Weitergehen entdeckt Monika immer wieder Blüten, die sie ebenfalls über die Atmung mit ihrem Herzen verbindet.

Ich leite Monika an: »Welche Unterschiede nimmst du wahr? Wie fühlen sich die verschiedenen Farben, Formen und Strukturen für dich an?«
Monika freut sich schon darauf, eine Abwandlung dieser Übung gemeinsam mit ihrem Sohn auszuprobieren.

3.2 Eine Sinnespyramide bauen

Die Natur betreten und dabei ruhig und hellwach werden

Zeit:	5 bis 10 Minuten
Material:	–
Vorsicht:	Für Menschen mit Wahrnehmungsschwierigkeiten oder Beeinträchtigungen einzelner Sinnesorgane kann die Übung individuell angepasst werden.
Natur:	Besonders gut funktioniert diese Methode im Freien an Orten, die vielfältige Sinneseindrücke bieten. Sie ist aber auch in geschlossenen Räumen anwendbar.
Konstellation:	Einzel-/Paar-/Gruppenberatung und Selbst-Coaching

Anlass

Immer wenn wir uns bzw. wenn sich unsere Klientinnen von negativen und schädlichen Gedanken oder Emotionen beherrscht fühlen, kann der Bau einer *Sinnespyramide* entlastend wirken. Hierfür sind Situationen wie Lampenfieber und Prüfungsangst typische Anwendungsbeispiele. Die Übung hilft dabei, den Kopf klarzubekommen und die Wahrnehmung auf das zu richten, was wirklich konkret vorhanden ist. So schaffen wir eine Basis, von der aus das jeweilige Potenzial optimal abgerufen werden kann. Auch in Fällen von Unkonzentriertheit, Nervosität und Schlaflosigkeit wirkt die Fokussierung auf das mit den fünf Sinnen Wahrnehmbare beruhigend.

Vorbemerkung

Die Methode kann entweder zu Beginn eines Beratungstermins verwendet werden oder wenn es darum geht, einen gedanklichen

Neuanfang bzw. Perspektivenwechsel vorzubereiten. Sie lässt sich besonders gut im Stehen durchführen. Das ist aber keine notwendige Voraussetzung. Der Bau einer *Sinnespyramide* ist in allen Lagen und Situationen möglich, die es uns erlauben, für ein paar Minuten den Strom von Aktionen und Reaktionen zu Gunsten einer rein beobachtenden Position zu verlassen. (Siehe hierzu auch den Abschnitt »Varianten und Einsatzmöglichkeiten«.)

Damit eine Klientin in akuten Situationen als Selbsthilfemaßnahme auf den Bau einer *Sinnespyramide* zurückgreifen kann, sollte sie die Technik zunächst einige Male in stressfreien Momenten geübt haben. So erhält sie die Gelegenheit, die einzelnen Schritte ganz korrekt auszuführen und erlebt deren beruhigende und kräftigende Wirkung. Zu gegebener Zeit, wenn sie sich gestresst fühlt oder sich für eine Herausforderung fit machen will, weiß sie dann genau, was sie zu tun hat.

Anleitung

Wir leiten unsere Klientin an, sich nach und nach auf das zu konzentrieren, was sie gerade (1) schmeckt, (2) spürt, (3) riecht, (4) hört und (5) sieht. Zu jedem der Sinne werden dann Wahrnehmungen gesammelt, und zwar eine fürs Schmecken, zwei fürs Spüren, drei fürs Riechen, vier fürs Hören und fünf für das, was wir sehen.

1. **Erklären** – Entweder wir beginnen die Methode direkt mit dem zweiten Schritt oder wir erklären unserer Klientin zunächst, was wir vorhaben: »Mit dieser Übung werden Wahrnehmungen des Augenblicks gesammelt. Das sind die »Bausteine« für eine *Sinnespyramide*, die wir bauen werden. Da diese im weiten Raum unserer Vorstellungskraft Gestalt annehmen soll, wird mit der Spitze der Pyramide begonnen. Stück für Stück kommen wir dann bis zu ihrer Basis.«
2. **Einen guten Stand finden** – Zunächst bitten wir unsere Klientin, eine aufrechte und gleichzeitig entspannte Haltung einzunehmen. Es ist auch ratsam, die Position noch einmal zu kontrollieren und gegebenenfalls zu korrigieren, bis ein sicherer und

stabiler Stand gefunden ist. Manchmal sind es nur ganz kleine und feine Veränderungen, die einen großen Unterschied für die Stabilität und das Wohlgefühl ausmachen. Stehen wir fest mit beiden Füßen auf dem Boden? Sind unser Becken, unsere Schultern und unser Kopf in einer angenehmen Haltung? – Dann kann es losgehen.

3. **Schmecken** – Zu Beginn der eigentlichen Übung bitten wir unsere Klientin, die Aufmerksamkeit zu ihrer Zunge und in ihren Mundraum zu lenken. Ihre Aufgabe ist es herauszufinden, was sie gerade schmeckt. Das ist manchmal gar nicht so einfach. Hilfreich kann es sein, durch leicht geöffnete Lippen einen stärkeren Luftstrom einzuatmen und über die Zunge gleiten zu lassen. Einen Geschmack, den die Klientin benennen kann, verwenden wir als Spitze der *Sinnespyramide*.
4. **Fühlen** – Nun wird die Aufmerksamkeit der Klientin auf das Fühlen gelenkt. Beim Fühlen liegt der Fokus oft bei den Rezeptoren der oberen Hautschicht. Für dieser Übung ist es darüber hinaus auch spannend, einmal in den Körper hineinzufühlen. Vielleicht ist da ein Blubbern im Bauch, angespannte Schultern, eine unterschiedliche Verteilung des Gewichts zwischen linkem und rechtem Fuß spürbar. Die zwei deutlichsten Wahrnehmungen nehmen wir in der Pyramide als zweitoberste Ebene auf.
5. **Riechen** – Jetzt richten wir die Aufmerksamkeit auf den Geruchssinn. Möglicherweise ist es hilfreich, die Augen zu schließen und die Position der Nase ein bisschen zu verändern. Hierbei ist es sehr interessant, zwischen den Gerüchen zu unterscheiden, die von einem selber ausgehen, z. B. der Geruch von einem Duft, den sich unsere Klientin zu Hause aufgetragen hat, und den Gerüchen aus der Natur, wie z. B. der leicht modrige Geruch des Bodens, das intensiv duftende Mädesüß oder auch dem Geruch von Harz an einem Baumstamm. Gelingt es unserer Klientin, drei Gerüche zu unterscheiden?
6. **Hören** – als Nächstes werden die Ohren gespitzt. Dieser Punkt bietet meistens viele Überraschungen, da unser Gehirn, besonders wenn wir im Gespräch sind, so viele Geräusche gekonnt ausblendet. Unsere Klientin sammelt nun also vier unterschied-

liche Geräusche für die *Sinnespyramide*. Es können intensive Wahrnehmungen wie das Tosen des Baches sein, aber auch ganz zarte wie das Knistern eines Herbstblattes oder das leise Kratzen eines Vogels, der im Gebüsch mit den Krallen nach Nahrung sucht.

7. **Sehen** – Für die Basis der *Sinnespyramide* leiten wir unsere Klientin an, den Blick schweifen zu lassen und fünf Punkte auszuwählen, die sie sieht. Diese Aufgabe ist für die meisten Klienten am leichtesten zu erfüllen. Wir haben die Möglichkeit, entweder fünf x-beliebige visuelle Wahrnehmungen aufzunehmen, oder wir fordern die Klientin auf, sich erst einmal in Ruhe umzuschauen und dann mit Bedacht ihre Wahl zu treffen. Vielleicht wollen wir ihren Blick abwechselnd in die Ferne und dann wieder auf ganz kleine Details lenken.
8. **Vielfalt würdigen** – Insgesamt hat unsere Klientin jetzt ganz bewusst 15 Wahrnehmungen aus dem unendlich reichen Wimmeln und Tosen ringsherum herausgepickt und für einen kurzen Augenblick einzeln gewürdigt. Die Aufmerksamkeit wurde ganz bewusst neugierig und fokussiert in unterschiedliche Richtungen gelenkt. Gelegentlich galt es, sich noch etwas genauer auszurichten, um genügend Eindrücke herauszufiltern. So war es möglich, Einzelheiten, vielleicht sogar Schätze, zu entdecken und festhalten, die ohne diese Übung vermutlich überhaupt nicht wahrgenommen worden wären. Diese Gedanken besprechen wir mit unserer Klientin. Dabei bitten wir sie zu berichten, ob sie vielleicht während der Übung eine Überraschung erlebt hat und welchen Unterschied sie in ihrer allgemeinen Wachheit und Offenheit für Naturwahrnehmungen nach der Übung im Vergleich zu vor der Übung erlebt.

Wie es wirkt und warum es hilft

Wir haben uns etwas Gutes getan, indem wir unsere Aufmerksamkeit ganz gezielt, nach einem sehr klaren Muster, nach und nach auf all unsere Sinneskanäle gelenkt haben. Der Verstand hatte eine Auszeit und wir sind bewusst im Hier und Jetzt angekommen.

Wenn es uns gelingt, uns selbst mit dem Bau einer *Sinnespyramide* für ein paar Augenblicke aus all dem, was an uns zerrt oder was uns bedrückt, herauszunehmen, dann haben wir die Chance, neue Aspekte unserer Umgebung wahrzunehmen. Wir bereiten so den Boden für neue Ideen und erweitern unseren inneren und dann auch äußeren Handlungsspielraum.

Unsere Sicht der Dinge wird differenzierter. Gleichzeitig nimmt unsere Unzufriedenheit ab. Wir fühlen uns zumindest für die Minuten, in denen wir die Übung machen, nicht mehr als Opfer oder jemand, der einfach nur funktionieren muss. Wir schaffen den Boden für die Erkenntnis, dass wir – jede(r) Einzelne von uns – einmalige Menschen mit je eigenen Wahrnehmungen, Gefühlen und individuellen Gedanken sind.

Natur und Bewegung

Um erfolgreich eine *Sinnespyramide* bauen zu können, ist es nicht zwingend erforderlich, dass man sich in der Natur aufhält. Es lohnt sich sogar bisweilen, die Übung genau an den Orten durchzuführen, an denen man sich zwar unzufrieden und gestresst fühlt, die man aber nicht ohne weiteres verlassen kann. Das können belastende familiäre oder häusliche Zusammenhänge sein. Stress und Ängste im Arbeitsumfeld, im Stau oder in der Warteschlange an der Kasse sind ebenfalls potenzielle Einsatzgebiete.

Wenn wir uns aber in der Natur aufhalten, sei es einfach nur, um eine gute Zeit zu verbringen, um uns zu erholen oder um Abstand zu einer Belastung zu finden und bewusst nach Klarheit, neuen Gedanken und Lösungen zu suchen, dann ist der Bau einer *Sinnespyramide* aus zwei Gründen besonders lohnenswert:

1. **Die »Nahrung«, die die Natur für unsere Sinne bereithält, ist unendlich vielfältig:** Indem wir für ein paar Minuten bewusst darauf achten, was wir mit unseren fünf Sinnen wahrnehmen bzw. zu uns nehmen, schärfen wir unsere Aufmerksamkeit. Die Natur wird so für uns »tiefer« und facettenreicher. Wir strecken unsere Fühler in alle Richtungen aus und durchstöbern mit ihnen die Landschaft, die uns umgibt. Dabei machen wir Entdeckungen, die der normalen

Spaziergängerin, womöglich gefangen in ihrem Gedankenkarussell, verborgen bleiben.

2. **Bewusst ankommen, innehalten, sich nach innen und außen öffnen:** Die Natur betritt man üblicherweise nicht wie einen Raum, ein Wohnzimmer, ein Büro, ein Restaurant, ein Kino oder ein Zugabteil. All diese Räume haben deutliche Grenzen und sind mit mehr oder weniger spezifischen Funktionen und Erwartungen verbunden. Wir betreten und verlassen diese Räume routiniert, wir kennen uns in ihnen aus und wir bemühen uns, in ihnen erwartungskonform zu funktionieren. Ganz anders verhält es sich mit der Natur. Ihre Grenzen sind fließend, sie hat keine Tür und keinen Pförtner. Ihre Funktionen und Funktionsweisen sind äußerst schwer zu fassen, die meisten von uns kennen sich hier nicht besonders gut aus, die Erwartungen (welche Erwartungen? Unsere eigenen, die unserer Mitmenschen, die der Natur selbst?), die hier zusammenfließen, lassen sich nicht in einfachen Zielvorgaben einfangen. Indem wir als Übergang von unseren Alltagsräumen und Alltagsrhythmen hinein in den Raum und den Rhythmus der Natur eine *Sinnespyramide* bauen, öffnen wir uns unsere eigene Tür. Durch diese Tür gelangen wir besonders komfortabel und vor allen Dingen besonders tief hinein in den Reichtum, den uns die Natur bietet. Man könnte auch sagen: Wir öffnen Türen, durch die wir die Natur in uns einlassen. Damit gelangen wir auch näher an die Reichtümer, die in uns selbst liegen: unsere Erinnerungen, unsere Werte, unsere Erkenntnisfähigkeit und unser Selbstwertgefühl.

Und was ist mit der Bewegung? – Speziell zum Kennenlernen der Übung ist es von Vorteil, wenn man sie, wie in der Anleitung beschrieben, ausgehend von einem stabilen, bequemen Stand ausführt. Die Körperhaltung des bewussten Stehens stellt einen deutlichen Kontrast zum alltäglichen Sitzen und Gehen dar. Wenn wir uns aus dem Sitzen aufrichten und hinstellen, um uns auf die Übung zu konzentrieren, dann signalisieren wir uns selbst: »Jetzt geht‘s los. Jetzt mache ich mal etwas anderes.« Vergleichbares gilt, wenn wir einen Spaziergang unterbrechen. Die Nachricht an uns selbst lautet dann

z. B.: »Halt! Jetzt nehme ich mal das Tempo raus. Jetzt mache ich mal etwas anderes. Jetzt nehme ich bewusst wahr, wo ich bin.«

Sobald wir geübt darin sind, *Sinnespyramiden* zu bauen, können wir dies auch hervorragend im Gehen, Sitzen oder Liegen machen. Die Wahrnehmungen, die wir allerdings im Gehen machen, werden sich von denen im Stehen bisweilen unterscheiden. So macht es beispielsweise einen Unterschied, ob unsere Schritte zu hören sind oder nicht, während wir unsere Ohren spitzen und die Umgebung nach Geräuschen abtasten. Für die Qualität der Übung ist dieser Unterschied aber kaum relevant.

Varianten und Einsatzmöglichkeiten

Mit dem Bau einer *Sinnespyramide* kann man auch gemeinsam, also im direkten Austausch miteinander, geradezu spielerisch in die Natur eintauchen. Dabei ist es lediglich nötig, dass ein Gruppenmitglied mit der Methode vertraut ist und die anderen anzuleiten vermag. Alle gehen dann die fünf Sinne durch und berichten, was sie wahrnehmen. So entsteht leicht ein positiver Wettbewerb, bei dem es darum geht, möglichst feine Wahrnehmungen zu machen und die Wahrnehmungen der anderen zu teilen. Man nimmt dann nicht nur die Natur, sondern auch seine Mitmenschen intensiver wahr. Es liegt auf der Hand, dass gerade gemeinsam mit Kindern auf diese Weise sowohl ein Zugang zu Gesprächen über Sinneswahrnehmungen als auch über Beobachtungen in der Natur gefunden werden kann.

Fallbeispiel

Da wir bis hierher schon anhand einiger Beispiele erwähnt haben, wie diese Methode im Alltag angewendet werden kann, schildern wir im Folgenden ein etwas ungewöhnliches Fallbeispiel aus dem Bereich des Selbst-Coachings:

Frau P. hat bei der Beratung in freier Natur bereits die Sinnespyramide kennengelernt. Sie hat auch schon im Alltag gute Erfahrungen mit der Übung gemacht. In einem Beratungsgespräch erzählt Frau P. von einem Erlebnis mit ihrer Mutter:

Frau P. spaziert mit ihrer Mutter durch den Wald. Seit einer Weile beklagt diese sich fortwährend über die Nachbarin. Ihr passt es nicht, dass diese sonntags die Fenster putzt und die Mülltonne immer schon am Mittag des Vortags an die Straße stellt und so weiter.

Frau P. fühlt sich etwas hilflos, weil ihre Mutter ihr schon so oft etwas über dieses Thema erzählt hat und es in der kostbaren Mutter-Tochter-Zeit so viel Raum einnimmt. Plötzlich fällt Frau P. die *Sinnespyramide* ein, die sie schon ein paar Mal für sich allein gebaut hat. Sie spürt, wie ihre Füße gleichmäßig und kräftig den Boden berühren und richtet sich im Gehen noch etwas mehr auf. Sie macht die folgenden Sinneswahrnehmungen:

3 × Riechen:
- den feuchten, leicht modrigen Waldboden
- einen Hauch des Parfüms ihrer Mutter
- den Geruch der Fichtennadeln

4 × Hören:
- die Worte ihrer Mutter
- das Zwitschern einiger Vögeln
- ihrer beider Schritte auf dem Waldweg
- das Rascheln ihrer Jacke

5 × Sehen:
- die Wolken am Himmel
- den Wechsel zwischen Schatten und Licht
- das satte Grün der Bäume
- ein paar Fliegen beim Frühstück
- ihren vernebelten Atem

Nach dieser Übung fühlt sich Frau P. erfrischt und befreit. Sie spürt, dass sie jetzt im Stande ist, das Gespräch mit ihrer Mutter aktiv in eine neue Richtung zu lenken.

»Mama, du erzählst jetzt schon ein Weilchen über Frau K. Irgendwie fühlt sich das für mich nicht so richtig an. Ich habe das

Bedürfnis, noch etwas mehr über dich zu erfahren. Hast du vielleicht Lust, mir etwas über eure Urlaubspläne zu erzählen? Eure Mallorca-Reise klingt so spannend.«

3.3 Wolkenbilder

Aus der Sackgasse kommen und neue Lösungswege erkennen

Zeit:	10–20 Minuten
Material:	–
Vorsicht:	–
Natur:	Es sollten einzelne Wolken am Himmel zu sehen sein.
Konstellation:	Vorrangig Einzelberatung und Selbst-Coaching

Anlass

In unserem Beratungsalltag kann Folgendes immer wieder mal vorkommen: Gewisse Gespräche drehen sich im Kreis. Unsere Klientin »eiert« um ein Thema herum. Es will uns einfach nicht gelingen, den Anfang eines konstruktiven Gesprächsfadens zu packen. Die Methode *Wolkenbilder* unterstützt uns ganz wunderbar dabei, die aktuelle Herausforderung, das aktuelle Schmerzthema, die versteckte Sehnsucht unserer Klientin zu enthüllen bzw. aus einer neuen Perspektive zu betrachten.

Manchmal sehen wir »auf der Erde« einfach keine Lösung für unsere Probleme. Was wir brauchen, um Ideen entwickeln zu können, ist Abstand und ein neuer Blickwinkel. Da hilft es, wenn wir uns aus unserem Klein-Klein herauszoomen, den Kopf heben und »im Himmel« nach Inspiration suchen. In scheinbar festgefahrenen Konstellationen haben wir zwar oft das Gefühl, offen und kreativ in allen nur erdenklichen Richtungen nach Veränderungs- und Verbesserungsmöglichkeiten zu forschen. In Wirklichkeit kreisen wir aber doch nur auf uns vertrauten Denkbahnen. Mit dieser Methode gelingt es, unerkannte Aspekte und Zusammenhänge zu einem Problem oder einer scheinbar ausweglosen Lage zu sehen.

Vorbemerkung

Da die *Wolkenbilder*-Methode optimale Wetterbedingungen und einen freien Blick auf den Himmel verlangt, setzen wir sie meistens spontan ein. Am Himmel sollten einzelne Wolken zu sehen sein, die gerne durch einen kräftigen Wind bewegt und verändert werden. Darüber hinaus ist es von Nutzen, wenn die Beraterin schon einiges über die aktuelle Situation und die Fragestellung der Klientin weiß. Treffen diese Bedingungen zu, dann verfügen wir mit den *Wolkenbildern* über ein flexibles Werkzeug, mit dem wir unserer Klientin dabei helfen, ihren Horizont zu weiten und die Dinge mit neuen Augen zu sehen.

Bei sehr rational und analytisch denkenden Klientinnen sollten wir speziell darauf achten, dass wir die Methode (erst) dann einsetzen, wenn sie offen dafür sind, sich auf neue Einsichten einzulassen. Dazu ist ein gutes Beraterin-Klientinnen-Vertrauen ebenso wichtig wie ein gewisser Ermüdungsgrad (auf der Seite der Klientin) beim Schildern der immer gleichen Ausweglosigkeiten.

Anleitung

1. **Ausgangssituation** – Das Gespräch mit unserer Klientin dreht sich im Kreis. Die Klientin zeigt sich frustriert und/oder verzagt. Fragen und Hinweise der Beraterin werden mit »Ja, aber ...« und ähnlichen Blockadestrategien regelmäßig ausgebremst.
2. **Den Blick in den Himmel richten und abheben** – Wir fordern unsere Klientin auf, den Kopf in den Nacken zu legen und den Blick in den Himmel zu richten. Nun bitten wir sie zu beschreiben, was sie sieht. Die Aufmerksamkeit lenken wir bei Bedarf speziell auf die Wolken. Wir animieren die Klientin zu schildern, wie diese auf sie wirken, was sie bei ihrer Betrachtung empfindet und ob ihr eine bestimmte Wolke besonders auffällt.
3. **Eine Verbindung zum Problemfeld herstellen** – Dann fordern wir unsere Klientin auf, eine Wolke bzw. eine Wolkenformation zu finden, die für ihr Problem oder auch für ihre persönliche Rolle in der jeweiligen Problemsituation steht.

4. **Analogien herstellen** – Nun ermuntern wir unsere Klientin, Analogien zwischen ihrer Situation und den Wolkenbildern zu entwickeln. Dabei lenken wir ihre Aufmerksamkeit, wenn es uns hilfreich erscheint, auch auf die Bewegungen und Veränderungen der Wolken. Mögliche Fragen hierfür sind:
   »Warum haben Sie ausgerechnet diese Wolke ausgewählt?«
   »Wie passen die anderen Wolken zu Ihrer Situation?«
   »Welche Wolke bereitet Ihnen Sorgen?«
5. **Sehnsucht wahrnehmen** – Wir lenken dann das Gespräch in Richtung der tiefen Bedürfnisse und Sehnsüchte unserer Klientin. Dabei bleiben wir weiterhin »in den Wolken«. Mögliche Fragen sind:
   »Wenn Sie zaubern könnten, welche Wolke sollte dann für Sie bzw. für Ihre aktuelle Situation stehen?«
   »In welche Richtung sollte »Ihre Wolke« ziehen, damit Ihnen ein großer Wunsch in Erfüllung geht?«
6. **Zurück auf den Boden kommen** – Jetzt gilt es, unsere Klientin dabei zu unterstützen, das in den Wolken gefundene Gefühl (oft handelt es sich hierbei um Zuversicht/Mut, Leichtigkeit oder Dankbarkeit) auf die Erde zu bringen. Wir nutzen dafür das Vokabular und die geäußerten Sehnsüchte, die die Klientin im Zusammenhang mit den Wolken verwendet bzw. genannt hat, und entwickeln gemeinsam mit ihr neue Sichtweisen ihrer realen Situation und Handlungsoptionen, die ihr dabei helfen, ihr Problem zu lösen.

Wie es wirkt und warum es hilft

Indem wir den Blick nach oben richten und die Wolken betrachten, nehmen wir eine Perspektive ein, die für unseren Alltag ungewöhnlich ist. Wolken anschauen und Träumen, das lässt uns an Ferientage und sonnige Kindheitsphantasien denken. Auf diese Weise lösen wir uns ganz nebenbei vom Ballast und den Sorgen, die uns eben noch bedrückt haben, und wir gewinnen unversehens Leichtigkeit und Freiheit des Denkens. Wenn wir nun damit beginnen, Analogien zu unseren Problemfeldern in den Wolkenbildern zu entdecken, dann betrachten wir uns und unsere Umwelt wie aus großer Höhe.

Es ist dann zwar nicht gleich so, wie Reinhard Mey singt, nämlich, dass »was uns groß und wichtig erscheint, plötzlich nichtig und klein [wird]«, die Relationen verschieben sich aber doch dahingehend, dass die Dinge für den Augenblick ein wenig ihrer Bedrohlichkeit und Bedeutsamkeit verlieren. Es ist dann so, als blickten wir auf die Verästelungen unserer Sorgen wie auf eine Spielzeuglandschaft. Diese Perspektive und die bereits erwähnte Leichtigkeit des Denkens bieten uns unter anderem die drei folgenden Möglichkeiten:

1. Wir erkennen den größeren Kontext, in dem unser Problem eingebettet ist.
2. Wir entdecken verborgene Zusammenhänge innerhalb unseres Problembereichs.
3. Wir haben die Chance, probeweise Veränderungen vorzunehmen bzw. uns Veränderungen vorzustellen.

Die Souveränität, die wir »in den Wolken« erleben, gilt es dann behutsam auf die Erde und in die Wirklichkeit zu bringen. Das gelingt besonders gut, wenn ein aufmerksamer und respektvoller Begleiter, der Zeuge unserer Höhenflüge war, uns dabei hilft, die Erlebnisse und Erkenntnisse, die wir beim Betrachten der Wolken gemacht haben, ernst zu nehmen und wenn möglich unmittelbar in konkrete Veränderungspläne oder Handlungsschritte zu übersetzen.

Natur und Bewegung

Am Himmel ziehende Wolken sind ein Naturphänomen, das vermutlich schon immer die Aufmerksamkeit des Menschen angezogen hat. Je nach Form und Farbe sind Wolken Boten für gutes oder schlechtes Wetter. Sie zeigen dem kundigen Betrachter an, ob es in den kommenden Stunden Regen oder sogar Unwetter geben wird. Wolken werden aber auch mit Freiheit und Leichtigkeit verbunden. Sie stellen einen Ort der Sehnsucht und der Träume dar, denn sie stehen unbeirrbar hoch über all dem, was uns am Erdboden in Atem hält. Sie stellen einen Teil der uns umgebenden Natur dar, den wir nicht anfassen, verschieben oder verändern können. Sie bilden immer neue Formen und treten in immer neuen Konstellationen auf. Damit fühlt sich so mancher inspiriert, Botschaften und übernatürliche Kräfte in ihnen zu lesen. So bietet der Zauber, der von Wolkenbildern und Wolkenbewegungen auf die menschliche Wahrnehmung ausgeht, eine sehr günstige Anregung, das eigene Leben bzw. persönliche Herausforderungen zu reflektieren und neu zu bewerten.

Und was ist mit der Bewegung? – Um Wolkenbilder zu betrachten, sollten wir möglichst einen nach allen Richtungen freien Blick in den Himmel haben. Das setzt in den meisten Fällen voraus, dass wir uns hinaus in die Natur bewegen. Am Bequemsten beobachtet man natürlich die Wolken, wenn man auf dem Rücken im Gras oder am Sandstrand liegt. Diese Möglichkeit ist für die meisten Beratungssituationen allerdings nicht gegeben. Auch im Stehen lassen sich Wolken gut betrachten. Dann kann man sich leicht um die eigene Achse drehen und sich zwischendurch immer wieder dem Gesprächspartner oder der Landschaft ringsum zuwenden.

Es wäre grundsätzlich möglich, die *Wolkenbilder*-Methode mit Fotos oder Videoaufnahmen durchzuführen. In diesem Fall würden aber Wahrnehmungen fehlen, die unserer Meinung nach für die Eindrücklichkeit und den Erfolg der Methode sehr wichtig sind. Zum Gesamteindruck der Wolkenbilder gehört die Landschaft, über die sie hinwegziehen, ebenso wie Wind und Sonnenstrahlen, die wir auf der Haut spüren. Aus diesem Grund sind Spaziergänge und Wanderungen der optimale Rahmen für diese Methode.

Varianten und Einsatzmöglichkeiten

Diese Methode bietet mannigfaltiges Potenzial für weiterführende Gespräche.

1. Gespräche über Gefühle

   Oft verbieten sich Menschen aus Angst vor Kontrollverlust, Überforderung oder Scham einen gesunden Umgang mit ihren Gefühlen. In solchen Fällen ist es von Nutzen, das Thema Gefühle erst einmal in den Himmel und in die Wolkenbilder zu verlagern. Wir bitten dann unsere Klientin z. B., eine Wolke auszumachen, die für die Empfindung steht, die sie in dem Moment hat, wenn die problematische Situation auftritt. Über das Bild der Wolke, also in sicherem Abstand zum eigenen Körper, lassen wir unsere Klientin dann nach und nach beschreiben, wie sich dieses Gefühl zeigt und welche Qualität es hat.

Oft erkennen und thematisieren wir auf diese Weise noch weitere Gefühle, dort oben in den Wolken, bevor wir dann die Aufmerksamkeit in den Körper der Klientin lenken und sie die Gefühle in sich wieder entdecken und akzeptieren lassen.

2. Zirkuläre Fragen

   Mit zirkulären Fragen regen wir unsere Klientin an, »um die Ecke zu denken«. Zum Beispiel bitten wir sie, den Konflikt mit ihrer Arbeitskollegin nicht aus der eigenen Perspektive zu beschreiben, sondern zu hypothetisieren und einen anderen Blickwinkel einzunehmen: »Wie würde ihre Chefin den Konflikt zwischen Ihnen und Ihrer Arbeitskollegin beschreiben?«

   Nun sind wir aber in freier Natur und haben die Möglichkeit, Wolkenbilder zu integrieren. So könnten wir zunächst Folgendes fragen: »Stellen sie sich einmal ein grünes Wesen vor, das dort oben auf der Wolke sitzt. Es ist sehr feinfühlig und beobachtet den Konflikt zwischen Ihnen und Ihrer Kollegin. Wie würde es die Dramaturgie Ihrer Differenzen beschreiben?«

   Dieser sehr phantasievolle Perspektivwechsel schafft eine große Distanz. Die Dinge können nüchterner oder sogar mit Humor betrachtet werden. So geraten ganz neue, mutige und bisweilen unkonventionelle Lösungen ins Blickfeld.

3. Wunderfrage

   Auch die Wunderfrage ist ein Werkzeug aus den zirkulären Fragetechniken. Hierbei erfragen wir, wie die Situation wäre, wenn alles ideal wäre. In Kombination mit den Wolkenbildern eröffnen sich ganz neue Möglichkeiten für die die Wunderfrage. Wie wäre es z.B. mit: »Angenommen Sie und Ihre Kollegin wären mit dem Büro dort oben auf der Wolke und die Arbeitsbedingungen wären so wundervoll, wie sie besser nicht sein könnten. Wie sähe dann Ihr Tag aus?« Diese Perspektive gibt unserer Klientin oft den nötigen Stupser, wieder ins lösungsorientierte Denken zu kommen.

4. Veränderungen
   Dies kann während des laufenden Gesprächs geschehen. Wir bitten zunächst unsere Klientin, eine Wolke zu finden, die beispielsweise ihre aktuelle Problematik widerspiegelt. Gerne lassen wir sie auch beschreiben, warum gerade diese Wolke ein guter Repräsentant ist. Dann gehen wir weiter und führen unser Gespräch fort. Immer wieder beziehen wir die Wolke am Himmel mit ein, die langsam, aber beständig ihre Form verändert. So können wir auch unsere Klientin bitten, die Veränderung dort oben am Himmel mit ihrem eigenen Problemerleben abzugleichen.
   Wie Sie sehen, sind bei der Arbeit mit Wolkenbildern der Kreativität keine Grenzen gesetzt. Falls Ihnen diese Übung in den Sinn kommt, aber gerade keine Wolken da sind, können Sie sie natürlich auch in einer Art Phantasie-Reise anbieten.
   Wer einmal gute Erfahrung in Coaching oder Therapie mit den Wolkenbildern gemacht hat, dem stehen diese später immer wieder als Selbst-Coachingmethode zur Verfügung.

Fallbeispiel

Herr Schmidt und ich sind während der Beratung in freier Natur auf einem kleinen Feldweg unterwegs. Wir sprechen über die Unzufriedenheit, die der Klient in seiner Beschäftigung als Lehrer erlebt. Herr Schmidt liebt die Arbeit mit den Kindern. Er freut sich sehr, täglich mit ihnen sein zu dürfen und mitzuerleben, wie sie sich entfalten.

Was ihn an dieser Arbeit immer wieder an seine Grenzen bringt, sind die Schulstrukturen und die vielen Situationen, in denen er gern seinen Schülern »wirklich etwas lehrreiches, lebenspraktisches« mit auf den Weg geben möchte. Dies findet aber seinem Eindruck nach im strengen Leistungskonzept des Schulalltags kaum Platz. Die Gedanken des Klienten kreisen seit einiger Zeit nur um Dinge, für die es scheinbar keine Lösungen gibt. So befindet er sich inzwischen in einer deutlichen Negativspirale aus Frustration und Hilflosigkeit.

Während wir den Feldweg entlanggehen, bitte ich Herrn Schmidt, einmal seinen Blick zu heben und die Wolken zu betrachten, die langsam am blauen Himmel ziehen.

»Welche dieser Wolken erinnert Sie an Ihre aktuelle Herausforderung?«

Herr Schmidt zeigt auf die größte Wolke, die auch eine etwas dunklere Färbung hat.

»Was empfinden Sie, wenn Sie diese Wolke sehen?«

»Ach … die ist so mächtig und wirkt irgendwie bedrohlich. Die anderen Wolken sehen so friedlich und zart aus. Und die große da macht bestimmt jetzt gleich die ganzen kleinen Wolken platt oder so …«

»Was hat das mit Ihrer Herausforderung als Lehrer zu tun?«

»Tja … manchmal komme ich mir so vor, als wäre ich diese große Wolke, die sich so über die Schüler stürzt, obwohl ich das gar nicht will. Und dann fühle ich aber auch, dass meine Kolleginnen und ich die weißen kleinen Wolken sind und die große Wolke uns bedroht.«

»Wer ist denn dann die große Wolke?«

»Hmm, das System? Die Regeln, die für die Schulen gelten – das Bildungssystem? Die Regierung? Keine Ahnung … alle *da oben*, die so viel Druck ausüben …«

»O. k. Bleiben wir mal in dem Bild, dass Sie eine der kleinen Wolken sind. Was würde dieser Wolke, Ihrer Wolke, jetzt gerade guttun?«

»Wenn sie wüsste, wo sie überall Freiheiten hat, von denen sie vielleicht gerade noch gar nichts ahnt … Vielleicht auch, wenn sie sich mit den anderen Schäfchenwolken mal unterhalten würde und sie gemeinsam Lösungen finden …«

»Ja, und was hält sie davon ab, sich mit den anderen Schäfchenwolken zu unterhalten?«

Herr Schmidt schluckt, blickt nach unten auf seine Füße und schabt mit dem rechten Schuh ein paar Steine zusammen.

»Die Wolke hat Angst davor, sich unbeliebt zu machen. Bislang ist sie immer ganz gut ohne große Konflikte im Lehrerzimmer durchgekommen. Nicht richtig glücklich, aber eben auch ohne Streit.«

»Gibt es vielleicht eine Schäfchenwolke, mit der sie sich ein kritisches Gespräch ansatzweise vorstellen könnte?«

Herr Schmidt hebt seinen Blick wieder, guckt mich an.

»Oh ja! Da gibt es eine!«

Er macht eine Pause. Wir gehen weiter. Er blickt immer wieder zum Himmel.

»Es ist die Wolke, die direkt neben meiner kleinen Wolke ist.«

»Ist es ein Kollege?«

»Es ist mein Kollege, Herr Sommer. Er ist schon wesentlich älter als ich und geht in ein paar Jahren in Pension. Bei ihm fühle ich mich immer gut verstanden. Er fragt mich auch immer, wie es zu Hause ist, wie es den Kindern geht und so …«

»Gibt es etwas, was Sie Herrn Sommer sagen oder fragen möchten?«

»Ja: Ich möchte ihn fragen, ob er diesen Druck auch so spürt oder früher mal gespürt hat und wie er es geschafft hat, trotzdem so eine Frohnatur zu bleiben …«

»In welcher Situation wäre so ein Gespräch passend?«

»Wir haben immer donnerstags gleichzeitig eine Freistunde, da würde es richtig gut passen!!«

Herr Schmidts Augen leuchten. – In ihm macht sich Hoffnung breit.

3.4 Jahreszeiten

Akzeptanz, Geduld und Selbstvertrauen (zurück-)gewinnen

Zeit:	15–45 Minuten
Material:	–
Vorsicht:	–
Natur:	–
Konstellation:	Einzelberatung

Anlass

Sehr oft haben unsere Klienten das Gefühl, in einer Sackgasse zu stecken. Die Lage ist misslich, nichts läuft, wie es soll, es scheint weder vor noch zurück zu gehen. Mit der im Folgenden skizzierten *Jahreszeiten*-Methode unterstützen wir sie dabei, unveränderliches zu akzeptieren bzw. Geduld für Veränderung zu entwickeln. So werden Ressourcen frei für all jene Bereiche, in denen sie in der aktuellen Situation etwas bewirken können. Die *Jahreszeiten*-Methode hilft mit anderen Worten dabei, eine wertschätzende Akzeptanz der aktuellen Situation zu erlangen, wenn nötig die Erwartungshaltung auf ein gesundes Maß herunterzuschrauben und auch kleine Hinweise auf eine Weiterentwicklung bewusst zu registrieren und zu würdigen. Falls nötig, stärkt die Methode auch die nötige Geduld, längere Phasen von Stillstand oder Regression vertrauensvoll anzunehmen und sich im Rahmen der Möglichkeiten dennoch handlungsfähig zu fühlen bzw. sich der eigenen Resilienz bewusst zu sein.

Vorbemerkung

Der Jahreszeitenwechsel ist ein kontinuierlicher Prozess. Es mag zwar Tage geben, an denen wir ganz deutlich wahrnehmen, dass sich in der Natur etwas verändert, z. B. wenn im Vorfrühling die Sonne die Haut spürbar wärmt und der Garten zu explodieren beginnt, oder wenn im September auf einmal der Wind einen gewissen Biss hat und sich die Blätter an einigen Bäumen von einem Tag auf den anderen verfärben. Im Grunde findet Jahreszeitenwechsel aber das ganze Jahr über statt.

Schon als kleine Kinder erleben wir die Jahreszeiten sehr bewusst.

In der Regel bewerten wir sie dann noch als etwas ganz Natürliches, das Jahr Strukturierendes. Im Erwachsenenalter kommen uns Veränderungen, die sich auf unsere Leistungsfähigkeit auswirken und die scheinbar unsere Produktivität mindern, aber oft bedrohlich vor. Unsere Erfahrung als Berater und unser persönliches Erleben zeigen uns, wie wertvoll es auch in der heutigen Zeit ist, im Einklang mit den Jahreszeiten zu leben und dadurch mehr Harmonie in Körper, Seele und Geist zu empfinden.

Am Beispiel der Jahreszeitenwechsel unterstützen wir unsere Klienten dabei, wieder mehr Vertrauen ins Leben und in natürliche Entwicklungsprozesse zu gewinnen. Sie erkennen, dass Phasen der Veränderung zum Leben gehören, dass alles seine Zeit braucht, dass die aktuelle Phase (nach und nach) von der nächsten Phase abgelöst wird und dass es Energieverschwendung wäre, sich dagegen aufzulehnen.

Im Verlauf der Methode verwenden wir die folgenden gängigen Jahreszeiten-Assoziationen:

- Im **Frühling** brechen die Knospen auf. – Aufbruchstimmung, neue Ideen zeigen sich.
- Im **Sommer** wächst und blüht alles. – Das pralle Leben, Pläne werden in die Tat umgesetzt.
- Im **Herbst** ist Erntezeit. – Projektabschluss, die Früchte der Arbeit werden konsumiert.
- Im **Winter** kommt das aktive Leben zur Ruhe. – Innehalten, Zeit für Ruhe und innere Kontemplation.

Wenn wir mit der *Jahreszeiten*-Methode arbeiten, gehen wir von den Bildern und Empfindungen, also von der Lebenswirklichkeit des jeweiligen Klienten, aus. Wir achten darauf, dass wir Vorstellungen, die für uns selbstverständlich erscheinen, nicht übertragen bzw. dass wir die Vorstellungen des Klienten mit großer Wertschätzung zur Kenntnis nehmen.

Wir können diese Methode zu jeder Jahreszeit mit jedem Klienten durchführen, falls sie gerade inhaltlich passt. D. h. falls wir wahrnehmen, dass unser Klient gerade in einer Verfassung oder Stimmung ist, die nicht im Einklang mit seiner realen Lebenssituation steht. Es ist also egal, ob der Klient mit seiner Herausforderung im »Wintermodus« feststeckt und es draußen Sommer ist. Mit diesen Kontrasten können wir sogar wunderbar spielen und so das Bewusstsein dafür schärfen, dass die inneren ebenso wie die äußeren Jahreszeiten immer in Veränderung begriffen sind und dass auch unsere Mitmenschen oder sogar Prozesse ihre eigene innere Jahreszeit haben, die mit der unseren nicht synchron ticken muss.

Anleitung

1. **Einstimmung ins Thema »Jahreszeiten« –** Um einen guten Start in diese Methode zu finden, empfehlen wir, den Klienten einzuladen, zunächst einmal die Sinne durch die Umgebung schweifen zu lassen und Eindrücke zu sammeln und zu benennen, die für die aktuelle Jahreszeit stehen. Im Herbst wäre es zum Beispiel das raschelnde, leicht modrig riechende Laub auf der Erde, die immer kahler werdenden Laubbäume, die frischer werdende Temperatur, der kräftiger werdende Wind und das Zurückgehen des Vogelgezwitschers. Von hier ausgehend kann ein philosophierendes Gespräch über die Notwendigkeit der aktuellen Jahreszeit und natürlich auch über Jahreszeiten im Allgemeinen begonnen werden. Fragen können zum Beispiel sein:
   »Was passiert in Jahreszeit XY?«
   »Wozu lädt uns diese Jahreszeit ein?«
2. **Standort bestimmen –** Nun können wir einen Schritt weiter gehen und uns der aktuellen Befindlichkeit des Klienten zuwenden. Welche Herausforderung kommt ihm jetzt gerade als Erstes in den Sinn? Wir lassen ihn noch einmal die aktuelle Herausforderung beschreiben und bitten ihn dann, eine Jahreszeit zu wählen, die diese seiner Meinung nach am besten repräsentiert.
   Der Pool passender zirkulären Fragen ist riesig. Hier eine kleine Auswahl:
   »Wenn Sie zaubern könnten: Wie *welche* Jahreszeit sollte sich Ihre Lebenssituation anfühlen?«

»Was wäre dann anders?«
»Erinnern Sie sich an Momente im Leben, in denen es sich in einer ähnlichen Situation schon mal *so* angefühlt hat?«
»Gibt es vielleicht in der aktuellen Herausforderung bereits kleine Signale dafür, dass sich ein Wandel vollzieht?«
»Warum haben Sie genau diese Jahreszeit gewählt?«
»Was sind die Parallelen zwischen Ihrer Situation und der Jahreszeit, die Sie gewählt haben?«
»Wo gibt es Abweichungen?«
»Was könnte jetzt gerade die Einladung an Sie sein?«
»Wenn Sie ein Tier wären, das auf ganz natürliche Art im Einklang mit den Jahreszeiten lebt, welches Tier wären Sie dann?«
»Was würde Ihnen dieses Tier hier und jetzt für einen Tipp für den Umgang mit der Herausforderung mit auf den Weg geben?«

3. **Schlüsse ziehen –** Zum Schluss dieser Methode kommen wir mit der Aufmerksamkeit wieder zurück ins Hier und Jetzt. Wir fordern den Klienten auf, noch einmal ganz genau die Umgebung und die aktuelle Jahreszeit mit all seinen Sinnen wahrzunehmen. So bekommt er wieder einen etwas größeren inneren Abstand zu seiner Herausforderung. Jetzt ist es Zeit, den Verstand sinnvoll einzusetzen und das weitere Vorgehen in gut erreichbare Etappen einzuteilen bzw. auch mit einem möglichst friedlichen Gefühl anzuerkennen, dass es unter Umständen gerade nicht die Zeit ist, große Veränderungen anzustreben, sondern das Gebot eher lautet, erst einmal innerlich zur Ruhe zu kommen.

Wie es wirkt und warum es hilft

Am häufigsten kommen Klienten zu uns, die mit den Herausforderungen des »Wintermodus« nicht gut umgehen können. Sie fühlen sich in die Ecke getrieben oder wie auf einem Abstellgleis: »Egal, was ich auch probiere, ich finde einfach keine Lösung für dieses Problem. Es gelingt mir nicht, Fuß zu fassen. Ich vermisse meinen alten Schwung.« Das sind Äußerungen, die wir dann hören.

Auch der »Frühlingsmodus« hat seine Tücken: »Jetzt habe ich

schon so viel vorbereitet, und ich merke, es tut sich auch was, aber irgendwie fehlen mir die Erfolge. Oft bin ich einfach nur genervt, weil mir alles zu langsam geht.« So oder so ähnlich lauten die Klagen.

Im »Sommermodus« geht es unseren Klienten zwar irgendwie gut, sie genießen das Leben, es ist auch genug von allem da, und doch sind da bisweilen Ängste: »Wie lange kann das noch gut gehen? Bin ich wirklich auf dem richtigen Weg?« Klingt es manchmal nur ganz leise zwischen den Worten hindurch.

Im »Herbstmodus«, also zur Erntezeit, fehlt den Klienten häufig die Fähigkeit, mit all ihren Ressourcen, Erfolgen und Gaben sinnvoll umzugehen. Oft ist diese Phase auch eine Zeit, in der Schuldgefühle hochkommen: »Habe ich das alles wirklich verdient? War's das schon? Brauch ich das eigentlich alles? Das kann kein gutes Ende nehmen.« Das sind dann die Fragen und Zweifel.

Diese Unterscheidungen sind selbstverständlich sehr pauschalisiert. Es gibt ja z. B. auch Menschen, für die die Winterzeit die schönste Zeit des Jahres ist.

Wer sich der Jahreszeiten im Äußeren bewusst ist und sowohl die Herausforderungen als auch die Annehmlichkeiten kennt, die mit jeder einzelnen verbunden sind, kann diese Kenntnis auch nutzbringend auf seine eigenen inneren Jahreszeiten, sprich auf die Prozesse des eigenen Lebens, übertragen.

Die Jahreszeiten geben dem Leben einen Rhythmus, den jeder persönlich am eigenen Leib, aber auch durch kulturelle Prägung (Lieder, Bräuche, Feste ...) von Kindesbeinen an erlebt. Die Verbundenheit mit diesem Rhythmus sowie die Orientierung und Struktur, die wir durch ihn erhalten, geht uns bei unseren Alltagsanforderungen und in einer Welt von Heizungen, elektrischem Licht und rund ums Jahr voll gefüllten Gemüse- und Obstabteilungen im Supermarkt leicht abhanden.

Wenn Menschen heute an Karriere oder Persönlichkeitsentwicklung denken, gehen viele (ganz besonders die Erfolgsverwöhnten) davon aus, dass es sich hierbei um eine kontinuierlich steigende Entwicklungskurve handeln muss. Das führt unweigerlich zu Frust und Versagensgefühlen, da im Leben Entwicklung nicht ausschließlich steil nach oben verlaufen kann. Es gibt immer Aufs und Abs, Rückschläge, Wiederholungsschleifen oder eben auch Phasen, in denen es scheinbar nicht vorangeht. Anders gesagt: Entwicklung im Leben hat auch ihre Jahreszeiten. Sie durchläuft Frühlings-, Sommer-, Herbst- und Winterphasen.

Die Metapher der Jahreszeiten hilft uns dabei, Lebensumstände, die wir sonst als unangenehm, störend, bremsend oder auch hektisch, verwirrend oder überfordernd empfinden und bewerten, anzunehmen. Mehr noch: Nach und nach gelingt es uns, den Wert von Stillstand und sogar von Scheitern anzuerkennen. Damit verschwenden wir unsere Energie nicht, indem wir gegen Unveränderliches ankämpfen, sondern gewinnen vielmehr einen Blick für die Dinge und Tätigkeiten, die anzupacken gerade eine günstige Zeit ist.

Rückmeldungen unserer Klienten decken sich mit Erfahrungen, die wir selbst gemacht haben: Es tut gut, den Wechsel der Jahreszeiten wieder bewusster wahrzunehmen. Es ist ein bisschen so, als würde man nach langer Zeit wieder an einen Ort zurückkehren, an dem man früher einmal große Geborgenheit und Vertrauen erlebt hat. So wird das Nachdenken über die eigenen Werte und die wirklich wichtigen Dinge im Leben angeregt und Wertmaßstäbe zurechtgerückt. Dies führt unter anderem dazu, dass turbulente Zeiten mit mehr Gelassenheit und Zeiten der Fülle in gesunder Demut und Dankbarkeit erlebt werden.

Natur und Bewegung

Jede Jahreszeit kann als Sinnbild für die persönlichen Entwicklungsphasen von uns Menschen verstanden werden. Bieten wir unserem Klienten diesen Vergleich in geschlossenen Räumen an, kann er den Sinn dahinter vielleicht in der Theorie nachvollziehen, es ist aber etwas ganz anderes, dies auch wirklich draußen mit allen Sinnen zu erleben und tatsächlich als etwas ganz Normales, Natürliches zu beobachten. Naturmetaphern funktionieren eben ganz besonders gut, wenn wir sie unmittelbar mit tatsächlichem Naturerleben verbinden.

Und was ist mit der Bewegung? – Wenn wir diese Methode auf einem Spaziergang anwenden, haben wir den großen Vorteil, dass sich die Perspektiven kontinuierlich verändern und wir damit noch mehr große und kleine Details der Natur und des Wandels, der sich ringsumher vollzieht, wahrnehmen. Zum Beispiel sind an schattigeren Orten bestimmte Blüten noch in der Knospe, während sie sich an sonnigen Plätzchen schon entfaltet haben. Hier können wir sogar im Gespräch mit unseren Klienten noch einmal hervorheben, dass das unser menschlicher Vorteil ist: Wir sind nicht fest mit der Erde verwurzelt, das bedeutet, dass wir unseren Standpunkt – im wörtlichen, aber auch bildlichen Sinne – laufend verändern und korrigieren können.

Der Grund, aus dem wir diese Methode anwenden, ist meistens eine Unzufriedenheit seitens des Klienten, die sich aus einer Diskrepanz zwischen seinen Erwartungen und Bedürfnissen auf der einen Seite und der Wahrnehmung seiner Situation auf der anderen Seite ergibt. Dabei geht es sehr oft um die Themen Stillstand, Fortschritt, Entwicklungsgeschwindigkeit oder Ungewissheiten in der Ziel- und Prioritätensetzung. Mit anderen Worten: Es geht um die Intensität von Bewegungs- und Entwicklungsdynamiken sowie um Bewegungs- und Entwicklungsrichtungen. Es ist also naheliegend, dass eine Bearbeitung dieser Problemstellungen besonders wirkungsvoll geschehen kann, wenn sie durch körperliche Bewegung begleitet wird. So können wir innehalten, um den Stillstand, unter dem der Klient leidet, genauer zu betrachten oder um auszuprobieren, wie sich Ruhemomente in Phasen zu großer Hektik anfühlen. Wir können schnell voranschreiten, wenn das der Takt ist, in dem sich der Klient in seinem Alltag erlebt oder wenn wir gemeinsam mit ihm ausprobieren wollen, wie es sich anfühlt, einem Ziel entschlossen entgegenzugehen. Die Möglichkeiten, körperliches Innehalten und Voranschreiten als Unterstützung emotionaler und kognitiver Prozesse einzusetzen, sind vielfältig (s. hierzu auch Kapitel 2.1.2 und 2.1.3).

Varianten und Einsatzmöglichkeiten

Es bietet sich an, diese Methode mit Achtsamkeitsübungen (wie z. B. der *Sinnespyramide* Kapitel 3.2 oder der *Baum-Atmung Kapitel* 3.7) zu verknüpfen. Speziell zu Beginn und als Abschluss der Methode ist eine Schärfung der Sinne und ein intensiviertes Naturerleben sinnvoll. Als Einleitung führen wir den Klienten in die Natur. Er empfindet sie dann nicht nur hautnah, sondern er nimmt aus ihr heraus auch eine neue Perspektive auf seine aktuelle Lebenslage und das Anliegen, das ihn in die Beratung geführt hat, ein. Als Abschluss unterstützt eine Achtsamkeitsübung die Festigung der zuvor gesammelten Eindrücke und Ideen.

Eine interessante Variation der *Jahreszeiten*-Methode ist es, sie als Reise durch die Jahreszeiten einzusetzen. Dazu markieren wir mit hilfe von Naturmaterialien einen Kreis mit einem Radius von etwa 3–5 Metern, diesen vierteln wir, sodass wir jeweils einen Punkt für den Beginn bzw. einen Bereich für den Verlauf der vier Jahreszeit haben. Nun laden wir unseren Klienten ein, in den Bereich der Jahreszeit zu gehen, die aktuell am ehesten zu seiner Herausforderung bzw. zu seinem aktuellen Lebensgefühl passt. Wir bitten ihn zu berichten, wie es ihm in dieser Jahreszeit geht. So kommen wir ins Gespräch z. B. über seine Gefühle und Bedürfnisse. Im weiteren Verlauf können wir ihn dann einladen, durch die anderen Jahreszeiten zu schreiten. Auf diese Weise lassen sich Pläne und Ziele ebenso besprechen wie Ängste und Unsicherheiten bezüglich der Zukunft. Wir können den Klienten spontan Jahreszeiten, sprich Entwicklungsphasen, miteinander vergleichen lassen und ihn dabei unterstützen, herauszufinden, welche Prioritäten er aktuell setzen möchte und welches Tempo im Augenblick für ihn angemessen ist.

Fallbeispiel

Sandra ist eine junge Frau, die schon sehr viel in ihrem Leben leisten musste. Sie kommt aus einer Familie, in der »weltlicher Erfolg« (das sind ihre Worte) sehr hoch angesehen ist. Schon in der frühesten Kindheit gewann sie viele Wettbewerbe beim Eiskunstlaufen. Das Abitur bestand sie mit Bestnoten. Nun, da sie fürs Studium aus ihrem Elternhaus weggezogen ist, merkt sie auf einmal, wie erschöpft sie ist. In vielen Situationen fällt es ihr schwer, sich zum Lernen zu motivieren.

Eigentlich kommt sie in die Beratung in freier Natur, weil sie sich wünscht, wieder mehr Energie fürs Studium zu haben. Nach und nach stellt sich aber heraus, dass ihr Bedürfnis ein ganz anderes ist. Im Vergleich zu ihren Kommilitonen spürt sie, dass sie sich oft in sozialer Interaktion gehemmt fühlt. Sie wünscht sich sehr, mit dazuzugehören, leicht und freudig Freunde zu finden und mit ihnen die Freizeit zu genießen.

Wir gehen durch einen Herbstwald mit bunten Blättern. Es nieselt ein bisschen, der Himmel ist wolkenverhangen. Ich spreche darüber, dass dieser Wald ja ständig unterschiedliche Jahreszeiten erlebt, dass er immer im Wechsel ist. Herbst – Winter – Frühling – Sommer – Herbst – …

»Wenn dein Gefühl, deine Sehnsucht nach einem ausgelassenen Miteinander mit deinen Kommilitonen, eine Jahreszeit wäre – welche würdest du aussuchen?«

»Ganz bestimmt den Winter!«

»O.k., magst du mir erklären warum?«

»Es fühlt sich so distanziert, eisig, fröstelig an. – Wenn die anderen so leicht und freudig miteinander kommunizieren, dann hab ich das Gefühl, dass sie ständig im Sommer oder Frühling sind – und ich bin daneben – außen vor – wie im Winter – die Welten passen einfach irgendwie nicht zueinander.«

»Ja, und gab es schon mal Interaktionen mit anderen, die für dich so schön waren, wie im Frühling oder Sommer?«

Sandra denkt kurz nach, guckt sich im Wald um, als suche sie etwas.

Dann beginnt sie zu strahlen: »Oh ja – in der Grundschule: Meine Freundin Paula, mit ihr war es wie im Sommer. Wir hatten so viel Spaß miteinander.«

(Sie erzählt noch etwas mehr von ihrer Freundschaft zu Paula und auch von ein paar weiteren Situationen, in denen sie angenehme Freundschaftserfahrungen sammeln konnte.)

Dann frage ich sie, in welchen Situationen sie sich momentan wie »Sommer« fühlt.

Es ist ihr anzumerken, dass diese Frage sie aus der Reserve lockt und sie zunächst keine Situation griffbereit hat – und dann fällt ihr doch etwas ein: »Wenn ich die kleine Tochter meiner Schwester auf dem Arm halte, das ist einfach so schön, ein Baby im Arm zu halten.«

Und auf einmal fallen ihr noch ein paar weitere Momente aus

ihrer aktuellen Lebenslage ein, in denen sie sich wohl und zufrieden fühlt.
Ich frage sie, ob sie sich vorstellen könne, dass es für alle Lebensbereiche Zeiten des Frühlings, Sommers, Herbsts und Winters gibt. Sie denkt kurz nach … Dann nickt sie … »Ja … das ist wohl wirklich so.«
»Woran kannst du vielleicht jetzt schon im Kontakt zu deinen Kommilitonen erkennen, dass der Frühling kommt?«
»Dass ich jetzt hier darüber rede und bereit bin, das Ganze mal in einem anderen Rahmen zu betrachten!«
»O.k., reicht es dir denn fürs Erste, jetzt auf die Mission zu gehen und in der Uni kleine Frühlingsboten der sozialen Interaktion zu erkennen?«
»Ja, das werde ich tun. Ich bin schon gespannt!«

3.5 Dankbarkeits-Mandala

Das Glücksempfinden wieder erwecken

Zeit:	30 Minuten
Material:	Beutel oder Korb zum Sammeln von Naturmaterialien, ggf. Glocke oder Klangschale
Vorsicht:	–
Natur:	Je naturbelassener die Umgebung, desto besser funktioniert diese Methode.
Konstellation:	Einzel-/Gruppenberatung und Selbst-Coaching

Anlass

Manchmal fühlen wir uns einfach nur hilf- und wehrlos. Es ist, als wären wir in einem unübersichtlichen Labyrinth gefangen und alles, unsere Mitmenschen, die Umstände, die Welt, ja das Leben an sich, wäre gegen uns. Hier hilft es, wenn wir uns unserer Ressourcen, unserer inneren Schatztruhe bewusst werden.

Genau das kann die im Folgenden beschriebene Methode leisten. Sie öffnet uns die Augen und stärkt das Gefühl für das, was da ist, und das, was gut ist, für das, was wir können, für unseren persönlichen Stil, für unsere Werte und Würde. So entsteht eine Haltung, die nicht von Erwartungen und Enttäuschungen, sondern von Dankbarkeit und Zuversicht genährt wird. Damit stärken wir unsere Resilienz und bekommen wieder mehr Vertrauen in uns und das Leben allgemein.

Vorbemerkung

Zum Kennenlernen der Methode und überhaupt zur Beschäftigung mit dem Thema »Dankbarkeit« empfiehlt es sich, bei (Lebens-)Bereichen zu beginnen, zu denen ein vergleichsweise einfacher und positiver Zugang besteht. Im weiteren Verlauf ist das Dankbarkeits-Mandala dann aber durchaus ein wirkungsvoller Weg, um einen neuen Zugang zu belastenden und problematischen Themen zu bahnen.

Für einen Einstieg, der meistens sehr gut funktioniert, bitten wir unsere Klientin erst einmal, sich im Stehen über Aspekte des eigenen Körpers bewusst zu werden, für die sie Dankbarkeit empfindet. Z. B.: »Ich bin dankbar für meine Füße, dass sie mich schon seit so vielen Jahren durch's Leben tragen.« Oder: »Ich danke meinem Herzen. Es schlägt schon so viele Jahre für mich und erhält damit meinen Körper am Leben.« Falls der Klientin hierzu kaum etwas einfällt, kann sie auch dem Körper von »unten bis oben« danken – von den Füßen bis zu den Haarspitzen, also in einer Art Dankbarkeits-Körperreise. Dabei ist die Klientin eingeladen, bei ihren Füßen anzufangen und sich zu fragen, inwiefern sie in ihrem Leben davon profitiert, dass sie da sind … Wir fühlen uns ein, inwieweit die Klientin selbständig Antworten findet oder ob sie Hilfestellungen braucht. Dann geht die Reise weiter hoch zu den Beinen, zum Gesäß, zum Unterbauch, zum Rücken, den inneren Organen usw. Dadurch, dass von unten nach oben »gereist« wird, hat der Verstand eine einfache Orientierungshilfe. Das ist sehr nützlich, um einen Anfang zu finden.

Ein weiterer günstiger Start in die Methode richtet das Augenmerk auf Menschen, die die Klientin im Leben wohlwollend begleiten und unterstützen bzw. unterstützt haben. Um die infrage kommenden Menschen auszumachen, können wir chronologisch oder sortiert nach sozialen Bereichen vorgehen: Kernfamilie, erweiterte Familie, Arbeit/Ausbildung, Freunde …

Ist die Klientin erst einmal offen dafür, Neubewertungen vorzunehmen und bewusst eine Haltung der Dankbarkeit einzunehmen, können sowohl abstrakte und existenzielle Bereiche als auch unliebsame Themen angeschaut werden. Hierzu gehören: »meine Talente und Begabungen«, »meine Lebensumstände«, »meine persönlichen Erlebnisse«, »mein Wahrnehmen und mein Denken« oder »mein Dasein«. Es liegt in unserem Ermessen als Beraterin, ob wir das Thema vorgeben oder ob wir die Klientin bei der Themenbestimmung lediglich begleiten. Ähnliches gilt für die praktische Durchführung der Methode. Wir können die Übung in leichterer Form parallel selbst mitmachen oder unseren Fokus komplett bei der Unterstützung der Klientin lassen.

Anleitung

1. **Themenwahl** – Zu Beginn besprechen wir mit der Klientin, dass wir uns nun mit ihrer Grundhaltung im Leben beschäftigen werden und dass hierbei die Frage nach der Dankbarkeit eine zentrale Rolle spielt. Wir entscheiden dann gemeinsam, auf welches Thema bzw. welchen Lebensbereich wir in der Übung den Fokus legen werden.
2. **Ankommen im Hier und Jetzt** – Dann kommen wir mit unserer Klientin erst einmal ganz im Hier und Jetzt an. Dafür eignen sich Atem-Übungen oder ein paar Augenblicke Geh-Meditation (s. Kapitel 3.6).

   Nach der kurzen Achtsamkeitsübung sprechen wir ein paar einstimmende Worte zu dem Thema, das aktuell bearbeitet werden soll. Hier haben wir beispielhaft das Thema »Unser Körper« gewählt:

   »Mithilfe unseres Körpers können wir all die Wunder, die uns im Leben begegnen, überhaupt erst wahrnehmen. Wir haben die Möglichkeit, unsere Gaben und Talente mit anderen zu teilen, zu wachsen und zu reifen. Heute nehmen wir uns einmal Zeit, unserem Körper, diesem Wunderwerk, zu danken. Dazu machen wir uns ganz neugierig auf die Suche, wofür wir unserem Körper alles dankbar sein können. Und das soll folgendermaßen geschehen: Wir sammeln für jeden Aspekt, für den wir unserem Körper dankbar sind, Gegenstände vom Waldboden ein. Später werden wir aus dem, was wir in unserem Korb/Beutel haben, ein Mandala gestalten. Zwischendurch werde ich gegebenenfalls immer mal wieder ein paar Impulse geben. Bitte entscheiden Sie ganz frei, ob Sie diese Impulse gerade in Ihrer Übung gebrauchen können oder ob Sie sie einfach an sich vorbeiziehen lassen möchten.«

3. **Start der Suche** – Jetzt macht sich die Klientin und ggf. auch die Beraterin auf die Suche. Wir durchstreifen achtsam die Natur. Dabei liegt der Fokus beim gewählten Thema also z. B. auf der Frage: »Wofür bin ich meinem Körper dankbar?« Der Blick ist also gleichzeitig nach innen auf die Dankbarkeit und nach außen auf Symbole der Dankbarkeit gerichtet. Funde und Entdeckungen werden folglich auch innen und außen gemacht. Im Äußeren zeigt sich das an den Gegenständen, die die Klientin in Korb oder Beutel zusammenträgt.
4. **Integration und Verfestigung** – Da die durch einen spezifischen Suchauftrag geleitete Aufmerksamkeit zwischen Innenwelt und Außenwelt der Klientin hin- und herpendelt, entsteht eine fruchtbare Wechselwirkung zwischen eben diesen beiden Welten. So ist einmal zuerst der Gedanke an einen Aspekt vorhanden, für den die Klientin dankbar ist. Dieser Gedanke findet dann Widerhall und damit Bekräftigung und Verankerung in einem konkreten Gegenstand, den die Klientin in der Natur entdeckt und einsammelt. Ein andermal ist es ein Zweig, Zapfen oder sonstiges Objekt vom Waldboden, das die thematisch fokussierte und suchende Klientin zu einem bisher unbeachteten Aspekt ihrer potenziellen Dankbarkeit leitet.
5. **Möglichkeiten der Intervention** – Falls wir das Gefühl haben, dass die Klientin Unterstützung braucht, geben wir einen Impuls. Diesen können wir einfach so aussprechen oder mit dem Klang der Glocke/Klangschale ankündigen. Dieser Impuls könnte folgendermaßen lauten: »Was kann Ihr Körper jetzt alles im Vergleich zum Körper eines Säuglings?« »Was hat Ihr Körper heute schon alles für Sie getan?«

Es liegt im Ermessen von uns als Beraterin, ob hier bei der ersten Übung schon das Thema gewechselt werden soll. Falls ja, würde man sich wieder seiner Klientin zuwenden, die gesammelten »Souvenirs« würdigen und dann das nächste Thema einleiten. z. B.: »Nun erweitern wir den Dankbarkeits-Radius ein wenig. Schauen Sie sich bitte auch Ihre Talente, Anlagen und Fähigkeiten an, die Sie dazu befähigen, (mithilfe des Körpers) der Welt etwas zu schenken. Welchen Menschen konnten Sie damit schon dienen? Und warum sind diese Menschen sicherlich genau dafür glücklich und dankbar?«
... dann wird weiter gesammelt.

6. **Das Legen des Mandalas** – Nach ca. 20 Minuten finden wir einen Platz, an dem die Klientin bzw. alle Teilnehmer sich die Zeit und Ruhe nehmen, die gesammelten Gegenstände nach eigenem Belieben, voller Dankbarkeit ganz intuitiv als Mandala auf den Boden zu legen. Es ist hierbei wichtig, dass die Anordnung der Gegenstände für diejenige Sinn gibt, die sie legt ... Niemand muss sich also an irgendwelche geometrischen Richtlinien halten. Wenn wir hier von Mandalas sprechen, dann geschieht das nicht primär im traditionell fernöstlichen und damit explizit religiös/spirituellen Sinne. Diese Aspekte dürfen natürlich durchaus mit berücksichtigt werden. Es genügt aber für das Gelingen dieser Methode, das Mandala als ein harmonisches und in Achtsamkeit gestaltetes Arrangement der eingesammelten Gegenstände zu sehen.
7. **Reflexion und Abschluss** – Sobald die Klientin mit ihrem Mandala zufrieden ist, wird sie von der Beraterin und ggf. weiteren Teilnehmern der Gruppe eingeladen, über die Dankbarkeit bzw. Dankbarkeiten zu berichten, auf die sie bei ihrer Suche gestoßen ist. Indem die Klientin ihre Entdeckungen in Worte kleidet und Würdigung erfährt, profitiert sie von einer zusätzlichen Unterstützung und damit Festigung der gewonnenen Erkenntnisse. Es geht ja schließlich nicht nur darum, ein paar schöne Augenblicke zu erleben, sondern dauerhafte Veränderungen durch eine positivere innere Haltung zu ermöglichen. Viele Klientinnen machen im Anschluss an die Methode sehr gerne von der

Möglichkeit Gebrauch, ihr Mandala zu fotografieren. Das ist eine gute Idee, da auch auf diese Weise die gewonnenen Erkenntnisse leicht immer wieder im Alltag erinnert und gefestigt werden können.

Ein letzter Punkt betrifft die Frage: Was soll am Ende mit dem Mandala geschehen? Die bewusste und individuelle Beantwortung dieser Frage birgt weitere Möglichkeiten, die gewonnen Erkenntnisse zu festigen:

Die Klientin kann sich dazu entscheiden, einzelne Teile oder alles mitzunehmen. Sie hat damit die Möglichkeit, z. B. ein Symbol ihrer neu entdeckten Dankbarkeit als Talisman mit sich zu tragen oder auf ihrem Schreib- oder Nachttisch zu platzieren. Vielleicht hilft es ihr aber auch, das Mandala an einem anderen Ort erneut zu legen. Eine weitere Möglichkeit ist, das Mandala an Ort und Stelle liegen zu lassen. Vielleicht gefällt der Klientin der Gedanke, dass andere Menschen es entdecken und sich daran freuen, oder sie möchte es bei zukünftigen Spaziergängen wieder aufsuchen und beobachten, ob sich etwas verändert.

Auch könnte die Klientin beschließen, die einzelnen Teile ihres Mandalas wieder in der Natur zu verteilen. Beim »Aussetzen« oder »Zurückgeben« jedes einzelnen Objekts hätte sie die Gelegenheit, jeden Dankbarkeitsaspekt, der damit verknüpft ist, noch einmal ausdrücklich zu würdigen, sich beim jeweiligen Gegenstand dafür zu bedanken, dass er ihr dabei geholfen hat, Dankbarkeit zu entdecken. Da diese Dankbarkeit nun im Inneren lebt, braucht sie den äußeren Impuls nicht mehr und kann sich von ihm verabschieden (aufrichtig herzlich wie von einer zufälligen Reisebekanntschaft, mit der man eine Stunde ein gutes Gespräch führen konnte und die man aller Wahrscheinlichkeit nach nie mehr wieder sehen wird).

Wie es wirkt und warum es hilft

Oft ist man sich der Fülle seines Lebens nicht bewusst. Zumindest die guten und potenziell stärkenden Aspekte werden nicht adäquat wahrgenommen. Wir sehen viel eher, was alles nicht geht und was ungenügend ist. Dieses Ungleichgewicht entsteht im Wesentlichen daraus, dass wir die positiven und angenehmen Dinge nicht mit Dankbarkeit betrachten, sondern stattdessen sehr leicht, aber eben fälschlicherweise, für selbstverständlich nehmen. Gelingt es der Klientin erst einmal, sich auf das gegenständliche, spielerische Niveau dieser Übung einzulassen, gewinnt sie einen Zugang zu ihren Erlebnissen und Erfahrungen, der frei von intellektueller Überformung und damit frei von vermeintlichen Wertmaßstäben ist, wie sie ihr möglicherweise von familiären Prägungen und sozialen Anforderungen, also von außen, scheinbar zwingend auferlegt worden sind.

Ist die Klientin erst einmal durch die konkrete Aufgabe befreit und zur Sammlerin geworden, kommen in ihr ihre wirklichen, eigenen Werte und ihr Erfahrungsschatz zur Blüte. Diese werden emotional und nicht bloß verstandesmäßig empfunden. Sie helfen ihr dann in schwierigen Situationen, sich zu behaupten, ihre Würde zu wahren, ihren individuellen Weg zu gehen. Mit anderen Worten: Wenn man sich innerlich erfüllen lässt und dann weiß, wofür man einsteht und wofür man dankbar ist, dann behält man auch in herausfordernden Situationen eher einen kühlen Kopf und trifft glückliche Entscheidungen.

Natur und Bewegung

So unterschiedlich und facettenreich, wie unsere Dankbarkeits-Aspekte sind, so sind auch die Naturgegenstände, die wir bei der Durchführung der Methode aufnehmen, einzigartig. In ihrer Einzigartigkeit und Vielfältigkeit sowie durch den Überfluss, in dem sie vorhanden sind, bieten sie uns Suchenden eine schier unendliche Freiheit. Ist unser Blick erst geschult, können wir in der freien Natur aus dem Vollen schöpfen. Diese Fülle ist mit vorgefertigten Therapie-Hilfsmitteln wohl kaum zu erreichen.

Darüber hinaus ergibt sich aus dem seitens der Sammlerin willkürlich herbeigeführten Zusammentreffen mit dem jeweils erwählten Objekt eine Erhöhung des Letzteren. Dieses wird in Beziehung zu seiner menschlichen Finderin, die es aus einer unendlichen Zahl an Möglichkeiten erwählt und würdigt, geradezu beseelt. Das Mandala wird dann am Ende nicht aus irgendwelchen leblosen Teilen, sondern aus beseelten Einzelstücken zusammengesetzt, die jedes für sich und alle gemeinsam für das Leben, Lieben, Leiden und Lachen eines unvergleichlichen Menschen stehen.

Und was ist mit der Bewegung? – Ihr kommt bei dieser Übung elementare Bedeutung zu. Durch das langsame und achtsame Gehen, ohne eine konkrete Richtung und ohne eine bestimmte Wegstrecke, die zurückgelegt werden soll, ist es uns möglich, uns auch im inneren intuitiv und frei zu bewegen und so Dankbarkeits-Momente (wieder) zu finden, die oft sehr nah und an unerwarteter Stelle liegen können.

Varianten und Einsatzmöglichkeiten

Bewusst eine andere Dynamik einbringen:

Gemäß dem »Pacing und Leading« haben wir als Beraterinnen die Möglichkeit, unsere Klientinnen gezielt in Zonen ihres Bewusstseins zu führen, zu denen sie alleine nicht so einfach finden würde.

So können wir eine Klientin, bei der wir das Gefühl haben, dass sie ein bisschen mehr Lebendigkeit und Dynamik erleben sollte, z. B. durch etwas schnellere Themenwechsel, dazu ermutigen, in kürzerer Zeit einen größeren Überblick über die Vielfältigkeit ihrer Dankbarkeitsmöglichkeiten zu erlangen.

Als Gegenbeispiel können wir eine Klientin, die schnell mit ihren Gedanken und Ideen herumspringt, dabei aber öfter mal den Faden verliert, unterstützen, bewusst etwas länger bei einem bestimmten Thema zu bleiben, sodass sie sich noch etwas besser in diese Übung hinein entspannen kann und so die Chance hat den Genuss des langsamen, gründlichen Entdeckens zu spüren.

Gruppenarbeit:

In Gruppen lassen sich mit dieser Übung wundervolle Erlebnisse erzielen. Es wird eine ganz besondere Energie mobilisiert, wenn man sich bewusst ist, dass gerade viele Menschen gemeinsam mit der gleichen Intention im Wald unterwegs sind. Außerdem lassen sich die Teilnehmerinnen bewusst und unbewusst von den Handlungen der anderen inspirieren. Es stellt dann natürlich eine gewisse Herausforderung für die Beraterin dar, die Übung so anzuleiten, dass die Teilnehmerinnen sich nicht von der Gruppe ablenken lassen, sondern in ihrem jeweiligen Prozess bleiben. Das sollte in der Einleitung zur Übung erwähnt werden: »Diese Übung ist eine Achtsamkeits-Übung, bei der jede Teilnehmerin ganz für sich sein darf. Bitte verzichten Sie daher auf Gespräche. Im Anschluss nehmen wir uns Zeit für Austausch und Reflexion.«

Anders verhält es sich, wenn eine Gruppe oder ein Team auf der Suche nach gemeinsamen Dankbarkeits-Aspekten ist. Das kann gerade in formellen Kontexten interessant sein, wenn es darum geht, die verbindenden Werte zu thematisieren und den Zusammenhalt zu stärken. In diesem Fall ist Kommunikation schon während der Suchphase sinnvoll. Es wird dann auch gemeinsam ein einziges Mandala gestaltet.

In jedem Fall haben das Vorstellen und Besprechen des oder der Mandalas am Ende der Übung einen ganz besonders intensiven Zauber. Die Teilnehmer erkennen hierbei Gemeinsamkeiten und spüren, wie auch die anderen durch ihre jeweils empfundene Dankbarkeit aufblühen.

Abschließend sei daran erinnert, dass man diese Übung auch wunderbar für sich allein als Selbst-Coaching machen kann. Schon ein Spaziergang im Wald hat wohltuende Wirkung auf Körper und Geist. Will man aber aktiv zur Verbesserung der eigenen Haltung beitragen und konkrete Probleme und Fragestellungen bearbeiten, dann ist es oft hilfreich, sich einer bestimmten Aufgabe zu widmen.

Fallbeispiel

Hier passt das Beispiel eines Klienten, dem es sehr schwerfiel, in seiner Arbeit als Erzieher im Kindergarten eine gesunde Balance zu finden zwischen dem Miteinander mit den Kindern und dem Austausch mit seinen Kollegen und Kolleginnen.

Mit den Kindern fiel ihm der Kontakt immer sehr leicht, mit seinen Kollegen fand er nur selten eine gemeinsame Ebene. Er fühlte sich im Team nicht wirklich angenommen.

Wir machten nun diese Übung in Bezug auf seine Arbeit im Allgemeinen. Er war eingeladen, sowohl die Dankbarkeit in Bezug auf die Kinder, aber eben auch in Bezug auf seine Kollegen zu würdigen.

Mithilfe dieser Übung wurde ihm bewusst, welch großes Geschenk er für die Kinder – und die Kinder für ihn – waren. Außerdem kam ihm ein ganz besonders sympathischer Kollege ins Bewusstsein, der auch lieber mit den Kindern spielte, als mit dem Kaffee in der Ecke herumzustehen.
Nach der Übung blickte er mich mit strahlenden Augen an und sagte: »Ich hab mich gerade genauso gefühlt, wie die Kinder im Kindergarten ... Ich konnte mich über jeden Stein und jedes Stöckchen so freuen!« Daraufhin konnte ich ihm aus tiefster Überzeugung entgegnen: »Ja, und zukünftig werden dich die Kinder an diese Übung erinnern, wenn sie dir Steine und Stöckchen bringen.«
Von dem Tag an fühlte er sich auf der Arbeit wieder richtig wohl und erlaubte sich, seine Gaben und Talente noch mehr strahlen zu lassen. Er hatte sich auf seine Werte besonnen und dabei Selbstsicherheit und Würde zurückgewonnen.

3.6 Geh-Meditation

Mit allen Sinnen im Hier und Jetzt sein

Zeit:	5–15 Minuten
Material:	–
Vorsicht:	–
Natur:	Bei den ersten Malen eignet sich ein ruhiger Ort, an dem keine anderen Menschen sind besonders.
Konstellation:	Einzel-/Gruppenberatung und Selbst-Coaching

Anlass

Sehr oft kommen unsere Klientinnen aus der Hektik ihres Alltags zu uns in die Beratung. Sie bringen dann alle Unruhe, aktuellen Sorgen und alle Gedanken mit, die sie umtreiben. Um sinnvoll arbeiten zu können, ist es hilfreich, wenn die Klientinnen erst einmal herunterkommen, ihre Gedanken loslassen und Abstand zum (häufig ungesunden) Alltagsrhythmus finden. Bei Beratungen draußen in der Natur sind wir ohnehin auf den Beinen. Eine *Geh-Meditation* ist darum in vielen Fällen ein ebenso stimmiges wie wirkungsvolles Mittel, zur Vorbereitung auf entspannte und konzentrierte Gespräche und andere Methoden.

Vorbemerkung

Die *Geh-Meditation* ist eine verbreitete Übung mit langer Tradition. Man findet sie in vielfältigen Varianten. Sie ist für fast jeden Menschen geeignet, lässt sich relativ schnell erlernen und kann leicht in den Alltag integriert werden. Besonders Klientinnen mit Meditationserfahrung sind im Stande, nach wenigen einleitenden Worten mit einer *Geh-Meditation* zu beginnen. Aber auch Meditationsneulinge finden sich meist schnell in diese Methode. Das dürfte an der einfachen körperlichen Bewegung liegen, bei der die *Geh-Meditation* ansetzt.

Im Rahmen von Beratungsgesprächen, ganz gleich, ob es sich um Coaching oder Therapie handelt, haben wir vielleicht nicht den Anspruch, unseren Klienten die hohe Kunst des Meditierens zu vermitteln. Wir bedienen uns aber gerne der beruhigenden und kräftigenden Wirkung meditativer Ansätze. Die folgende Anleitung haben wir zu diesem Zweck formuliert. Sie ist kein Ersatz für einen Meditationskurs.

Stressgeplagten Klientinnen fällt es mitunter schwer, von nun auf gleich in eine meditative Ruhe zu kommen. Darum kann es sehr hilfreich sein, erst einmal für einige Minuten zügig zu gehen, wenn möglich sogar bergan. Durch die körperliche Anstrengung wird aufgestauter Druck gemindert und Stresshormone werden abgebaut. Während wir anschließend die *Geh-Meditation* erklären, finden Atmung und Puls zu einer entspannten Frequenz zurück. Jetzt ist das Gehirn ausreichend mit frischem Sauerstoff versorgt und wir haben Straßen und Parkplätze wahrscheinlich auch ein gutes Stück hinter uns gelassen.

Anleitung

1. **Einladung und Erklärung** – Wir schlagen unserer Klientin vor, eine einfache Meditationsübung auszuprobieren. Dazu fragen wir sie, ob sie in dieser Richtung schon Erfahrung gesammelt hat und ob sie sich auf den Versuch einlassen möchte. Wenn die Klientin einverstanden ist, erklären wir ihr, dass es sich bei der folgenden Übung um eine Form des achtsamen Gehens handelt, die dabei hilft, innere Entspannung zu finden, das Denken zu beruhigen und dann im Anschluss konzentriert und erfrischt die anstehenden Aufgaben anzupacken.
2. **Einen guten Ort finden** – Wir fordern die Klientin auf, einen guten Ort auf dem vor uns liegenden Weg zu bestimmen, an dem sie mit der Übung beginnen möchte. Dort bitten wir sie, wenn sie mag, die Augen zu schließen und erste einmal einen guten und festen Stand zu finden. Unterstützende Fragen sind z. B.:
   »Wie stehen Ihre Füße?«
   »Möchten Sie die Position noch etwas verändern?«
   »Wie ist es, wenn Sie das Gewicht ein wenig von vorne nach hinten verlagern?«
   »Haben Sie die Belastung gleichmäßig verteilt und spüren Sie, wie Sie mit beiden Füßen gut und fest auf dem Boden stehen?«
   Wenn die Klientin einen guten Stand gefunden hat, laden wir sie ein, auch die Schultern locker zu lassen. Vielleicht möchte sie sie einmal kurz kreisen. Dann fordern wir sie auf, einige Male bewusst auszuatmen, dabei jedes Mal mehr loszulassen und die Verbundenheit der Füße mit dem Untergrund zu spüren. Falls die Klientin die Augen geschlossen hat, bitten wir sie, diese jetzt wieder zu öffnen, und den Blick ganz entspannt, ohne zu fokussieren, ein bis zwei Meter vor sich auf den Boden fallen zu lassen.
3. **Achtsam losgehen** – Nun bitten wir die Klientin, ganz bewusst einen Fuß zu heben, vorwärts zu führen (kaum weiter als eine Fußlänge) und dann achtsam forschend abzusetzen. Beim Heben lösen wir zuerst die Ferse vom Boden, beim Absetzen kom-

men wir mit der Fußspitze an, senken dann die Ferse und belasten den ganzen Fuß mit unserem gesamten Gewicht, da jetzt der andere Fuß entlastet und für die Vorwärtsbewegung vorbereitet wird.
Hilfreiche Hinweise bei der Einführung dieses Ablaufs sind z. B.:
»Spüren Sie, wie der belastete Fuß mit dem Boden verbunden ist. Stellen Sie sich vor, er wäre einen halben Meter tief in die Erde hinein verwurzelt.«
»Setzen Sie ihren Fuß »satt« und bewusst von der Spitze bis zur Ferse auf, als würden Sie den Boden massieren.«
»Seien Sie mit Ihrer Aufmerksamkeit ausschließlich bei Ihren Füßen.«

4. **Neustart** – Wir Leiten die Klientin an, sich, wie in 2) beschrieben, erneut mit geschlossenen Augen zu positionieren, falls ihr das achtsame Gehen noch nicht gelingt, bzw. falls sie während des Gehens mit den Gedanken abgeschweift ist. Es ist gut möglich, dass sie mehrere Male für nur wenige Schritte neu ansetzt. Wir Ermutigen sie, sich in aller Ruhe immer wieder neu auf ihre Füße und den Geh-Vorgang zu konzentrieren.
5. **Abschluss** – Auch am Schluss der Geh-Meditation stehen wir mit geschlossenen Augen auf beiden Füßen und spüren unser Gewicht, das uns gleichmäßig über unsere Sohlen mit dem Boden verbindet.

Wie es wirkt und warum es hilft

Bei Stress und Überforderung rotieren unsere Gedanken. Indem wir uns in der *Geh-Meditation* auf einen Bewegungsablauf konzentrieren, der zwar etwas ungewohnt, aber nicht übermäßig kompliziert ist, erhält unser Gehirn eine konkrete Aufgabe. Zunächst einmal beansprucht die Steuerung des Körpers, der eine nicht alltägliche Gangart ausführen soll, ohne dabei das Gleichgewicht zu verlieren, große Aufmerksamkeit. Sobald wir den Prozess einigermaßen verinnerlicht haben, dient er als alleiniges Ziel, auf das wir unsere Wahrnehmung richten.

So, wie in anderen Meditationsübungen die Beobachtung des

Atems an die Stelle allen Denkens treten soll, steht hier das Gehen und die damit verbundene wechselseitige Belastung bzw. Verwurzelung mit dem Erdboden der Füße im Zentrum der Wahrnehmung. Grübeln und Gedankenkreisen haben da keinen Platz mehr. Sie werden, falls sie sich nicht beruhigen bzw. erneut einschleichen, durch milde und gütige Sammlung und den Neubeginn der Übung immer wieder sanft lächelnd beiseitegeschoben.

Je besser der Klientin die *Geh-Meditation* gelingt, desto größer ist die Ruhe und geistige Entlastung, die sie gewinnt. Im Sinne des Beratungsprozesses ist das oft schon ein wertvoller Schritt. Die konkreten Ziele und der Auftrag der Klientin reichen aber meist weiter bzw. in eine andere Richtung. Um diese zu verfolgen, ist sie nach der *Geh-Meditation* optimal vorbereitet, denn jetzt hat sich ihr Gedanken-Wirrwarr beruhigt und ihre Sinne sind hell-wach. Gefühle, die unter oder hinter ihren Gedanken und Alltagsaufgaben verborgen waren, kann sie jetzt wahrnehmen. Gespräche und Methoden, die wir im Anschluss an eine *Geh-Meditation* führen, sind darum besonders fruchtbar.

Darüber hinaus geben wir unserer Klientin mit der *Geh-Meditation* ein Werkzeug an die Hand, das sie auch außerhalb der Beratungen einüben und verfeinern kann. Wir bestärken sie darin, dies zu tun, da sie so nicht nur von der beruhigenden Wirkung profitiert, sondern auch lernt, hin und wieder ganz bewusst für sich selbst zu sorgen. Hierin liegt auch einer der Wirkmechanismen von Methoden wie der *Geh-Meditation*. Indem wir sie anwenden, vermitteln wir uns die Botschaft: »Ich tue mir ganz bewusst etwas Gutes.« Allein schon das Senden und Empfangen dieser Botschaft stärkt uns in all unserem übrigen Tun.

Natur und Bewegung

Selbstverständlich kann die *Geh-Meditation* an jedem Ort durchgeführt werden, der es uns auch nur erlaubt, von einem Bein auf das andere zu treten. Es ist nicht einmal eine Vorwärtsbewegung zwingend nötig. Allein das achtsame wechselseitige Heben und Belasten bzw. Verwurzeln der Füße bietet einen guten Ausgang für eine Meditation. Wir üben diese Methode mit unseren Klienten aber trotzdem am liebsten an einem ruhigen Platz in der freien Natur ein. Die Atmosphäre unterstützt sie zusätzlich dabei, ihre Sorgen und Alltagsgedanken loszulassen. Ringsum Bäume und Pflanzen zu sehen macht es verstehbarer und eindrucksvoller für sie, wenn wir von Wurzeln sprechen, mit denen ihre Füße tief im Erdreich verankert sind. Das Gefühl, von der Erde getragen zu sein, ist draußen in der Natur wesentlich unmittelbarer als auf dem Fußboden in einem Gebäude. Und schließlich ist es für den weiteren Beratungsprozess zuträglich, wenn unsere Sinne, die durch die Meditation geöffnet und geschärft wurden, unmittelbar nach der Übung mit vielfältigen Eindrücken aus der Natur weiter angeregt werden.

Und was ist mit der Bewegung? – Diese Frage ist im Kontext der *Geh-Meditation* ziemlich überflüssig. Der Schritt von Beratungsgesprächen im Gehen hin zu Meditationen im Gehen ist vergleichsweise klein. Wenn die Methode gut eingeübt ist, können die Übergänge zwischen Gesprächen und Meditationen spontan stattfinden. Die *Geh-Meditation* ist damit nicht nur ein gutes Mittel, um am Anfang einer Beratung die Klientin einzustimmen, sie kann je nach Bedarf immer wieder zwischendurch eingeschoben oder sogar am Ende eines Termins, gewissermaßen als Abschlussritual, eingesetzt werden.

Varianten und Einsatzmöglichkeiten

Sollten die Temperaturen und der Untergrund es zulassen, dann besteht durchaus die Möglichkeit, die *Geh-Meditation* barfuß auszuprobieren. Das ist natürlich nicht jedermanns Sache und sollte, ähnlich wie das Schließen der Augen zu Beginn und am Ende der Meditation, von der Klientin als Angebot aufgefasst werden, das sie wirklich nur dann annehmen braucht, wenn sie sich gut damit fühlt. Barfüßig erfährt das Erspüren des Untergrunds und das Verwurzeln eine ganz besondere Qualitätssteigerung. Klientinnen, denen wir die *Geh-Meditation* nahebringen, empfehlen wir, diese, wenn möglich, auf Socken oder sogar barfuß zu praktizieren. Zu Hause, auf einer Sommerwiese oder im Urlaub am Strand gibt es dazu unzählige Gelegenheiten.

Für Klientinnen, die ohnehin schon Meditation im Sitzen üben, können Phasen der *Geh-Meditation* eine wertvolle Ergänzung oder

Abwechslung bedeuten. Muskulatur und Gelenke werden durch derartige Variationen entlastet, wenn nicht gar gestärkt.

Für besonders gestressten Klientinnen ist auch das achtsame Rückwärtsgehen eine hervorragende Möglichkeit, im Hier und Jetzt anzukommen. Der Verstand ist durch das Rückwärtsgehen so beschäftigt, dass er keine Möglichkeit hat, gleichzeitig weiter herumzugrübeln.

Bei der Durchführung der *Geh-Meditation* in einem Gruppen-Setting klären wir anfangs, ob jede einzelne Teilnehmerin ihr eigenes Tempo wählt oder ob wir (z. B. hintereinander her) in einem gemeinsamen Tempo gehen werden. Beide Formen haben ihre Vorteile. Freie Tempowahl macht es den einzelnen ggf. etwas leichter. Ein gemeinsames Tempo hingegen stärkt unter Umständen ein positives Gruppengefühl.

Fallbeispiel

Schon bei der ersten Begegnung mit Herrn Müller spüre ich, dass es ihm nicht leichtfallen wird, seinen Alltag für die Beratung mit mir hinter sich zu lassen. Ebenso hektisch, wie er aus dem Auto steigt und auf mich zukommt, geht er die ersten Schritte mit mir in die Natur hinein. Ich schlage ihm darum vor, eine Meditations-Übung kennenzulernen, die sich als Einstieg in die Coachingarbeit schon sehr gut bewährt hat. Herr Müller nimmt die Einladung gerne an und ich beginne damit, die Meditation anzuleiten: »Bitte finden Sie auf dem Weg, der vor uns liegt, einen Ort, an dem sie gerne stehen und mit der Übung beginnen möchten.« Herr Müller geht ein paar Schritte, ehe er stehen bleibt. Ich schlage ihm vor, die Augen zu schließen und bitte ihn, achtsam in seine Füße hineinzuspüren, etwas nach vorn und nach hinten zu wippen und einen wirklich »satten« und guten Stand einzunehmen: »Oft sind es nur ganz kleine Bewegungen, die einen riesigen Unterschied ausmachen. Probieren Sie es aus, und wenn Sie mit der Position ihrer Füße zufrieden sind, dann atmen Sie bitte ein paar Mal ganz bewusst aus. Lockern Sie dabei Ihre Schultern, Ihre Arme und Hände und spüren Sie dann wieder, wie gut und sicher Sie mit beiden Füßen auf der Erde stehen.«

Ich nehme wahr, wie sich Herr Müller entspannt und bitte ihn schließlich, die Augen zu öffnen und den Blick, ohne zu fokussieren, auf den Weg vor sich sinken zu lassen: »Stellen Sie sich jetzt vor, Sie würden mit Ihren Füßen den Boden massieren. Entlasten Sie dann einen Fuß, heben Sie zunächst die Ferse an, bewegen Sie ihn ganz bewusst nach vorne und setzen Sie nun zunächst die Fußspitze und dann den ganzen Fuß auf. Halten Sie Ihre Aufmerksamkeit bei Ihren Füßen und gehen Sie in dieser Weise ganz bewusst Schritt für Schritt.« [Herr Müller setzt einige Male neu an und findet dann in die beschriebene Gangart.] »Ihre Aufgabe ist es nun, einfach nur zu gehen und mit Ihrer kompletten Aufmerksamkeit bei, ja *in,* der Bewegung Ihrer Füße zu sein. Sie brauchen keine anderen Gedanken. Nur gehen, Fuß heben, Fuß nach vorne führen, Fuß absetzen und belasten. Sie spüren bei jedem Schritt, wie der belastete Fuß sicheren Kontakt zum Boden hat, als würde er mit starken Wurzeln tief in die Erde hineinreichen.«
Nach ein paar achtsamen Schritten bitte ich Herrn Müller, wieder zum Stehen zu kommen, die Augen zu schließen und noch einmal durch die Füße in den Boden hineinzuspüren.
Ich bitte Herrn Müller, wenn er sich bereit dazu fühlt, die Augen zu öffnen, sich umzublicken und tief ein und wieder aus zu atmen. Jetzt beginnen wir mit der eigentlichen Beratungsarbeit, die dann ruhig und konzentriert verläuft.

3.7 Baum-Atmung

Innehalten, sich sammeln, Geborgenheit und Verbundenheit spüren

Zeit:	5–10 Minuten
Material:	–
Vorsicht:	–
Natur:	Es sollte ein kompletter Baum im Blickfeld sein.
Konstellation:	Einzel-/Gruppenberatung und Selbst-Coaching

Anlass

Manchmal sehnen wir uns sehr danach, mehr Inspirationen und kreative Gedanken zu empfangen und manchmal sind wir geradezu überschwemmt von Ideen und es fällt uns schwer, richtig ins Handeln zu kommen. In beiden Fällen kann uns die *Baum-Atmung* dabei helfen, Balance zu finden und unsere Kreativität in zielgerichtete, konkrete Handlungsschritte zu überführen.

Für Klienten, die besonders positiv auf diese Übung reagieren, ist sie ein gutes Anfangsritual für die Beratung in der Natur. Sie kann auch sehr gut als Pause bzw. Fokussierungshilfe fungieren, wenn ein Klient während einer Beratung abdriftet oder sich außer Stande sieht, sich seinen Herausforderungen zu stellen.

Vorbemerkung

Die *Baum-Atmung* ist eine niederschwellige und einfache Übung. Sie ist darum besonders gut für Klienten geeignet, denen es per se eher schwerfällt, sich zu öffnen und sich auf die eigenen Gefühle einzulassen. Sie ist auch eine leicht gangbare Brücke zu Übungen, die einen intensiveren Umgang bzw. eine konkretere Einbeziehung der Natur verlangen.

Anleitung

1. **Baum auswählen** – Wir können die Auswahl für unseren Klienten treffen, die Baumsuche als Teil des Prozesses gemeinsam mit unserem Klienten durchführen oder unseren Klienten alleine einen Baum aussuchen lassen.
2. **Positionierung und Einstimmung** – Wir laden unseren Klienten ein, sich in einem Abstand vor den Baum zu stellen, der es ihm erlaubt, diesen komplett in seinem Blickfeld zu haben, ohne den Kopf bewegen zu müssen.
3. **Atmen** – Wir leiten unseren Klienten dann folgendermaßen an: Schicken Sie bitte zunächst Ihre Aufmerksamkeit in die Füße: Stehen Sie bequem? Manchmal ist es ein kleiner Schritt nach rechts oder links, der einen großen Unterschied macht. Nehmen sie eine gerade, würdevollen Körperhaltung ein.

Nun atmen Sie einmal ganz bewusst durch die Nase ein und aus. Spüren Sie, wie die Luft die Nasenlöcher kühlt und wie sie durch die Luftröhre in die Lunge strömt.
Genießen Sie ganz bewusst ein paar Atemzüge.
Jetzt versuchen Sie einmal, die Luft durch Ihren ganzen Körper zu schicken, spüren Sie, wie die Luft in Ihre Beine, Arme und den Kopf fließt und wieder hinausströmt.
Schicken Sie jetzt bitte die Luft ein paar Mal die Wirbelsäule hinauf und hinunter – entspannt in Ihrem eigenen Tempo, so wie es sich für Sie richtig anfühlt.
Lenken Sie nun den Blick auf den Stamm des Baumes, und so wie Sie Ihre Wirbelsäule auf und ab atmen, so verfolgen Sie mit den Augen den Stamm des Baumes – hinauf und hinunter, in Ihrem eigenen Atemtempo.
Im nächsten Schritt spüren Sie bitte, wie Ihr Atem in Ihren Kopf hineinfließt, und lassen sie dabei Ihren Blick durch die Krone des Baumes gleiten.
Genießen Sie es, wie Ihre Aufmerksamkeit gleichzeitig in Ihrem Körper und bei dem Baum ist. Gelingt es Ihnen, den Baum mit Ihrem Atem, wie von innen, zu erspüren?
Jetzt lenken Sie Ihren Atem die Wirbelsäule hinunter bis in Ihre Füße, und Ihre Augen wandern den Stamm des Baumes hinunter, bis zu der Stelle, an der der Stamm mit dem Boden verschmilzt.
Spüren Sie mit ein paar Atemzügen, wie fest Ihre Füße den Boden berühren.
Nun gehen Sie bitte noch etwas weiter:
Atmen Sie aus Ihren Füßen in den Boden hinein und sehen Sie in Ihrer Phantasie, wie sich die Wurzeln des Baumes unterirdisch verteilen. Auch Ihr Atem fließt und verzweigt sich wurzelähnlich in die Erde hinein.
Genießen Sie dieses Gefühl von Verwurzelung und Verbundenheit mit der Erde.«

Entweder bringen wir an dieser Stelle die Übung zu Ende, indem wir unseren Klienten einladen, noch einmal die volle Pracht des

Baumes von der Wurzel bis zur Krone zu würdigen oder wir gehen noch einen Schritt weiter:

»Fühlen Sie, wie Sie unterirdisch mit den Wurzeln des Baumes verschmelzen. Dann ›gehen‹ Sie mit Ihrer Aufmerksamkeit wieder die Wirbelsäule hinauf, bis in Ihren Kopf. Spüren Sie auch von dort aus eine Verschmelzung mit den Ästen, Zweigen und Blättern der Baumkrone.
Sie können so mit dem Baum einen geschlossenen Kreis bilden und dann mit und durch den Baum im Kreis atmen. Sie werden herrlich ruhig und fühlen sich – so wie der Baum – geerdet und zentriert, groß und in alle Richtungen geöffnet, ruhig und stark. Spielen Sie mit der Kreis-Atmung, indem Sie nach einigen Atemrunden die Richtung wechseln. Einige Male atmen Sie durch Ihre Beine und Füße in die Erde aus und durch die Wurzeln und den Stamm des Baumes bis in die Krone ein. Dann atmen Sie Ihre Wirbelsäule aufwärts durch den Kopf aus und über die Baumkrone und den Baumstamm wieder ein. Gelingt es Ihnen schon, einen Unterschied zu spüren, je nachdem, in welcher Richtung Sie atmen?«

4. **Abschluss** – Wir beenden die Übung, indem wir unseren Klienten bitten, den Baum noch einmal als Ganzes zu betrachten und sich das Bild einzuprägen. Es ist natürlich auch möglich, ein Foto von ihm zu machen.

Wie es wirkt und warum es hilft

Diese Methode ist eine Schwester der *Geh-Meditation*. Wir setzen hierbei nicht den Fokus auf die Füße, sondern auf die Atmung. Gleichzeitig bekommen unsere Augen eine feste Aufgabe, der sie sich zuwenden. Der Verstand erhält eine klare Anweisung, was jetzt gerade getan werden soll. Grübeln und Gedankenkarussell können dadurch deutlich reduziert werden.

Der Baum kann nicht seinen Standort wechseln oder große neue Projekte planen. Er steht einfach da und erfüllt seine Aufgabe. Das lädt noch einmal mehr dazu ein, mit ihm in Kontakt zu treten und sich von ihm in die Geheimnisse des Gewahrwerdens, Innehaltens und der Akzeptanz von dem, was jetzt gerade ist, einweisen zu lassen.

Dadurch, dass wir uns in dieser Übung mit der Stabilität des Baumes verbunden haben, seine und unsere Wurzeln, aber auch die freien Räume für Entfaltung gespürt haben, werden wir auf ganz tiefer Ebene noch einmal daran erinnert, dass auch wir uns auf unsere Wurzeln verlassen können und vom Leben eingeladen sind, Schritt für Schritt weiter zu wachsen und dabei unsere Fähigkeiten und Talente zu entfalten.

Natur und Bewegung

Am eindrucksvollsten funktioniert und wirkt diese Übung in freier Natur vor und mit einem Baum, der intuitiv als Symbol für Lebenskraft, Gelassenheit, Vertrauen und Schutzort verstanden werden kann. Es liegt auf der Hand, dass dieser Baum idealerweise an einem ruhigen Platz mit reichlich frischer Luft stehen sollte und dass der Übende einen ungestörten Standort braucht.

Wir empfehlen, diese Übung bei den ersten Versuchen zunächst im Stehen anzuleiten, um richtig ins Spüren zu kommen. Das gelingt so am besten, da die Analogie zwischen senkrecht wachsendem Baumstamm auf der einen und aufrechtstehendem Menschen auf der anderen Seite die gedankliche Verbindung erleichtert.

Und was ist mit der Bewegung? – Bewegung oder andere Körperhaltungen (Sitzen, Liegen) sind später beliebte Varianten, die es erlauben, die Kraftquellen der Übung in vielfältigen Lebenslagen anzuzapfen.

Varianten und Einsatzmöglichkeiten

Sobald wir diese Übung erst einmal verinnerlicht haben und sie uns sympathisch ist, kommt auch noch eine ganz besondere Form des Humors mit dazu: Jeder Baum fühlt sich mit dieser Übung ein bisschen anders an. So berichtete einmal ein Klient hellauf begeistert: »Boah, ich habe letzte Woche die Atemübung mit einer Trauerweide gemacht, das war vielleicht lustig.« Und von anderer Seite kam einmal während einer Wanderung: »Atme mal diese Buche hier – die ist sooo kraftvoll!!«

Es ist auch möglich, diese Übung vom Schreibtisch aus zu machen, wenn man z.B. draußen vor dem Fenster, auf einem Bild an der Wand oder auf dem Computerbildschirm einen Baum sieht, mit dem man einfach so, zwischendurch für einige Atemzüge, eine Verbindung aufbaut. Sogar mit Bäumen – realen oder komplett erfundenen –, die man vor dem inneren Auge entstehen lässt, kann diese Übung sinnvoll durchgeführt werden. Das ist ein guter Weg, um z.B. nächtlichem Grübeln zu begegnen und einzuschlafen oder um in Alltagssituationen, in denen vielleicht gerade kein passender Baum zur Hand ist, Ruhe und Gelassenheit zu gewinnen.

Die *Baum-Atmung* eignet sich übrigens auch hervorragend als gemeinsamer Einstieg für ein anschließendes, tieferes Eintauchen in Gruppenübungen.

Fallbeispiel

Die *Baum-Atmung* wurde ursprünglich für einen Klienten entwickelt, der kurz nach der Geburt seines ersten Kindes spürte, dass seiner Partnerin die Mutterrolle zunächst zu viel war. Sie zog sich immer mehr zurück, und es war (für ihn) kaum Verbundenheit zwischen ihm und seiner Partnerin mehr spürbar. Die einzige gemeinsame Aktivität, die die beiden hatten, war einmal die Woche eine kleine Wanderung mit dem Baby im Tragetuch. Während dieser Wanderungen war die Frau nicht ansprechbar. Sie bat darum, einfach die ganze Zeit kein Wort zu sprechen, weil es ihr alles zu viel sei.

Der Klient lernte während der Beratungseinheiten, bei den Wanderungen mit der Partnerin den Halt und die Geborgenheit, wonach er sich so sehr sehnte, von den Bäumen zu bekommen. Hierzu übte er die *Baum-Atmung*.

Je mehr er sich während der Wanderungen mit dieser und ähnlichen Übungen beschäftigte, desto weniger Druck spürte seine Partnerin. Sie öffnete sich wieder mehr und mehr für den Austausch und kam wieder spürbar und nachhaltig zurück in die Beziehung.

3.8 Verbindung mit dem Zukunfts-Ich

Einen ganz besonderen »Coach« konsultieren

Zeit:	30 Minuten
Material:	–
Vorsicht:	Wenn die Klientin Erfahrungen mit psychotischen Episoden hat, kann diese Methode Ängste auslösen.
Natur:	Der Blick in den Himmel sollte frei sein.
Konstellation:	Einzel-/Paarberatung, mit Erfahrung auch Selbst-Coaching

Anlass

Manchmal fehlt uns die Struktur im Leben und wir wünschen uns, dass jemand kommt, der uns den Weg weist. In der Methode *Verbindung mit dem Zukunfts-Ich* folgen wir intensiver als an anderen Stellen dem Grundsatz, dass die Klientin die beste Expertin für ihr Leben ist. Wir unterstützen sie dabei, zunächst eine positive Instanz ihrer selbst in der Zukunft zu imaginieren, dann aus dieser Perspektive ihre gegenwärtige Situation zu betrachten und sich selbst Rat zur Lösung von Problemen zu erteilen.

Die Erkenntnisse, die die Klientin gewinnt, sind passgenau auf sie persönlich zugeschnitten. Sie erlernt mit dieser Methode eine Technik, die sie in ihrem Alltag selbständig einsetzen kann.

Vorbemerkung

Mit dieser Methode leiten wir unsere Klientin an, einen »Fixstern« zu erschaffen, der ihr in herausfordernden oder chaotischen Zeiten dabei hilft, sich zu orientieren, Mut zu fassen und voranzuschreiten. Da im Verlauf der Methode auch sehr persönliche Erinnerungen der Klientin eine Rolle spielen, sollte sie erst dann eingesetzt werden, wenn eine vertrauensvolle Klientin-Beraterin-Beziehung etabliert ist.

Bei Personen, die in der Vergangenheit psychotische Episoden erlebt haben, sollte man an diese Methode mit sehr viel Fingerspitzengefühl herangehen. Hierzu gehört, dass die vergangene Psychose bereits schon einmal Thema in unserer Beratung gewesen ist und wir offen darüber sprechen können. Außerdem sollte die Beziehung zwischen uns und der Klientin so tragfähig sein, dass wir aus unserer Expertise abschätzen können, ob der richtige Zeitpunkt gekommen ist, diese Übung anzubieten. So kann die *Verbindung mit dem Zukunfts-Ich* ein wahrer Segen für unsere Klientinnen werden.

Anleitung

1. **Erklären** – Wir erklären der Klientin, dass wir nun eine Übung anbieten, bei der sie ihr aktuelles Leben bzw. ihre gegenwärtigen Sorgen aus einer Zukunftsperspektive betrachten wird. Wir heben hervor, dass ihr diese Perspektive einen wohlwollenderen Blick auf sich selbst gewähren wird und dass sie von ihrem Zukunfts-Ich Rat und Verständnis erhalten kann. Folgendes könnten wir einleitend sagen:
   »Wie wäre es, wenn wir hierbei Ihren ganz persönlichen Coach befragen? Ich habe gute Erfahrungen damit gemacht, dass sich Menschen in solchen herausfordernden Situationen mit ihrem Zukunfts-Ich verbinden und dadurch wieder viel mehr Klarheit spüren und dann auch leichter wählen können, welche nächsten Schritte die passenden sind. Möchten Sie dies ausprobieren?«
2. **Standort finden und Punkt fixieren** – Wir bitten unsere Klientin, einen guten Stand zu finden und ihren Blick zum Himmel zu heben. Dann fordern wir sie auf, einen Punkt zu suchen, der ihre Aufmerksamkeit besonders anzieht.
3. **Verbindung mit dem Zukunfts-Ich aufbauen** – Nun bitten wir unsere Klientin, mit ihrem Blick eine Weile bei diesem Punkt zu bleiben und sich dann vorzustellen, dass sie sich über ihn mit einer der zukünftigen Versionen von sich selbst verbindet. Das Alter des Zukunfts-Ichs ist hierbei erst einmal egal, wichtig ist, dass sie sich mit einer Zukunftsversion verbindet, der es gerade einfach wunderbar geht.
4. **Zukunftsvision beschreiben** – Wir laden unsere Klientin ein, so blumig wie möglich zu schildern, was sie sieht, bzw. wie sie sich in der Zukunft sieht.

Fragen können sein:
»Wie alt ist diese Version von Ihnen?«
»Wie lebt sie?«
»Welche Kleidung trägt sie?«
»Was macht sie in ihrem Alltag gern?«
»Mit wem trifft sie sich und wie oft?«
»Was isst sie gern?«
»Worüber redet sie gern?«

5. **Sich in das Zukunfts-Ich hineinfühlen** – Wir bitten unsere Klientin, ein paar Schritte mit dem Gefühl des Zukunfts-Ichs zu gehen: »Wie fühlt es sich an, dort zu sein?«
6. **Zirkuläre Fragen stellen** – Wenn das Zukunfts-Bild klar und lebendig geworden ist, kann das Zukunfts-Ich als Ratgeberin oder Trostspenderin in das aktuelle Beratungsgespräch, aber auch in den Alltag der Klientin integriert werden. Wir können zum Beispiel fragen:
   »Welche Aspekte des aktuellen Lebens würde die 70-jährige Frau Schulz jetzt schon sehr angenehm finden?«
   »Was würde die 70-jährige Frau Schulz jetzt sofort ändern und wie genau?«
   »Wie würde die 70-jährige Frau Schulz die aktuelle Herausforderung lösen?«
   »Was würde die 70-jährige Frau Schulz jetzt dazu sagen?«
7. **Integration in den Alltag** – Die Einladung an unsere Klientin sollte sein, sich im Alltag in herausfordernden Situationen immer mal wieder mit diesem Zukunfts-Ich zu verbinden und auf diesem Weg neue, frische Lösungsansätze zu finden.

Wie es wirkt und warum es hilft

Eine sinnvolle und gesunde Lebensvision zu haben, unterstützt sehr dabei, im Hier und Jetzt selbstbewusst Entscheidungen zu treffen und immer besser Wesentliches von Unwesentlichem zu unterscheiden. Diese Methode durchbricht den Teufelskreis aus Visionslosigkeit und dem Gefühl, den Aufgaben, mit denen man sich konfrontiert sieht, nicht gewachsen zu sein.

Oft hetzen wir im Leben von einem kleinen oder großen Ziel zum nächsten kleinen oder großen Ziel und fühlen trotzdem kaum noch tiefe Befriedigung, wenn wir etwas geschafft haben. Indem wir lernen, all unsere Ziele in Einklang mit einer großen Vision zu bringen, beginnen wir, den Weg an sich immer mehr als sinnvoll und angenehm zu bewerten. So erreichen wir die Zwischenziele mit viel mehr Leichtigkeit, und falls wir mal Umwege gehen müssen, fühlt es sich immer weniger dramatisch an. Denn die große Vision, die dahintersteht, nämlich ein möglichst glückliches Leben zu führen, so wie wir das in der Vision unseres Zukunfts-Ichs sehen, erleuchtet uns dennoch den Weg.

Natur und Bewegung

Wie schon in der Beschreibung und später auch im Fallbeispiel erkennbar, ist die Natur ein idealer Ort, um diese Übung anzubieten. Im Prinzip könnte man die *Verbindung mit dem Zukunfts-Ich* auch sitzend, mit dem Blick aus dem Fenster heraus machen, aber wirklich draußen in der Natur zu sein, sich als Naturwesen zu erleben, umgeben von Pflanzen und Tieren, die sich in unterschiedlichen Lebensstadien befinden, macht diese Übung um ein Vielfaches hoffnungsvoller.

Der Blick in den Himmel lässt auf der einen Seite eine große Weite im Denken zu und unterstützt auf der anderen Seite das Bild, über einen Stern im Himmel mit dem Zukunfts-Ich in Kontakt zu treten. So wie der Baum der Sonne entgegenstrebt und bei Hindernissen einfach in eine andere Richtung weiterwächst und so, wie der Fluss immer Richtung Meer fließt – und unterwegs natürlich auch immer wieder aufgrund von Hindernissen die Richtung wechselt –, so sind auch wir Menschen eingeladen, unserer Vision entgegenzuwachsen oder zu fließen.

Und was ist mit der Bewegung? – Da unsere Klientin bei der Beratung in freier Natur die Möglichkeit hat, selbst zu wählen, welche Körperposition sie während dieser Übung einnehmen möchte und auch absolut frei ist, hier entsprechend ihrer Bedürfnisse zu wechseln, kann sie sich nicht nur gedanklich, sondern auch physisch komplett in diesen Prozess hineinfühlen. Außerdem kann sie im

Gehen in die Schuhe ihres Zukunfts-Ichs schlüpfen und sich so dieser Perspektive zusätzlich annähern. Diesen Punkt greifen wir gleich bei den Varianten noch einmal auf.

Varianten und Einsatzmöglichkeiten

Sie möchten diese Übung einmal im Selbst-Coaching ausprobieren? – Prima.

Bitte schreiben Sie sich vorab ein paar Fragen auf, die Sie dann während der Übung unterstützen werden. Anregungen hierzu finden Sie bei den Punkten 4, 5 und 6 der Anleitung. Zusätzlich ist es sinnvoll, ganz konkrete Fragen zu Ihren aktuellen Lebensherausforderungen zu notieren. Folgen Sie dann selbständig den Schritten der Anleitung.

Oder nehmen Sie diese Übung mit auf eine längere Wanderung. Sie können sie dann als Selbst-Coaching durchführen und sich zwischendurch viel Zeit nehmen, während der Sie einfach nur die Blicke und Gedanken entspannt schweifen lassen. Oder Sie führen bei dieser Gelegenheit laute Gespräche mit Ihrem Zukunfts-Ich. Es ist von Vorteil, wenn Sie sich immer wieder Notizen machen. So bleiben die »Botschaften«, die Sie erhalten, in Ihrem Bewusstsein.

Für Paarberatungen ist diese Methode ebenfalls sehr gut denkbar. In Paarkonflikten wird sehr oft aufeinander herumgehackt und irgendwann kann man kaum mehr etwas Gutes am Partner oder an der Partnerin erkennen. Diese Übung unterstützt dabei, die Blicke nach vorne zu richten und nach einer Vision Ausschau zu halten, die sich für beide Seiten stimmig anfühlt. Mit diesem gemeinsamen »Fixstern« können dann aktuelle Herausforderungen wieder gemeinsam gemeistert und Erfolge gefeiert werden.

Speziell bei Gesprächen im Gehen, bei denen man dem Gesprächspartner nicht gegenübersitzt, können wir die Klientin auch dazu anleiten, sich einmal vorzustellen, neben ihr gehe als Gesprächspartnerin nicht ihre Beraterin, sondern ihr Zukunfts-Ich. Sie möge sich auf diesen Gedanken einmal einlassen, den gemeinsamen Schritten lauschen und die Verbindung spüren. Wenn sich dann Fragen oder Sätze formen, ist es ratsam, diese laut auszusprechen. Jetzt können wir als Berater entscheiden, ob wir die Äußerung spiegeln, in die

Rolle des Zukunfts-Ichs schlüpfen oder einfach schweigend neben der Klientin hergehen und ihr die Gelegenheit geben, selbst die Antworten zu hören, die sie sich aus der Perspektive des Zukunfts-Ichs gibt. Am besten ist es, wenn wir unser Verhalten im Vorfeld mit der Klientin absprechen.

Eine weitere Möglichkeit ist natürlich, dass die Klientin in die Rolle (oder die Schuhe) ihres Zukunfts-Ichs schlüpft und der Berater, der neben ihr hergeht, das Gegenwarts-Ich verkörpert. Die Klientin spricht dann aus der Perspektive des Zukunfts-Ichs und der Berater, alias Gegenwarts-Ich, hört einfach nur zu.

Fallbeispiel

»So geht das nicht mehr weiter!!«, sagt Elena. »Ich möchte doch einfach nur meinen Gefühlen vertrauen und gleichzeitig auch wissen, dass mein Leben Strukturen hat. Ich möchte einen Plan haben und wissen, was es als Nächstes zu tun gibt. Je mehr ich mich mit meinen Gefühlen beschäftige, desto mehr Chaos entsteht.«

Ich schmunzle und biete der Klientin die Methode *Verbindung mit dem Zukunfts-Ich* an. – »Du wirst im Laufe des Lebens immer klarer spüren und sehen, wie du einmal leben möchtest, wenn du älter bist. Die Vision vom Zukunfts-Ich wird sich immer wieder wandeln. Aber im Hier und Jetzt dient sie als Fixstern, mit dem du dich in wackligen Augenblicken oder in Momenten, in denen es gilt, eine Wahl zu treffen, verbinden kannst. Dann mag es zwar geschehen, dass die Sinne im Hier und Jetzt ein großes Chaos wahrnehmen, und dennoch wirst du dich sicher und geborgen fühlen.«

Elena stimmt zu und so bitte ich sie, in den Himmel zu blicken. Wir stehen auf Stegen, die über eine Moorlandschaft führen. Die Witterung ist herbstlich.

Ich sage: »Irgendwo da oben, hinter der Wolkendecke ist ein Stern, der gerade auf eine ganz besondere Art deine Aufmerksamkeit zu sich zieht.«

Elena wiegt ihren Kopf ein bisschen hin und her. Nach einer Weile sagt sie: »Ja! Ich hab ihn.«

Ich erkläre ihr, dass sie sich über diesen Stern, diesen Fixpunkt, mit ihrem Zukunfts-Ich verbinden kann und ich bitte sie, sich einmal vorzustellen, wie sie in der älteren Version ihrer selbst ist, wenn alles möglich wäre. Das ist die Einladung, so richtig groß zu träumen. »Wenn es passt, kannst du natürlich deinen Kopf wieder sinken lassen und nur nach Bedarf wieder zu deinem Stern hinaufgucken!«

Elena beginnt zu lächeln: »Ja, ich sehe sie dort. Sie ist ganz bunt gekleidet, lächelt mich locker an.«

»Wie alt ist sie denn in etwa?«

»70 – aber sie wirkt kein bisschen alt. Sie hat so richtig Spaß am Leben!!«

Und so erzählt sie ein wenig von dieser 70-jährigen Elena. Dabei kommt sie so richtig ins Schwärmen. – Ich biete Elena eine kleine geführte Körperreise im Stehen an, in der sie sich von den Zehenspitzen bis zu den Haarwurzeln in den Körper und das Wesen der 70-jährigen Elena hineinfühlen und dann ein paar Schritte über die Stege gehen kann.

Im angeleiteten Gespräch mit mir kann so die 70-jährige Elena ihrer jüngeren Version wertvolle Tipps für den lockereren Umgang mit Herausforderungen geben. Auf die Frage, wer ihr so in ihrem Umfeld in den Sinn kommt, der oder die eine gute beste Freundin, ein guter bester Freund für die 70-jährige Elena sein könnte, erzählt sie freudig von einer ehemaligen Arbeitskollegin.

Dann frage ich noch, welche Bestandteile ihres jetzigen Lebens auch der 70-jährigen Elena sehr gut gefallen.

Zum Ende dieser Übung gebe ich Elena die Impulse mit auf den Weg, dass sie sich im Alltag jederzeit (gerne auch mit einem kleinen, zwinkernden Blick nach oben) mit der 70-jährigen Elena verbinden kann und so eine andere Perspektive auf und frische Lösungsansätze für aktuelle schwierige Situationen bekommen wird.

3.9 Die Gefühle unter dem Gefühl

Resilienzbewusstsein und Gefühlsedukation

Zeit:	30–45 Minuten
Material:	Es sollten (mindestens 5) flache Steine vorhanden sein.
Vorsicht:	Ggf. kommt es zu äußerst starken Gefühlsäußerungen.
Natur:	–
Konstellation:	Einzelberatung

Anlass

Wenn wir uns in einer Situation unwohl fühlen, nehmen wir oft nur ein einziges Gefühl wahr. Vielleicht versuchen wir, dieses Gefühl loszuwerden oder gar nicht erst zuzulassen. Das gelingt uns häufig aber nicht, da wir die Grundlage nicht kennen, aus der es immer wieder von neuem genährt wird.

Mit dieser Methode unterstützen wir unsere Klientinnen dabei, die Gefühle und die mit ihnen verbundenen Kognitionen, die unter dem liegen, was sie spontan wahrnehmen, zu entdecken und zu benennen. Auf diese Weise gelingt es, negative Emotionen aufzulösen und so Handlungsfähigkeit und lösungsorientiertes Denken (wieder) möglich zu machen.

Ein weiterer, mindestens ebenso wertvoller Effekt von *Die Gefühle unter dem Gefühl* ist, dass die Klientinnen sich selbst besser kennenlernen. Indem wir Schicht für Schicht die Gefühle unter den Gefühlen entdecken, stoßen wir auf Schätze und Ressourcen, die die jeweilige Persönlichkeit selbstbewusster und emotional reicher machen. Die Klientin erfährt also nicht nur Erleichterung, da sie ein belastendes Gefühl loswird. Ihre Lebendigkeit nimmt zu, da sie Zugang zu vielfältigen Gefühlen erlangt, die in ihr stecken. Darüber hinaus lernt sie am eigenen Beispiel, dass hinter einem ersten Eindruck sehr vielfältige Schichten verborgen sein können. Das mindert ihr Risiko, Vorurteilen auf den Leim zu gehen.

Vorbemerkung

Diese Methode empfehlen wir nur dann einzusetzen, wenn zuvor eine solide Beziehung zwischen Beraterin und Klientin etabliert wurde. Es ist im Verlauf der Übung stets damit zu rechnen, dass die Klientin in für sie äußerst schmerzhafte oder aufwühlende Bereiche vordringt. Die erfahrene Beraterin kann der Klientin zum einen die nötige Sicherheit geben, sich in diese Bereiche vorzuwagen, zum anderen verfügt sie aber auch selbst über die Kompetenz, professionell und emotional herausfordernde Situationen angemessen zu begleiten. Es ist unbedingt sicherzustellen, dass die Klientin im Anschluss an die Beratungsstunde (wieder) auf festem Boden steht.

Anleitung

1. **Ausgangssituation** – Die Klientin berichtet uns von einer Situation, unter der sie sehr leidet oder in der sie immer wieder starkes Unwohlsein empfindet.
2. **Vorstellung und Einladung** – Wir stellen ihr die Methode *Das Gefühl unter dem Gefühl* kurz vor. Dabei wählen wir in etwa die folgenden Worte: »Das ist ein Weg, mit dessen Hilfe wir in fünf einfachen Schritten näher an die Wurzel des Leidens bzw. des Unwohlseins herankommen. Wir finden so neue Perspektiven und Spielräume für Verbesserung. Wollen Sie das einmal ausprobieren?«
3. **Leid/Unwohlsein beschreiben und Steine sammeln** – Wenn die Klientin die Methode ausprobieren möchte, bitten wir sie noch einmal, ihr Leiden oder ihr Unwohlsein zu beschreiben und die dazugehörigen Empfindungen dabei innerlich ganz groß werden zu lassen. Während sie spricht oder direkt im Anschluss, bitten wir sie, fünf flache Steine zu sammeln. (Sollte die Umgebung zum Steinefinden ungeeignet sein, denken wir im Vorfeld daran, geeignete Steine zum Termin mitzubringen.)
4. **Turm bauen** – Wir bitten die Klientin, aus den fünf Steinen einen Turm zu bauen. Das darf in einem ruhigen, meditativen Modus passieren. Das unangenehme Gefühl soll beim Bauen des Turmes noch einmal intensiv erspürt werden.

5. **Dem »obersten« Gefühl nachspüren** – Nun bitten wir die Klientin, den obersten Stein des eben gebauten Turms aufzunehmen und ihn behutsam in der Hand zu wiegen, seine Form und seine Oberfläche mit den Fingern zu ertasten und ihn gerne auch von der einen in die andere Hand zu bewegen. Der Stein steht für das Leiden oder Unwohlsein der Klientin. Mit ihm in den Händen soll sie sich in diesen Zustand vertiefen und über ihn sprechen. Sie kann dabei je nach Belieben die Augen schließen oder ein paar Schritte umherwandern. Wir stellen der Klientin Fragen dazu, wie sie ihr Leid oder Unwohlsein empfindet, wo im Körper sie es wahrnimmt, welche Gedanken ihr durch den Kopf gehen, wenn das Gefühl am stärksten ist ... In dieser Phase werden keine Lösungen gesucht. Ohne etwas verändern zu wollen, findet alles Raum, was die Klientin sagen und beklagen will.
6. **Den Stein ablegen** – Wenn wir wahrnehmen, dass die Klientin zur aktuellen Gefühlsebene das (vorerst) Wesentliche erkannt und geäußert hat, bitten wir sie, den Stein neben dem Turm abzulegen.
7. **Den nächsten Stein aufnehmen** – Nun fordern wir die Klientin auf, den nächsten Stein aufzunehmen. »Bitte erlauben Sie sich nun, diese Ebene für den Augenblick zu verlassen und erforschen Sie einmal, welches Gefühl, welcher Wunsch oder welche Sehnsucht darunter zu finden ist. Nehmen Sie dazu den nächsten Stein vom Turm.«
   Die Schritte 5 bis 7 werden wiederholt, bis die Klientin den fünften Stein und die fünfte Gefühlsebene bearbeitet hat und man staunen darf, was hier zum Vorschein kommt.
8. **Abschluss** – Am Ende entscheidet die Klientin, ob sie alle oder einzelne Steine als Erinnerung mit nach Hause nehmen oder im Wald lassen möchte.

Wie es wirkt und warum es hilft

Auf psychoedukative Weise wird der Klientin durch diese anschauliche bzw. haptisch unterstützte Übung vermittelt, dass eine herausfordernde Situation immer aus verschiedenen Ebenen besteht und dass sie sich jederzeit eingeladen fühlen darf, eine Ebene tiefer zu forschen. Die einzelnen Steine bzw. die Etagen des Turms, geben der Methode ihre Struktur. Diese ist von großer Bedeutung, denn sie hilft der Klientin dabei, mit jedem Stein, den sie aufnimmt, ihr Denken und Fühlen innerhalb einer Wahrnehmungsebene zu halten. Erst wenn diese gründlich untersucht wurde, betritt sie die darunter liegende Etage. So erhält sie ein stimmiges und wohlgeordnetes Bild ihrer Gefühlszusammenhänge, die für sie bisher entweder unbekannt oder nur verworren wahrnehmbar waren.

Die Emotionen und Gedanken, die zuvor ganz besonders auch deshalb belastend oder sogar quälend für die Klientin waren, da sie ihre Ursachen nicht verstehen konnte, hängen auf einmal nicht mehr im luftleeren Raum. Sie erhalten eine Basis, die ihrerseits auf einem plausiblen Fundament ruht. Zum einen leidet die Klientin nun nicht mehr darunter, dass sie sich selbst nicht versteht, zum anderen hat sie durch die Kenntnis der Ebenen sowie deren Zusammenhänge untereinander viele Möglichkeiten, aktiv zu ihren Gefühlen Stellung zu nehmen. Alleine oder mit ihrer Beraterin wird sie herausfinden, dass sie auf eine untere Etage immer auch eine andere als die aktuelle Etage bauen kann. Diese Erkenntnis kann natürlich sehr gut mit vier weiteren Steinen veranschaulicht und bekräftigt werden. In diesem Fall begleitet die Beraterin die Klientin dabei, einen neuen Turm auf den untersten Stein ihres ursprünglichen Turms aufzubauen. Wir haben dies weiter unten als Variante der Methode skizziert.

Natur und Bewegung

Grundsätzlich kann diese Methode auch in der Beratungspraxis durchgeführt werden. Hier fällt zwar das Sammeln der Steine weg, dieser Punkt ist aber fürs Gelingen nicht essenziell. Trotzdem bevorzugen wir die Natur als Setting. Die Arbeit mit Naturmaterialien, im vorliegenden Fall mit den Steinen, ergibt im Freien immer eine höhere Stimmigkeit und Wertigkeit. Wenn wir draußen Steine, Stöcke, Blumen oder Zapfen als Symbole für Gedanken oder Gefühle verwenden, dann lautet eine mitschwingende Aussage ungefähr wie folgt: »Wir betrachten die Welt mit offenen Augen und verwenden das, was sie uns unmittelbar zur Verfügung stellt.«

Dieses unmittelbare Annehmen dessen, was vorhanden ist, überträgt sich ebenfalls auf die Introspektion dieser und ähnlicher Methoden, die wir in der Natur und mit Naturmaterialien durchführen. Die übertragene Aussage lautet: »Wir betrachten das, was wir in uns vorfinden, ohne Brille und positionieren uns zu dem, was wir sehen und empfinden.«

Darüber hinaus hat die Natur das Potenzial, entweder belebend oder beruhigend zu wirken. Auch das ist nicht nur für die aktuelle Methode ein Vorteil, es spielt hier aber eine besondere Rolle, da die Klientin, je nachdem in welche Bereiche sie die Arbeit durch die Gefühls- und Wahrnehmungsebenen führt, einen dieser beiden latent wirkenden Effekte sehr gut gebrauchen kann. Der belebende Effekt ergibt sich aus der Vielfalt der natürlichen Sinneseindrücke sowie dem Gefühl, inmitten all diesen Reichtums auf eigenen Beinen zu stehen und zu gehen. Sie bestärkt und ermutigt diejenigen, die im Laufe der Methode auf verborgene Schätze stoßen, diese zu bergen und fruchtbringend zu verwenden. Der beruhigende Effekt wird unter anderem durch die Größe und die Unbeeindrucktheit der Natur bewirkt.

Mit »Unbeeindrucktheit« meinen wir, dass in der Natur um uns herum unzählige Bewegungen und Bekundungen von Leben stattfinden, auch wenn das Individuum innerlich todtraurig ist oder meint, emotional zu erstarren. Es kommt dann vor, dass ihm die Natur durch spielende Sonnenstrahlen, Vogelgezwitscher oder das Plätschern von Wasser ganz behutsam zuraunt: »Es ist gut. Das Leben geht weiter.«

Und was ist mit der Bewegung? – Auch die körperliche Bewegung unterstützt das innerliche »Forschen« auf bzw. in den einzelnen Ebenen. Es fällt unserer Erfahrung nach den Klientinnen besonders leicht, sich in ihrem Inneren umzuschauen, wenn sie dabei die Freiheit haben, sich entweder mit geschlossenen Augen sachte von einem Bein aufs andere zu wiegen oder, diesmal mit geöffneten Augen, einige langsame, scheinbar ziellose Schritte in unterschiedliche Richtungen zu gehen.

Vergleichbares gilt für den Umgang mit den Steinen. Zunächst verlangt die Aufgabe, den Turm zu errichten, je nach der Form der

Steine ist Konzentration und sehr vorsichtige, fein abgemessene Bewegungen erforderlich. Dadurch wird die Aufmerksamkeit der Klientin für einige Augenblicke von etwaigem Gedankenkreisen abgezogen. Damit haben wir eine gute Vorbereitung für die eigentliche Methode.

Das Halten bzw. Tragen der Steine während des Denkens und Nachspürens stellt eine Bewegung dar, die den Prozess unterstützt. Der einzelne Stein kann in nur einer Hand liegen oder gehalten werden, er kann von der einen in die andere Hand gereicht bzw. von der einen aus der anderen Hand genommen werden, er kann auch in beiden Händen gleichzeitig liegen. Durch die Bewegung und Stimulation der Hände wird das Denken und Fühlen stimuliert und bei der Sache bzw. in der jeweiligen Wahrnehmungsebene, für die der einzelne Stein steht, gehalten. Damit fungiert der Stein als eine Art Anker, der die Klientinnen daran erinnert, bei der Sache zu bleiben. Mitunter kommen der Klientin speziell dann neue Bilder, Erkenntnisse oder Gefühle, wenn sie das Gewicht des Steins von der einen in die andere Hand verlagert.

Varianten und Einsatzmöglichkeiten

Wie bereits weiter oben erwähnt, kann ausgehend von jeder Etage die Richtung der Methode umgekehrt werden. Dazu sollten andere als die bisher vom Turm heruntergenommenen Steine zur Verfügung stehen. Die Aufforderung und Frage des Beraters könnte dann wie folgt lauten: »Sie haben für sich erkannt, dass die Gefühlsebene, für die der Stein, den Sie im Augenblick in der Hand halten, Y beinhaltet. Ursprünglich lag auf dieser Ebene ein Stein, den Sie mit X beschrieben haben. Damit ging es Ihnen nicht gut. Welches bessere Gefühl und welche freundlicheren Gedanken könnten Sie sich anstatt X vorstellen? Bitte legen Sie den Stein, der für Y steht, wieder auf den Turm. Nehmen Sie dann einen neuen Stein in die Hand. Dieser Stein kann die nächsthöhere Ebene auf Ihrem Turm werden. Überlegen Sie sich, welche Gefühle und Gedanken diese Ebene, die ja auf Y ruht, beinhalten soll.« [Die Klientin nennt Gefühle und Gedanken für eine alternative Ebene Z.] »Wenn Sie mögen, dann legen Sie nun diesen Stein als oberste Etage auf den Turm. Wie fühlt sich das für Sie an? Stimmt das schon so für Sie? Wollen Sie noch etwas verändern oder hinzufügen?«

Fallbeispiel

Renate (65) ist schon viel mit ihrem Mann durch die Welt gereist. Sie hat viele Kulturen kennengelernt und sie liebt es, Aspekte ihrer Erlebnisse harmonisch in ihren Alltag zu integrieren. Sie wirkt sehr jung geblieben. Ihre Augen funkeln, wenn sie von kleinen und großen Abenteuern erzählt, die sie inzwischen mit ihren Enkeln erlebt.

Die Klientin klagt in der Beratung, dass sie zwischen sich und einer ihrer Schwiegertöchter große Spannungen wahrnimmt, unter denen sie sehr leidet. Ich schlage ihr die Methode *Die Gefühle unter dem Gefühl* vor. Renate ist neugierig und erklärt sich bereit, die Methode kennenzulernen.

Ich bitte die Klientin – während sie sich dem Gefühl von Spannung hingibt – fünf unterschiedlich große, flache Steine zu finden. Die Steine sind schnell gefunden. Ich bitte Renate, auf einem Baumstumpf, an dem wir gerade stehen, die Steine zu einem Turm aufeinander zu schichten. Dann bitte ich sie, den obersten Stein in die Hand zu nehmen, intensiv in das Gefühl der Spannung hineinzufühlen und zu beschreiben, »was da bei ihr los ist«.

Die Klientin geht einige Schritte mit dem Stein umher und sagt schließlich: »Es ist ja auch die Enttäuschung. Mit der anderen Schwiegertochter läuft alles so rund und nur mit ihr habe ich diese Probleme. Ich verstehe einfach nicht, was da los ist, was dahintersteckt. Irgendwie fühle ich da so eine Enge. Sie ist immer so kurz angebunden. Wenn sie die Kinder zu mir bringt, ist sie sofort wieder weg.«

Ich frage Renate, wo im Körper sie diese Enge fühlt.

»Es ist so im Brustbereich und zieht hoch in den Hals – fast schon wie ein Kloß im Hals, der zu weit heruntergerutscht ist.«

»Bist du bereit, dazu wahrzunehmen, was darunter zu fühlen ist?«

Die Klientin ist einverstanden. Sie legt den Stein neben den Baumstumpf und nimmt den nächsten in die Hände.

Wieder geht sie mit dem Stein umher. Dann sagt sie: »Ich möchte doch eigentlich nur, dass wir als Familie uns so richtig verbunden fühlen und dass alle das zeigen und annehmen können – aber irgendwie fühle ich jetzt auch, dass meine Schwiegertochter da eine andere Art hat, das zu zeigen.«

»Und wie fühlt sich das für dich an?«

»Erleichternd. – Ich bin ja nicht dafür verantwortlich, wie sich meine Schwiegertochter fühlt. Sie heißt übrigens Sonja. Sie hat echt keine schöne Kindheit gehabt und kennt das alles so nicht – große Familie und so was alles. Mein Sohn sagt immer, wie dankbar sie ist, mit dazuzugehören.«

»O.k., sollen wir den dritten Stein nehmen?«

Renate legt den zweiten Stein sanft und liebevoll neben den ersten und nimmt den dritten Stein vom Stapel. Sie geht umher und sagt nach einer Weile: »Hier fühle ich gerade mich als Kind, wie oft ich mich nach mehr Zusammenhalt in der Familie gesehnt habe und wie schön es war, wenn wir mal alle zusammen waren – die Omas, Opas, Tanten, Onkel, Geschwister, Cousins und Cousinen … Und wie beklemmend es sich angefühlt hat, wenn ich spürte, dass es zwischen bestimmten Personen kriselte. – Jetzt möchte ich es *besser* machen und mache mir da irgendwie zu viel Druck – Ich hab da noch den Druck aus der Kindheit in mir.«

Sie legt selbständig den dritten Stein neben den zweiten Stein, nimmt den vierten Stein vom Stapel und geht damit etwas hin und her.

»Hier spüre ich so viel Dankbarkeit und Liebe, denn das, was ich als Kind erlebt habe, war die Basis für das, was ich jetzt für möglich halte, und es ist noch so viel mehr möglich. Da ist die Einladung dabei, das, was sich jetzt schon super für mich anfühlt, noch mehr zu feiern und damit auch meinen Erwartungsdruck von Sonja zu nehmen. Sie ist nicht dafür verantwortlich. Sie ist eine gute Mutter und auch so eine liebevolle Partnerin für meinen Sohn.«

Sie legt auch diesen Stein neben die anderen und nimmt den letzten Stein in die Hand.

»Ja! Einfach das würdigen, was jetzt gerade ist. Die Enge und

der Kloß im Hals sind jetzt komplett weg, stattdessen fühle ich so ein besonderes vorfreudiges Gefühl.«
Nun liegen vier Steine neben dem Baumstamm. Den fünften Stein nimmt Renate mit nach Hause. »Als Erinnerung. Das nächste Mal, wenn das enge Gefühl kommt, werde ich diesen Stein in die Hand nehmen und mich erinnern. – 1000 Dank für diese wundervolle Methode.«

3.10 Skalierung in der Natur

Aus dem Schwarz-Weiß-Denken rauskommen und Nuancen entdecken

Zeit:	ab 15 Minuten
Material:	Naturmaterialien zum Markieren der Skala z. B.: Zapfen, Stöcke, Steine
Vorsicht:	–
Natur:	Ein Trampelpfad oder Weg wäre gut, es geht aber auch ohne.
Konstellation:	Einzel-/Gruppenberatung

Anlass

Skalierungsfragen bringen Beratungen immer wieder einen großen Schritt nach vorne. Je nachdem, wann man sie im Prozess einsetzt, haben sie besondere Stärken. Während der ersten Sitzungen dienen sie z. B. der Standort- und Zielbestimmung. Im weiteren Verlauf helfen sie den Klienten immer wieder dabei, Klarheit über ihre eigene Situation zu erlangen oder neue Perspektiven und Lösungsansätze zu gewinnen. Mit ihrer Unterstützung finden viele Klienten aus gefühlter Hilflosigkeit oder einer empfundenen Opferrolle heraus. Bereits erreichte Verbesserungen können erkannt und gewürdigt werden. Am Ende des Beratungsprozesses lassen sich mit *Skalierungsfragen* die Ergebnisse je nach Wunsch mit der Ausgangssituation oder mit den ursprünglich gesteckten Zielen in Relation setzen.

Ein weiterer Vorteil der *Skalierungsfragen* ist, dass sie dabei helfen, eine gemeinsame, sehr einfache Sprache zwischen Klient und Berater zu etablieren, mit deren Hilfe sie sich über Emotionen und Gedanken austauschen können, die sonst nur sehr schwer in Worte zu kleiden sind.

Vorbemerkung

Die Arbeit mit *Skalierungsfragen* oder auch *Skalenfragen* ist in vielen Therapie- und Coachingverfahren fester Bestandteil. In der Outdoor-Variante, die wir hier vorstellen, ist diese Technik besonders wirkungsvoll. Das liegt unter anderem daran, dass die Skalen im Freien in einem sehr großen Maßstab angelegt werden und dass der Klient sich beim Beantworten der jeweiligen Fragen körperlich an die Skalenpostion begibt, die seiner Antwort entspricht.

Klienten, die diese Methode bereits aus der Praxis kennen, erleben sie draußen in einem veränderten Licht. So gewinnen Sie auch zu den gestellten Fragen eine neue Beziehung und machen sich mit gesteigertem Interesse an deren Beantwortung.

Anleitung

1. **Erklären** – Wir erklären dem Klienten zunächst den groben Ablauf und den Sinn dieser Methode.
2. **Markierungen sammeln** – Der Klient sammelt 10 Naturgegenstände, mit denen die Abschnitte einer Skala von 1 bis 10 deutlich am Boden markiert werden können. Als Berater entscheiden wir, ob wir unseren Klienten beim Sammeln unterstützen.
3. **Skala legen** – Wenn nicht schon geschehen, wählen wir jetzt einen Bereich, in dem die Skala gelegt werden soll. Es kann ein Abschnitt auf einem Pfad, einem Wald- oder Feldweg oder einer sonstigen freien, übersichtlichen und gut begehbaren Fläche sein. Natürlich ist darauf zu achten, dass wir am jeweiligen Ort ungestört von Spaziergängern oder Radfahrern mit unserem Klienten arbeiten können.

   Die Länge der Skala, sprich der Abstand zwischen der ersten und letzten Markierung, hängt von den örtlichen Gegebenheiten ab. Eine Strecke von 10 bis 20 Metern ist optimal, da diese Distanz überschaubar ist und gleichzeitig genügend Raum für gute körperliche Bewegung bietet.

4. **Richtung bestimmen** – Dann bestimmt der Klient, an welchem Ende der Skala die 1 und an welchem die 10 sein soll.
5. **Aufwärmfragen** – Wir beginnen die eigentliche Übung nun, indem wir unserem Klienten ein paar Aufwärmfragen stellen. Diese könnten wie folgt lauten:
   »Wie gut sind Sie heute Morgen aus dem Bett gekommen?«
   »Wo auf der Skala würden Sie Ihre Zufriedenheit mit Ihrem letzten Sommerurlaub einsortieren?«
   »Wenn sich das Leben bei 10 wie der Himmel auf Erden und bei 1 sehr schrecklich anfühlt, wo auf der Skala würden Sie Ihr aktuelles Empfinden einsortieren?«
   Wir bitten unseren Klienten, sich jeweils an den Punkt der Skala zu stellen, der zu seiner Antwort passt. Dort gilt es, für einen Augenblick zu verweilen und sich selbst zu befragen, ob dies wirklich der korrekte Punkt ist oder ob vielleicht eine Korrektur angebracht wäre.
6. **Individuelle Fragen** – Nun gehen wir zu Fragen über, die zur konkreten Situation des Klienten passen. In unserem Fallbeispiel geht es um das Skalieren von Gefühlen (s. unten). Es können natürlich auch andere Situationen untersucht und bearbeitet werden, wie z. B. »Wie erfolgreich/kompetent/zufrieden fühle ich mich an meinem Arbeitsplatz/in Teamsitzungen/in meiner Beziehung/in meiner Vaterrolle/im Zusammenhang mit XYZ?«
   Sogar Zeitreisen sind denkbar. Wir fragen dann z. B.: »Wann im Leben haben Sie sich mal so richtig wohl in Ihrer Haut gefühlt? Und wo auf der Skala würden Sie Ihr Wohlbefinden gegenwärtig einsortieren?«
7. **Zirkuläres Fragen** – Durch die Antworten, die jeweils aufgrund der physischen Bewegung an unterschiedliche Punkte der Skala besonders gut nachempfunden werden können, gewinnen wir eine großartige Basis für zirkuläre Fragen. Mit unserem Klienten betrachten wir, ausgehend von den Skalen-Punkten, an denen er jeweils stehenbleibt, Situationen und Herausforderungen aus seinem Problembereich.

8. **Anvisieren** – Es kann manchmal hilfreich sein, von einem Punkt der Skala zu einem anderen zu blicken und dabei die Distanz (im übertragenen Sinne) zwischen dem eigenen, aktuellen Standpunkt und dem anvisierten Ziel nachzuempfinden. Fragen könnten dann lauten:
   »Was trägt dazu bei, dass Sie sich in dieser gewünschten Zukunft so wohlfühlen?«
   »Welche Zutaten fehlen noch, damit die gewünschte Zukunft erreicht werden kann?«
   »Welche Faktoren tragen jetzt aktuell dazu bei, dass Sie sich so hilflos fühlen?«
   Auf diese Weise lassen sich sehr gut Veränderungen planen. Eine passende Fragen ist z. B.:
   »Was müsste jetzt passieren, damit Sie sich einen kleinen Schritt weiter in die ersehnte Richtung (auf der Skala) bewegen können?«
9. **Kreativität** – Der beraterischen Kreativität steht mit dieser Methode ein unendliches Feld offen. Wir sollten uns als Berater immer erlauben, die Fülle der Natur und des Waldes zu nutzen, indem wir unsere Klienten dazu ermutigen, sich auf der Skala hin und her zu bewegen. Sie sollen sich individuelle Fragen stellen, Perspektiven wechseln, den Blick beim Nachdenken und Nachempfinden immer wieder in die Ferne schweifen lassen, Diskrepanzen zwischen Ist-Zustand und Zielvorstellungen betrachten und Lösungsschritte planen.

Wie es wirkt und warum es hilft

Skalierungsfragen unterstützen den Beratungsprozess auf mindestens drei unterschiedliche Arten:

1. Sie laden dazu ein, aus dem Schwarz-Weiß-Denken herauszukommen und neue Nuancen und Chancen in einer herausfordernden Situation zu erkennen.
2. Bei Problemen, die sehr unübersichtlich und verworren erscheinen, helfen sie, klarer zu sehen und greifbare Lösungsansätze zu ermitteln.

3. Die Zahlen, die für die Skalenpositionen stehen, bieten Klient und Berater einen sehr einfachen Zugang, um über komplizierte emotionale Nuancen ins Gespräch zu kommen.

Kurz: Mithilfe dieser Übung kommen die Klienten mit relativer Leichtigkeit aus der selektiven und problemfokussierten Wahrnehmung ihres Verstandes heraus. Sie gewinnen Erkenntnisse, die sie offener für neue Lösungsansätze und neue Wahrheiten machen.

Natur und Bewegung

Die Arbeit mit und auf einer eigenhändig erstellten Skala inmitten der sie umgebenden Natur ist wesentlich eindrucksvoller als die Arbeit auf einem Schreibblock, einem Flipchart oder auf einer Skala, die mit Klebestreifen am Boden der Praxis angebracht wurde. Das liegt unter anderem daran, dass die einzelnen Skalenpunkte haptisch und visuell (im Kontext mit der Fläche, auf der sie liegen) reichhaltiger und einprägsamer sind als nüchterne Ziffern entlang einer Linie.

Die Skala ist in ein lebendiges Umfeld eingebettet und weist farbliche Schattierungen auf. Mitunter ist sie rau und uneben. Sie ist also alles andere als steril. So werden alle Sinne angeregt; Fühlen und Denken verlassen die eingefahrenen Bahnen. Neue Ideen geraten ins Blickfeld. Passende Lösungswege können direkt anhand der Skala geplant und beschritten werden.

Auch die Landschaft ringsum bietet eine Kulisse (Weitblick und Inspiration, aber auch Beruhigung), die das Nachdenken und Sicheinfühlen begünstigt. Mit anderen Worten: Die Antworten und Erkenntnisse, die wir bei der Arbeit mit einer Skala in der Natur finden, sind tendenziell differenzierter und tiefergehend, als diejenigen, die wir in geschlossenen Räumen erarbeiten.

Und was ist mit der Bewegung? – Auch die körperliche Bewegung leistet ihren Beitrag zum Erfolg dieser Methode. Zunächst einmal wissen wir, dass kreatives Denken im Gehen besonders gut funktioniert. Den Zusammenhang zwischen Bewegung und Denken haben wir in Kapitel 2.1.2 untersucht. Der Klient, der bei der Beantwortung der Skalierungsfragen die Skala auf- und abschreitet, ist in der Regel viel wacher bei der Sache, als derjenige, der lediglich mit den Augen über die einzelnen Skalenpunkte hinweggleitet. Um von einem Punkt zum anderen zu gelangen, muss er sich körperlich aufraffen und bewegen. Auf diese Weise lassen sich Unterschiede zwischen den einzelnen Punkten (in Bezug auf die jeweils behandelte Frage) sehr genau untersuchen bzw. erspüren.

So können wir z.B. einen Klienten, der die Frage nach seiner aktuellen Zufriedenheit am Arbeitsplatz beantwortet, indem er sich an die dritte Position der Skala stellt, auffordern, die Skala Schritt für Schritt entlangzugehen und dabei nachzuspüren, welche Veränderungen möglich und nötig wären, damit die anvisierte Entwicklung in Zukunft eintreten kann. Dem Unterbewusstsein wird so gezeigt, dass die Entwicklung von einem Punkt zum anderen ein Prozess ist, der zwar Mühen verlangt, der aber gestaltet werden kann und dessen Bewältigung sich lohnt.

Varianten und Einsatzmöglichkeiten

Wenn die Methode unserem Klienten einmal bekannt ist, muss nicht immer aufwendig eine Skala gelegt werden. So können wir zum Beispiel im laufenden Gespräch einfach spontan einen bestimmten Wegabschnitt, der vor uns liegt, für diese Übung vorschlagen. Bisweilen bietet uns der Weg bzw. das Terrain eine willkommene Trasse für eine Skala mit besonderer symbolischer Aussagekraft. Denken Sie z.B. an einen steil ansteigenden Wegabschnitt, an dessen unterem Ende die 1 und an dessen oberen Ende die 10 angesiedelt werden. Vergleichbares bieten uns auch Treppenstufen oder Brücken. Der Weg zum ersehnten Ziel lässt sich auf diese Weise besonders eindrücklich veranschaulichen.

Speziell für Gruppen, Teams oder Familien ist es attraktiv, *Skalierungsfragen* auf großzügig dimensionierten Skalen in freier Natur zu bearbeiten. Die Gruppe in ihrer Gesamtheit kann so sehr anschaulich ihre Antworten auf Fragen finden und darstellen, die nach dem folgenden Schema funktionieren: »Wo stehen wir bezüglich Thema X?«, »Wie groß ist unsere Fähigkeit im Bereich Y?«. Diskussionen innerhalb der Gruppe auf dem Weg zur Antwort sind an sich schon wertvoll. Sie bieten darüber hinaus sowohl dem Berater als auch den einzelnen Gruppenmitgliedern sehr häufig reichlich

Erkenntnisimpulse für weiterführende Diskussionen und Entwicklungswege.

Ein weiterer Vorteil, den die Arbeit mit *Skalierungsfragen* in freier Natur Paaren oder Gruppen bietet, ergibt sich, wenn die einzelnen Teilnehmer dazu aufgefordert werden, sich jeweils an die Position zu stellen, die der individuellen Antwort auf die gestellte Frage entspricht. Auf diese Weise werden sowohl Übereinstimmungen als auch Differenzen äußerst anschaulich und bisweilen schmerzlich überraschend ans Licht gebracht. Der Phantasie für kreative Gruppenarbeit auf attraktiven Outdoor-Skalen sind wirklich keine Grenzen gesetzt.

Fallbeispiel

Lennart hat große Probleme damit, seine Gefühle zu ordnen. Es belastet ihn sehr, dass er regelmäßig von einer extremen Gefühlsregung ins scheinbare Gegenteil katapultiert wird. Im Gespräch erzählt er, wie merkwürdig er es findet, dass er die Beziehungsprobleme mit seiner Partnerin hier aus der Ferne als so belanglos bewertet. Sobald er aber wieder mit ihr in der gemeinsamen Wohnung ist, ist es für ihn schier unerträglich und er möchte am liebsten einfach nur weg.

Um Lennart neue Handlungsmöglichkeiten in dieser Situation aufzuzeigen, stelle ich ihm die Skalierungs-Methode vor. Diese möchte er sehr gerne ausprobieren und so sammelt er zunächst 10 Zapfen, die wir in gleichmäßigen Abständen als Skala auf den Boden legen. Ich bitte Lennart festzulegen, welches Ende der Skala für 10 (extrem unangenehm und belastend) und welches für 1 (angenehm, freudig und leicht) steht.

Nun fordere ich ihn auf, in sich hineinzuspüren: »Bitte schließe mal kurz die Augen und fühle, wie deine Füße hier auf dem Waldboden stehen. Verbinde dich mit der Erde; fühle die Freiheit um dich herum; genieße deine Atemzüge ...« Lennart atmet tief und gleichmäßig. Ich nehme wahr, wie er sich entspannt. Nach kurzer Pause bitte ich ihn, die Augen wieder zu öffnen und sein gegenwärtiges Gefühl festzuhalten. Dazu frage ich ihn: »Wie fühlst du dich gerade?«

»Leicht – freudig, entspannt – so richtig gut!«, strahlt Lennart.
Ich bitte ihn, zu dem Punkt auf der Skala zu gehen, der seinem Gefühl entspricht.
Er stellt sich zum Zapfen, der die Nummer 1 repräsentiert.
»Bitte sieh dich hier einmal um. Fühle dich in diesen Moment hinein. Genieße ihn so richtig. Speicher ihn dir ab.« Nun bitte ich Lennart, wieder etwas aus der Skala herauszutreten und sich in das Gefühl hineinzuspüren, das er empfindet, wenn er zu Hause in der angespannten Situation mit seiner Partnerin ist. Lennarts Mimik und Körperhaltung verändert sich. Er wirkt angespannt, unzufrieden und verärgert. Ich bitte ihn, die Augen zu schließen und in diese Stimmung einzutauchen. Wieder frage ich ihn, wie er sich fühlt.
»Boah, ich bin nur genervt … Siehst du, so schnell kann das gehen. Das ist echt heftig!«
Ich bitte Lennart, zu der Stelle der Skala zu gehen, die seinem aktuellen Gefühl entspricht. Er begibt sich schnurstracks zur 10. Dort stellt er sich hin und scheint so richtig verärgert zu sein. Auch diesmal bitte ich ihn, sich umzusehen und hineinzuspüren in das, was jetzt gerade für ihn wahrnehmbar ist. Nach einer kurzen Weile fordere ich Lennart auf, sich in eine Situation mit seiner Partnerin zu versetzen, die sich für ihn möglichst leicht und freudig anfühlt. Er denkt kurz nach und sagt dann: »Wenn wir zusammen wandern gehen oder wenn wir abends mit guten Freunden essen gehen. Das ist richtig schön, dann können wir so viel miteinander lachen – dann ist es fast wieder so, als wären wir gerade frisch zusammen … dann ist irgendwie nichts mehr zu spüren von der Anspannung zu Hause.«
»O. k., welche Stelle der Skala würde hierfür stehen?«
Er geht zwischen die 3 und die 2.
Wieder bitte ich Lennart hineinzufühlen, sich auch mal bewusst zu beiden Enden der Skala hinzuwenden und den jeweiligen Unterschied zu seinem aktuellen Standpunkt zu spüren.
So spielen wir noch eine Weile mit unterschiedlichen Situationen. Lennart erfährt auf diese Weise nicht nur verstandesmäßig, sondern auch körperlich und mit allen Sinnen, dass es diese un-

terschiedlichen Wahrnehmungsebenen gibt, die er ganz bewusst erleben kann.
Wir entwickeln ausgehend von der Skalierungsarbeit Strategien, die Lennart in Zukunft dabei helfen sollen, unangenehme Situationen als weniger unangenehm wahrzunehmen oder gar in angenehmere zu verwandeln bzw. frühzeitig sich anbahnende Spannungen zu erkennen und präventiv zu reagieren.

3.11 Wieder in Fluss kommen

Blockaden lösen und neue Zuversicht gewinnen

Zeit:	15–30 Minuten
Material:	Naturmaterialien, die auf dem Wasser schwimmen: Stöcke, Zweige, Zapfen, Blätter etc.
Vorsicht:	Nichtschwimmer haben ggf. einen gesunden Respekt vor dem Wasser.
Natur:	Diese Methode kann nur im Freien und an einem fließenden, möglichst naturbelassenen Gewässer durchgeführt werden.
Konstellation:	Einzel-/Gruppenberatung, Selbst-Coaching

Anlass

Manchmal haben wir das Gefühl, dass wir überall hängenbleiben, unzufrieden auf der Stelle treten und dabei immer unglücklicher werden. Das Leben scheint nicht richtig zu fließen oder es kommt uns vor, als drehten wir uns hilflos im Kreis.

Die Methode *Wieder in Fluss kommen* hilft dabei, die eigenen Werte und Wünsche wieder zu entdecken, neuen Mut zu fassen, sich frei zu machen und in Flow zu kommen. Wir erkennen, dass Barrieren und Strudel in jedem munteren Gewässer vorkommen und dass mit einer gezielten Hilfestellung, einer neuen Perspektive, einem Impuls oder einer veränderten Einstellung wieder mehr Bewegung und Freude ins Leben kommt.

Vorbemerkung
Die Beraterin sollte stets darauf achten, dass sie durch die Wahl des Ortes und die Erläuterungen vor und während der Methode die positiven und vitalisierenden Aspekte des fließenden Gewässers in den Fokus der Klientin rückt. Assoziationen, wie sie von Verschmutzungen, Betonmauern oder anderen menschlichen Eingriffen in den natürlichen Verlauf des Gewässers geweckt werden könnten, machen es negativ eingestellten Klientinnen unter Umständen unmöglich, der Methode vertrauensvoll zu folgen.

Gegenüber Klientinnen, die unter mangelhafter Selbstwirksamkeit oder einem starken Gefühl des Ausgeliefertseins leiden, sollte ggf. betont werden, dass das Bild der in einem Gestrüpp oder Strudel gefangenen Gegenstände nicht überstrapaziert werden darf und dass in jedem Menschen eben auch das Potenzial steckt, sich selbst zu helfen.

Anleitung

1. **Einen Platz am Wasser finden** – Zu Beginn der Methode suchen wir mit unserer Klientin einen Platz an einem naturbelassenen und lebendigen, fließenden Gewässer auf. Von unserem Standpunkt – vielleicht gibt es ja sogar eine Brücke – sollten wir einen guten Überblick, vor allen Dingen in Fließrichtung, haben.
2. **Das strömende Wasser betrachten** – Gemeinsam vertiefen wir uns für einige Augenblicke in den Anblick des strömenden Wassers. Wir weisen uns gegenseitig auf Feinheiten hin: Strudel; Lichtreflexe; Beschaffenheiten und Bewuchs der Uferböschung; Untiefen, Steine und Pflanzen im Wasser; Plätschern, Glucksen, Gurgeln, Tosen des Wassers; Fische, Vögel, Insekten; Geruch des Wassers und der feuchten Erde ...
3. **Flow-Momente ins Bewusstsein rufen** – Wir bitten dann unsere Klientin, von Momenten aus ihrem Leben zu berichten, in denen sie sich im Flow gefühlt hat.
4. **Symbole für Flow-Erfahrungen sammeln** – Nun sammeln wir Naturgegenständen, die für diese guten Erlebnisse und Lebens-

abschnitte stehen. Es sollten Dinge sein, die auf dem Wasser schwimmen, wie z. B. Blätter, Blüten, Zweige oder leichte Zapfen.

5. **Gegenstände dem Fluss anvertrauen** – Wenn es sich für die Klientin richtig anfühlt, dann ermuntern wir sie, diese Gegenstände mit der Strömung treiben zu lassen. Es mag dann durchaus geschehen, dass einer dieser Gegenstände im Gesträuch der Uferböschung oder in einem Strudel hängen bleibt. Das bietet eine günstige Gelegenheit, über Gefühle zu reden, die dieser Vorfall in der Klientin hervorruft.
6. **Probleme ansprechen** – Im Folgenden sprechen wir mit unserer Klientin über Bereiche, in denen sie sich gegenwärtig gefangen, behindert, blockiert oder gehemmt fühlt.
7. **Symbole für die Problembereiche sammeln** – Gemeinsam sammeln wir dann Naturgegenstände, die symbolhaft für diese Bereiche stehen.
8. **Ein Problemsymbol auswählen und ins Wasser legen** – Daraufhin bitten wir unsere Klientin, einen Lebensbereich auszuwählen, der sie besonders bedrückt. Wir versuchen, den dazugehörigen Naturgegenstand so in den Bach oder Fluss zu legen, dass er durch eine natürliche oder selbst gebaute Barriere am Davontreiben gehindert wird.
9. **Über das Problem sprechen** – Angesichts des verhinderten, gefangenen Gegenstandes, der möglicherweise im Wasser zittert, sich im Kreis dreht, ohne vom Fleck zu kommen, oder vielleicht an einer strömungsarmen Randlage des Gewässers liegt, sprechen wir mit unserer Klientin über das Problem. Immer wieder stellen wir dabei die Verbindung zwischen dem im Wasser liegenden Symbol und dem realen Leben der Klientin her. Mögliche Fragen sind:
   »Was braucht es hier und was brauchen Sie im Alltag, um ins Fließen zu kommen?«
   »Was nützt es Ihnen, hier noch so festzuhalten?«
   »Wie wäre es, wenn die Strömung im Wasser bzw. im entsprechenden Lebensbereich, stärker wäre?«
   »Wie würde es dem Gegenstand ergehen, wenn er nicht mehr

aufgehalten würde? Wie würde es Ihnen ergehen, wenn die Barrieren, die Sie aufhalten, fort wären?«
»Wofür hätten Sie dann mehr Zeit und Energie?«

10. **Das Symbol befreien?** – Mit der Klientin überlegen wir dann, ob sie die Barriere auflösen bzw. dem blockierten Gegenstand beim Weiterkommen helfen möchte. Sollte sich die Klientin dagegen entscheiden, bitten wir sie, darüber nachzudenken, was sie davon abhält, den Gegenstand der Strömung zu überlassen. Entscheidet sie sich dafür, die Barriere aufzuheben, dann beobachten wir gemeinsam das stromabwärts treibende Symbol. Wir fragen die Klientin, wie sie sich dabei fühlt.
11. **Zukünftige Hindernisse in Betracht ziehen** – Es ist durchaus denkbar und geschieht vielleicht noch während das Symbol in Sichtweite ist, dass die freie Fahrt behindert wird und es aus der Strömung treibt oder sich erneut an einem Hindernis verfängt. Das bietet Anlass, unsere Klientin zu fragen, wie es ihr damit geht. Hat sie den Mut, sich den Tatsachen zu stellen? Bringt sie (schon) die nötige Zuversicht und Zähigkeit auf, um sich für Hindernisse, die ihr möglicherweise in der Zukunft das Vorankommen erschweren, gewappnet zu fühlen?
Die Schritte 8 bis 11 können für unterschiedliche Problembereiche mit den jeweils dazu gesammelten Naturgegenständen wiederholt werden. Dabei ist zu beachten, dass die Erkenntnisse und Gedanken, die im ersten Durchlauf angestoßen wurden, nicht übermäßig verwässert und abgelenkt werden. Oft ist es sogar sinnvoll, sich schon frühzeitig, z. B. beim Sammeln der Symbole, auf ein einziges Problemfeld zu konzentrieren.

Wie es wirkt und warum es hilft

Die besondere Qualität dieser Methode ergibt sich aus dem harmonischen Ineinandergreifen zweier Aspekte des Lebens: Da ist zum einen das Leben ganz allgemein, symbolisiert durch das fließende Wasser, und da ist zum anderen das Leben des einzelnen Menschen, symbolisiert durch die individuell ausgewählten Naturgegenstände.

Das Wasser bzw. der Bach oder Fluss, ist in vielen Kulturen symbolisch mit großen Rätseln des Lebens verbunden, mit Geburt und Fruchtbarkeit, Lebensverlauf, Vergänglichkeit und Tod. Wasser findet immer seinen Weg und der Bach oder Fluss plätschert oder strömt Tag und Nacht. So werden leicht Assoziationen zu positiven Eigenschaften wie Beharrlichkeit und Geduld, aber auch Lebendigkeit und Kraft geweckt.

Ein lebendiges Gewässer vermag es, die Sinne der Betrachterin in ähnlicher Weise zu fesseln wie ein Lager- oder Kaminfeuer. So bietet ein naturbelassener Bach oder Fluss, der in seinem Bett durch die Landschaft strömt, eine Kulisse, vor der sich das Denken entspannt und unwillkürlich in zielgerichtete Bahnen gelenkt wird. Das fließende Wasser wirkt auf wild durcheinanderschießende Gedanken ähnlich wie auf ein wirres Büschel langer Gräser, das man in die Strömung hält. Gedanken und Gräser richten sich nach und nach in Flussrichtung aus und schwingen in leichten Wellenbewegungen im vorbeigleitenden Wasser, im Strom der Zeit, im Strom des Lebens. (Siehe auch unsere Ausführungen zur Attention Restoration Theory in Kapitel 2.2.1).

Mit dem Bild des Grasbüschels haben wir eine Brücke zum individuellen Lebensaspekt dieser Methode geschlagen. Die großartigen Vergleiche von Zeit und Leben mit einem fließenden Gewässer bieten dem Individuum einen Ansatzpunkt für existenzielle Fragen nach dem jeweils eigenen Lebensweg, den Zusammenhängen, in denen es sich sieht, nach der Freiheit, die es hat, nach Sinn und Werten, oder ganz pragmatisch formuliert: »Das Bild vom Lebensfluss ist ja interessant, aber was hat das mit mir persönlich zu tun?«

Mit dieser Methode lassen wir die Klientin nicht staunend oder verzagt am Ufer stehen. Wir begleiten sie dabei, ihre persönliche Situation besser, d. h. mit neuen Augen, zu betrachten und zu verstehen. Das gelingt mit den Naturgegenständen (den individuellen Problembereichen), die wir ins Wasser legen und beobachten – die wir in ihrem Zusammenspiel mit dem großen Lebensstrom betrachten.

Der Wirkmechanismus der Methode *Wieder in Fluss kommen* kann in zwei Sätzen zusammengefasst werden:

1. Angesichts des fließenden Wassers entspannt sich das Denken und öffnet sich der Blick für die größeren Zusammenhänge des Lebens.
2. Angesichts der im Wasser treibenden persönlichen Symbole werden Neubewertungen und Lösungen für die Probleme des jeweiligen Lebens besonders leicht entdeckt.

In der Methode begnügen wir uns nicht mit dem Betrachten der festsitzenden oder im Strudel kreisenden Symbole. Wir kümmern uns immer wieder aktiv um deren Befreiung. Damit integrieren wir spielerisch die zentrale Botschaft, dass wir trotz der Beharrlichkeit und überwältigenden Größe des Lebensstroms und trotz der scheinbaren oder wirklichen Kompliziertheit der jeweiligen Problembereiche immer auch die Freiheit haben, lenkend und befreiend einzugreifen. Mit anderen Worten: Es gilt, dass, symbolisiert durch den jeweiligen Naturgegenstand, nie der ganze Mensch im Wasser treibt bzw. festhängt, sondern immer nur einzelne Bereiche seines Lebens. Angesichts dieses hilflosen Gegenstands ist der Mensch aufgefordert, helfend einzugreifen, und er erlebt, dass er dazu im Stande ist.

Durch diese Übung erhält die Klientin also eine gute Chance, wesentliche Erkenntnisse zu gewinnen. Sie kann erfahren, wie normal es ist, dass man auch mal hängen bleibt, dass es aber auch genauso normal ist, dass es irgendwann wieder weiter fließt und dass sie selbst etwas dazu beitragen kann. Sie erlebt, dass sie die Dinge nicht dem Zufall überlassen muss, sondern dass sie die Freiheit hat, selbst etwas zu verändern. Im praktischen Tun gewinnt sie den Mut, sich auch bezüglich ihrer Lebenssorgen für Lösungen zu öffnen und für ihr eigenes Wohl selbst Verantwortung zu übernehmen.

Natur und Bewegung

Diese Methode bezieht einen wesentlichen Teil ihrer Kraft aus der Atmosphäre des Ortes, an dem sie durchgeführt wird. Wenn die Kulisse stimmt, dann werden starke Bilder produziert, die die Klientin anschließend in ihren Alltag mitnimmt. Die Einprägsamkeit dieser Bilder ergibt sich unter anderem daraus, dass die visuellen Eindrücke durch zusätzliche sinnliche Wahrnehmungen und durch eigenes, konkretes Agieren in der Natur begleitet werden.

Und was ist mit der Bewegung? – Durch den Wechsel zwischen Phasen der Beobachtung und Reflexion auf der einen sowie dem aktiven Umgang mit den Naturgegenständen auf der anderen Seite hat körperliche Bewegung automatisch einen gewissen Anteil an dieser Methode. Darüber hinaus steckt im Gehen in der Vor- und Nachbereitung großes Potenzial. So ist es wertvoll, vor dem eigentlichen Beginn der Methode mit der Klientin am Ufer des Baches oder Flusses entlangzugehen und dabei über die Themen zu sprechen, für die sie Lösungen oder Erleichterungen finden möchte. Während dieses Vorgesprächs wirkt die Atmosphäre des fließenden Gewässers sehr wahrscheinlich schon beruhigend und sortierend auf die Gedanken der Klientin. Diese Wirkung wird durch gelegentliches Innehalten (die Blicke zum Wasser gerichtet) verstärkt.

Ähnliches gilt für die Nachbereitung. Die im Verlauf der Methode gewonnenen Erkenntnisse, oder sagen wir lieber etwas vorsichtiger, Ahnungen, lassen sich in einem Gespräch, währenddessen wir am Ufer entlanggehen, besonders gut festigen. Die Bilder und die Melodie des fließenden Gewässers verdeutlichen, dass es weitergeht und dass das Erlebte nicht nur an einem spezifischen Ort und auch nicht nur in der künstlichen Beratungssituation Gültigkeit hat.

Abschließend sei – für Feinschmecker der Beratung in freier Natur – darauf hingewiesen, dass es durchaus einen Unterschied machen kann, ob wir bei lösungsorientierten Spaziergängen entlang eines Bach- oder Flussufers mit der Fließrichtung oder gegen sie gehen. Wenn es sich von den Wegen so einrichten lässt, dann empfehlen wir, den folgenden idealen Ablauf für die hier beschriebene Methode: Gehen Sie im Vorgespräch stromaufwärts. Diese Ausrichtung symbolisiert und begünstigt, ohne dass dies speziell ausgesprochen werden muss, eine innere Haltung des Sichstellens und des Aufspürens von Quellen und Ursachen. Während der eigentlichen Durchführung der Methode verweilen Sie an einem mehr oder weniger festen Ort. Die Aufmerksamkeit weist jetzt meistens in Fließrichtung. Für die Nachbesprechung und Vertiefung des Erlebten gehen Sie dann wieder stromabwärts. Das ist auch die Richtung, in der die befreiten Naturgegenstände treiben. (Es wäre widersinnig und würde der Identifikation mit dem eben Erlebten abträglich sein, sich abzuwenden und stromaufwärts weiterzugehen.)

Varianten und Einsatzmöglichkeiten

Wer dazu im Stande ist, mit Imaginationsverfahren umzugehen, der kann sich die Symbolkraft dieser Methode auch in die Praxisräume holen. Diese Vorgehensweise ist gerade dann vielversprechend, wenn die Klientin über einen durch eigenes Erleben gespeisten positiven Schatz an Erfahrungen in der Natur verfügt. Als akustisches Hilfsmittel könnten dezente Naturgeräusche, bestehend aus dem Plätschern von Wasser und Vogelgezwitscher, leise im Hintergrund abgespielt werden. Der Berater folgt dann im Wesentlichen den elf Abschnitten der Anleitung, wie wir sie weiter oben skizziert haben.

In Familien oder Arbeitsgruppen können wir mit dieser Methode genauer auf die Frage gucken: »Wo hakt es bei uns?« Dadurch wird nach und nach ein gemeinsamer Wortschatz gefunden und die einzelnen Beteiligten haben immer mehr das Gefühl, Schulter an Schulter eine Lösung für die gemeinsame Herausforderung zu finden, anstatt sich gegenseitig bewusst oder unbewusst die Schuld für missliche Zustände in die Schuhe schieben zu wollen.

Hierbei können die unterschiedlichen Perspektiven der einzelnen Personen auch als große Ressourcen entdeckt werden. Es ist immer wieder interessant, den Fokus auf unterschiedliche Lösungsideen zu lenken und diese zu einem für alle als stimmig wahrgenommenen Puzzle zusammenzufügen.

Fallbeispiel

Karl ist 55 Jahre alt. Seine Tochter ist gerade von zu Hause ausgezogen, was er sehr bedauert. Er hatte das Gefühl, dass seine Tochter sein Leben »bunt und lebendig« gemacht hat. Außerdem hatte der Alltag dank des Zusammenlebens mit seiner Tochter »eine schöne Struktur«.

Der Klient hadert stark damit, dass er sich nun sehr einsam fühlt. In den Gesprächen beschäftigt er sich ausgiebig mit der Trauer, die er aufgrund des Auszugs seiner Tochter empfindet und einer daraus resultierenden allgemeinen Lustlosigkeit, selbst auf Dinge, die er, zuvor auch ohne seine Tochter, gern gemacht hat.

Hier bietet sich die Methode *Wieder in Fluss kommen* sehr gut an.

Wir stehen am Bach und blicken auf das vorbeiströmende Wasser. Es gluckert und kreiselt. Stöcke und Blätter treiben frei mit der Strömung. Am Ufer haben sich in großen Wurzeln und herausragenden Steinen, Äste und Blätter verhakt und gestaut. Sie bewegen sich ganz sanft in der vorbeiziehenden Strömung.

Ich bitte Karl, einmal zu beschreiben, was er hier wahrnimmt, was ihm als Erstes auffällt. Nach einer Phase des Schweigens beginnt er zu sprechen:

»Ja, guck nur! So wie dieses Stöckchen da vorne, so fühle ich mich – verfangen im Gezweig. – Alles fließt weiter. Meine Tochter gründet jetzt sicher bald ihre eigene Familie und ich hänge irgendwie so lustlos zu Hause rum.«

Eine Weile lang beobachten wir dieses Stöckchen.

Dann stelle ich die Frage:

»Was wäre, wenn du gar nicht dieses Stöckchen wärst? Was wäre, wenn du jetzt sofort anders wählen könntest?«

Karls Blick wirkt irritiert und er löst die Aufmerksamkeit von dem Stöckchen.

Schließlich hat er etwas entdeckt, er geht ein paar Schritte und hebt einen interessant verästelten Zweig vom Boden auf.

Ich bitte ihn zu beschreiben, warum er gerade diesen Zweig ausgewählt hat.

»Der lag irgendwie an einer besonderen Stelle und hat meine Aufmerksamkeit so richtig auf sich gezogen, auf mich wirkt er kraftvoll. Er erinnert mich an die Zeit, als ich mich noch wohl in meiner Haut gefühlt habe.«

Ich frage ihn:

»Wie würde es sich jetzt anfühlen, einfach so ganz frei und natürlich weiterzufließen?«
Karl sagt: »Ach, ich weiß gar nicht so genau, wohin ich fließen würde. Was soll ich schon groß machen?«
Und schon sind wir mitten drin in einem Gespräch über seine Wünsche, Träume und die Dinge, die er als Kind, Jugendlicher und junger Mann gern gemacht hat.
»Ach, ich weiß jetzt: Ich treffe mich wieder öfter mit meinen Freunden und melde mich wieder beim Sportverein an. Außerdem wollte ich doch noch so viele Städte besichtigen. Jetzt geht's los!«
Er sieht seinen Zweig an und dann mich. Ich nicke ihm zu und schon wirft er ihn im hohen Bogen ins Wasser und sieht ihm glücklich hinterher.

3.12 Der Wut Raum geben

Destruktive Energie spüren und einen guten Umgang mit ihr finden

Zeit:	15–45 Minuten
Material:	evtl. Dinge, die wir im Wald finden, wie z. B. Stöcke oder Steine
Vorsicht:	Die Methode verlangt von der Beraterin große Souveränität und Erfahrung im Umgang mit emotionaler Instabilität. Sie sollte ihre eigene Wut kennen und gesund mit ihr umgehen können.
Natur:	Ideal ist ein abgelegener, urwüchsiger Ort, an dem sich der Klient frei und unbeobachtet ausagieren kann.
Konstellation:	Einzelberatung

Anlass

Oft kapseln Menschen ihre Wut ein. Sie wurde sehr wahrscheinlich früher einmal empfunden, dann aber von außen als schlechtes oder verbotenes Gefühl bewertet, heruntergeschluckt und innerlich auf ein Abstellgleis verbannt. Nur selten bekommen wir beigebracht, wie wir mit so einem kraftvollen Gefühl wie der Wut gesund umgehen können. Die angewandten Unterdrückungsstrategien kosten sehr viel psychische Energie, die an anderer Stelle sinnvoller eingesetzt werden könnte. Und dabei garantieren sie nicht einmal das gewünschte Ergebnis. Wenn es im Alltag brenzlig wird, dann bricht die Wut aus und führt zu unkontrollierbaren Gedanken und Taten. Auch latent gärende Wut wirkt zerstörerisch. Wer mit ihr durchs Leben geht, fühlt sich gehemmt und unfrei. Es ist, als führe er mit angezogener Handbremse, denn mit der Wut werden auch Leichtigkeit und Spontanität unterdrückt.

Es ist sehr wertvoll, einen gesunden Umgang mit der Wut zu erlernen. Herunterschlucken stellt bestenfalls eine kurzfristige Lösung dar. Um wirklich auf gute Bahnen gelenkt zu werden, braucht die Wut einen Raum. Quälender Druck kann dann entweichen. Die verbleibende Kraft dient schließlich häufig als Treibstoff für Kreativität und lösungsorientiertes Handeln.

Mit der nachstehend beschriebenen Methode unterstützen wir unsere Klienten dabei, genau diese Ziele zu erreichen, also der Wut einen Raum zu bieten, in dem sie keinen Schaden anrichtet, und die verbleibende Energie auf gute Bahnen zu lenken.

Vorbemerkung

Wenn in einem Beratungsprozess das Thema Wut auftaucht, bzw. wenn wir das Gefühl haben, dass unsere Klientin große Wut in sich trägt und Schwierigkeiten hat, diese zu spüren, oder gar, sie zu benennen, dann ist diese Methode ein mächtiges Werkzeug, das dazu geeignet ist, Schleusen zu öffnen und Entwicklungspotenzial freizusetzen.

Aber Achtung! Es ist wichtig, diese Methode nur dann anzubieten, wenn wir uns im Umgang mit äußerst starken, potenziell destruktiven Emotionen sicher fühlen. Es ist sehr wichtig, dass wir unsere Klienten gut genug kennen und einschätzen können, dass sie ihre Wut nicht in einem blinden Rausch an uns oder sich selbst auslassen werden.

Wir sollten gut überlegen, ob unsere Klientin bereit ist, sich aktiv und tatkräftig mit ihrer Wut auseinanderzusetzen. Zur rechten Zeit und souverän angeleitet ist die Methode dann für viele Klienten Gold wert.

Anleitung

1. **Benennen** – Wenn die Klientin in der Beratung noch nicht über Wut gesprochen hat, wir aber Grund zur Annahme haben, dass sehr viel unterdrückte Wut in ihr steckt, dann lassen wir sie zunächst dieses giftige Gefühl beschreiben, das sie ausbremst und daran hindert, frei und selbstsicher ihren Weg zu gehen. Wir fragen sie schließlich, ob es sich bei dem Gefühl vielleicht um »Wut« handelt. Die Klientin wird dem vermutlich zustimmen. Anderenfalls einigen wir uns mit ihr auf einen Begriff, der für sie stimmig ist und den wir dann im weiteren Verlauf der Methode verwenden. (In dieser Beschreibung bleiben wir beim Begriff Wut.)
2. **Einschätzen** – Wir fragen unsere Klientin, wie stark sie die Wut auf einer Skala von 1 bis 10 empfindet. (1: kaum – 10: sehr intensiv)
3. **Verstärken** – Wir bitten die Klientin dann, zu beschreiben, was genau sie die Wut so intensiv spüren lässt, und ermutigen sie darin, diesem Gefühl nachzuspüren, die Wut ganz groß werden zu lassen und sich ihr für den Augenblick einmal voll hinzugeben.
4. **Phantasieren** – Wir fragen die Klientin sinngemäß: »Stellen Sie sich vor, Sie würden Ihrer Wut jetzt einmal freien Lauf lassen. Was würden Sie tun?« Wir sammeln die Antworten und ermuntern die Klientin, ihren Phantasien bzw. den Äußerungen ihrer Bedürfnisse grenzenlose Kraft zu verleihen. Dabei lenken wir sie auf Möglichkeiten, die uns die Natur ringsum bietet.
6. **Aussprechen** – Wir regen die Klientin an, ihre körperliche, wütende Tätigkeit, mit Worten zu untermauern. Aufgestaute Anklagen, Vorwürfe und Beschimpfungen dürfen jetzt endlich einmal ausgesprochen, ja sogar herausgeschrien werden. »Wa-

rum hast du mir das angetan?«, »Warum habe ich das zugelassen?«, »Wie lange soll das bitteschön noch weitergehen?«, »Ich fühle mich so hilflos ...«

7. **Begleiten** – Unser Verhalten als Beraterin während der wütenden Handlungen unserer Klienten ist sehr individuell und von der Situation abhängig. Als Beraterin entscheiden wir, in welchem Maße wir uns mit Bestärkungen oder Impulsen einmischen. Hier gibt es im Grunde kein eindeutiges Richtig oder Falsch, solange wir uns unserer Begleiterrolle bewusst sind und der Klientin Sicherheit bieten.
8. **Herunterkommen** – Wenn die Klientin beginnt, sich zu entspannen, geben wir ihr die nötige Zeit, um herunterzukommen.
9. **Reflektieren** – Jetzt ist es meist sinnvoll, in einem Gespräch der Wut-Welle, also dem eben Erlebten, nachzuspüren. Mögliche Fragen sind: »Wie fühlt sich Ihr Körper jetzt an?«, »Wie fühlt sich die Wut jetzt an?«, »Wie nehmen Sie die herausfordernde Situation/den Wut-Auslöser jetzt wahr?«.
10. **Planen** – Wir erklären der Klientin, wie zerstörerisch und energieraubend heruntergeschluckte und verdrängte Wut wirkt. Gemeinsam mit ihr finden wir individuell passende Strategien, mit deren Hilfe sie in Zukunft selbständig ihrer Wut auf gesunde Art Raum geben kann, z. B.: wildes Tanzen zu bestimmter Musik, Trommeln, Hüpfen, Joggen, Boxen, im Auto oder ins Kissen schreien. An dieser Stelle können wir unsere Klientin auch darin ermutigen, eine gesunde Tagesroutine zu entwickeln. Beispiele hierfür könnten sein: »Morgens nach dem Aufstehen hüpfe ich erst einmal fünf Minuten Trampolin« oder »Nach der Arbeit gehe ich 15 Minuten in den Wald, marschiere so richtig und werfe, wenn es sich richtig anfühlt, ein paar dicke Steine in den Bach«.

Wie es wirkt und warum es hilft

Indem die Klientin behutsam ihre Wut entdeckt, diese dann gedanklich verstärkt und schließlich Strategien des Ausagierens entwickelt, bereitet sie Schritt für Schritt den Boden, auf dem sie am Ende körperlich und verbal tätig wird. Der von der Beraterin angeleitete Prozess kann mit einer kontrollierten Explosion verglichen werden. Die Wut oder, um im Bilde zu bleiben, der Sprengstoff ist eine toxische Substanz, die entweder den Alltag der Klientin vergiftet oder durch gelegentlich unkontrollierte Eruptionen belastet.

Durch die Methode und das Gespräch mit der Beraterin wird sich die Klientin der in ihr steckenden Wut bewusst. Sie erkennt die enormen Energiemengen, die diese Wut bindet bzw. die zu deren Bändigung vonnöten sind. Sie erlebt, dass es möglich ist, diese Energie abfließen zu lassen, ohne dabei Schaden zu nehmen oder anderen Schaden zuzufügen. Außerdem spürt sie, dass es im höchsten Maße befreiend ist, die Wut und den mit ihr verbundenen inneren Druck oder Kampf endlich einmal los zu sein.

Diese Erfahrungen zeigen ihr, dass sie ihrer Wut und deren Auslösern nicht wehrlos ausgeliefert ist. Sie gewinnt damit Erkenntnisse, die zu einer Stärkung ihres Selbstwertgefühls beitragen. Des Weiteren wird sie auf ihre Selbstwirksamkeit hingewiesen und lernt, dass in ihr große Energiemengen stecken. Der Sinn der Übung besteht darin, diese zunächst zu erkennen und dann bewusst zu kanalisieren und zu lenken. So werden sie zu einer wertvollen Ressource, und es ist wieder mehr Energie frei, die konstruktiv zur aktiven und bewussten Gestaltung des Lebens genutzt werden kann.

Natur und Bewegung

Zunächst einmal bietet die Natur der Klientin einen riesigen Raum. Hier kann sie getrost toben und explodieren, ohne Gefahr zu laufen, unter den Trümmern eines einstürzenden Gebäudes begraben zu werden. In der Weite der freien Landschaft erlebt die Klientin einen wohltuenden Kontrast zur Enge ihrer Alltagsorte. Dabei sprechen wir nicht nur von der räumlichen Dimension, sondern auch von sozialen und beruflichen Routinen und fixen gedanklichen Mustern, die uns im Alltag beschäftigen und einengen.

Wutausbrüche in engen räumlichen sowie zeitlichen und sozialen Kontexten sind gefährlich und daher verboten bzw. verboten und daher gefährlich. In der freien Natur sieht das ganz anders aus. Da hier ein Wutausbruch keinen größeren Schaden anrichtet, müssen wir uns vor ihm und der Energie, die durch ihn freigesetzt wird, auch nicht fürchten. Damit fallen draußen hohe und durchaus berechtigte Barrieren weg, die wir im Alltag unterbewusst mit großer Anstrengung um die Wut herum aufbauen und unter hohem Energieeinsatz aufrechtzuerhalten bemüht sind.

In den Abschnitten 4) *Phantasieren* und 5) *Ausagieren* der Methodenanleitung bietet uns die Natur – vorausgesetzt wir befinden uns in einer urwüchsigen Landschaft – eine große Vielfalt an Materialien, die als Einladung zu körperlicher Aktion wahrgenommen werden können. Schwere Steine, dicke Stöcke, matschige Pfützen sowie reichlich Platz, um mit diesen Gegenständen zu wüten. Das finden wir in keiner Beratungspraxis. Dazu bietet uns die Natur Aussichten und Echos, in die hineinzurufen und zu schreien wesentlich beeindruckender, befreiender, aber auch natürlicher wirkt, als dies in der Resonanz eines Therapieraums der Fall ist.

Schließlich kann es geschehen, dass der Klientin angesichts der Größe der sie umgebenden Natur die eigenen Sorgen auf einmal sehr klein erscheinen. Auch wenn sie eben noch geschrien und mit Steinen geworfen hat, zwitschern die Vögel weiter, wiegen sich die Bäume im Wind, plätschert der Bach und duftet der Wald. Auch wenn sich an der konkreten Alltagssituation der Klientin bzw. an ihrer Biographie nichts geändert hat, so befindet sie sich nun doch in einer ganz neuen Verfassung. Der übergroße Druck ist aus dem Kessel und der Blick schweift offen umher. Mit ihrer Beraterin an der Seite kann sie in dieser Stimmung vorsichtige neue Schritte wagen, Lösungen finden und Ideen entwickeln.

Und was ist mit der Bewegung? – Die körperliche Bewegung hat selbstverständlich auch einen wesentlichen Anteil an der befreienden Wirkung dieser Methode. Zunächst einmal hilft sie dabei, aufgestaute Stresshormone abzubauen. Dann hat aber auch das Werfen, Stampfen, Schreien etc. starke symbolische Bedeutung. Mit jedem einzelnen Kraftakt kann einem Gedanken Ausdruck verliehen werden. So kann die Klientin die Energie, die sie freisetzt, gezielt einzelnen Schmerzen, die sie peinigen, widmen. Sie kann sich symbolisch gegenüber Unrecht, das ihr widerfahren ist, behaupten. Sie kann Vorwürfe herausschreien, die sie sonst für sich behält und diesen durch kraftvolle Aktionen Nachdruck verleihen. Sie kann sich von unsichtbaren Ketten freikämpfen, indem sie die Bewegungsfreiheit ihrer Arme und Beine spürbar werden lässt.

Während und nach der körperlichen Ausarbeitung fließen durchaus auch Tränen. Das ist ein Zeichen dafür, dass gesund transformierte Wut nicht verbissen macht, sondern befreiend wirkt. Die körperliche Bewegung hilft gerade solchen Menschen, die sonst sehr kontrolliert sind, loszulassen und mit den Tränen auch der aufgestauten Energie gleichsam die Schleusen zu öffnen.

Nach dem Ausbruch, wenn Atmung und Herzschlag langsam zu Ruhe kommen, hält die Natur unzählige Möglichkeiten bereit. Je nach Bedürfnis können wir sie nutzen, um still die Sinneseindrücke ringsum wahrzunehmen. Es kann erlebt werden, dass nun Raum ist für andere Gefühlsregungen und dass sich plötzlich ganz neue Gedanken formen. Oder man lässt sich von einem neuen Weg einladen, wagt erste Schritte und macht sich daran, neuen Zielen entgegenzuschreiten.

Varianten und Einsatzmöglichkeiten

Wenn es sich herausstellt, dass die Klientin großes Bedürfnis hat zu schreien, dann ist es sinnvoll, für diese Übung einen Ort zu wählen, an dem keine Wanderer oder Spaziergänger verängstigt werden. Wir könnten unsere Klientin, falls sie für die jeweilige Umgebung unangemessen laut und aktiv wird, sanft bremsen, indem wir ihr z. B. sagen: »Für das Schreien gehen wir beim nächsten Mal an einen anderen Ort.« Von dieser Option machen wir besonders dann Gebrauch, wenn wir diese Methode spontan einsetzen und feststellen, dass die Klientin unerwartet heftig (re)agiert.

Fallbeispiel

Hannah wirkt schon seit dem ersten Beratungsgespräch in freier Natur sehr kontrolliert, sie wählt ihre Worte wohl überlegt und es ist schnell spürbar, dass sie feinfühlig ist.

Wir arbeiten viel mit ihrem inneren Kind. In einem Setting sagt sie schließlich: »Da sitzt die Kleine, ganz alleine, hat keinen, mit

dem sie über ihre Gefühle, Sorgen und Ängste sprechen kann … Freunde hat sie auch kaum … Sie fühlt sich so einsam …«
Ich frage: »Und was macht es mit dir, jetzt als große Hannah zu sehen, wie einsam die kleine dasitzt?« »Mich macht das ganz traurig … ich möchte, dass sie Freunde hat, eine schöne Kindheit erleben kann … und ich bin richtig wütend, dass wir in meiner Kindheit ständig umgezogen sind. Ich bin so wütend, dass meine Eltern da nur an sich gedacht haben, ich wurde einfach mitgeschleppt.«
»Wie doll fühlt sich die Wut gerade an?«
»Mega doll!! Das ist so gemein.« (Sie sagt das immer noch sanft und mit friedlicher Stimme.)
»O.k., auf einer Skala von 1 bis 10, wie doll, wenn 10 das stärkste ist?«
»9!!« (Sie sagt das schon etwas energischer.)
»Was genau lässt dich die Wut gerade so doll spüren?«
»Dass keiner darauf geachtet hat, dass die kleine Hannah sich wohlfühlt. Ich wurde einfach so mit umgezogen, wie die Möbel. Das geht doch nicht!! Das ist doch total schrecklich!«
»O.k., für mich fühlt es sich gerade genau richtig an, der Wut mal Raum zu geben, sie mal so richtig zu spüren. Sollen wir es mal probieren? Wenn die Wut raus darf, kann sie dich nicht mehr so von innen blockieren.«
»Ja!«
»O.k., wenn die Wut jetzt dürfte, was würde sie jetzt machen? Guck dich mal um.«
Hannah sagt: »Da – den dicken Stock werfen!«
»Na, dann los!«
Hannah nimmt einen dicken Stock und wirft ihn mit aller Kraft den Abhang hinunter und guckt mich dann fragend an. Ich lächle ihr ermutigend zu. Sie versteht und nimmt noch einen schweren Stock.
So geht es eine Weile, sie schnaubt und wirft und lässt alles raus, Tränen laufen ihre Wangen herunter …
Dann wird sie ruhiger, nimmt hier noch einen kleinen Stock, ein Steinchen, setzt sich auf den Boden und legt ihren Kopf auf die

Knie. Sie atmet ruhig, schluchzt, weint, hält sich selber im Arm. Ich setze mich auf einen Baumstamm, sie hat Zeit, wieder anzukommen.
Nach einer Weile blickt sie auf, lächelt mich klar an und sagt: »Boah, das hat so gutgetan!!«
Wir gehen ein bisschen weiter, Hannah strahlt einen inneren Frieden aus. Ich frage sie: »Wie fühlt sich dein Körper jetzt an?«
»Total befreit, so als hätte ich mega viel Ballast abgeworfen.«
»Und was ist mit der Wut?«
»Die macht mir irgendwie keine Angst mehr. Gerade kann ich sie nicht spüren. Ich hab jetzt das Vertrauen in mich, dass ich Wege finden werde, ihr Raum zu geben, wenn sie wieder kommt.«
»Wie zum Beispiel?«
»Hmm, – ich tanze so gern. Ich werde jetzt wieder öfter wild tanzen, mich schütteln und meinen Körper spüren. Und wenn ich merke, dass sich zu viel angestaut hat, dann komme ich einfach hier an den Platz zurück und werfe Stöcke und Steine runter.«
»Magst du von hier einen kleinen Stock oder Stein als Erinnerung mitnehmen?«
Hannah strahlt: »Gute Idee!!«

3.13 Innere Kraftquellen

Ein Korb voller Ressourcen und Glücksmomente

Zeit:	30–60 Minuten
Material:	Beutel oder Korb zum Sammeln von Naturgegenständen
Vorsicht:	An sehr feuchten Tagen eher ungeeignet
Natur:	Am besten an Orten, an denen vielerlei Naturgegenstände zu finden sind
Konstellation:	Einzelberatung und Selbst-Coaching

Anlass

In Situationen, in denen wir von jetzt auf gleich von vielen unvorhergesehenen Herausforderungen heimgesucht werden, fehlt uns oft die Fähigkeit, uns auf unsere inneren Kraftquellen zu besinnen. Gerade dann, wenn wir diese am nötigsten brauchen, verfallen wir leicht in ein Gefühl der Hilflosigkeit und Unfähigkeit.

Mit dieser Methode erstellen wir eine Sammlung der Kraftquellen und Ressourcen, die uns bzw. unseren Klienten zur Verfügung stehen. Auf diese Weise stärken wir nicht nur das Selbstbewusstsein und die Lebenszufriedenheit im Alltag, sondern auch die Resilienz und das Vertrauen, für Krisensituationen gewappnet zu sein. Wer weiß, dass er über vielfältige innere Ressourcen verfügt, der hat weniger Angst vor unvorhergesehenen Veränderungen und Schicksalsschlägen. Das ist eine gute Voraussetzung für eine positive Einstellung dem Leben gegenüber.

Vorbemerkung

Sinn und Zweck dieser Methode ist es, nach vergessenen und verborgenen Kraftquellen zu forschen. Außerdem geht es darum, bereits Bekanntes zu sammeln und dem aktiven Bewusstsein leicht zugänglich zu machen. Damit ist die Methode besonders gut geeignet, wenn wir einen Klienten schon gut kennen bzw. wenn wir im Selbst-Coaching schon Erfahrung mit der Entdeckung unserer inneren Kraftquellen gemacht haben. Die beste Wirkung entfaltet das Sammeln und Bewusstmachen der inneren Kraftquellen als Abrundung vorangegangener Beratungen, in denen es um die Entdeckung der jeweiligen Biographie und das Erkennen und Würdigen von individuellen Ressourcen ging. Darüber hinaus kann die Methode sehr sinnvoll gegen Ende eines Beratungsprozesses stehen. Die Idee ist dann, dem Klienten noch einmal bewusst zu machen, über welche Kraftquellen er ganz persönlich verfügt und dass ihm diese auch nach Beendigung der professionellen Beratung immer begleiten werden.

Anleitung

1. **Ausgangssituation** – Diese Übung ist sinnvoll, wenn wir bereits von ein paar Kraftquellen wissen, die unser Klient hat bzw. eine Ahnung davon haben, in welchen Bereichen, Lebensphasen oder Beziehungen seine Kraftquellen zu finden sind.

2. **Einladen und erklären** – Wir laden unseren Klienten ein, eine große Sammlung seiner inneren Kraftquellen zu erstellen. Dazu erklären wir ihm kurz Sinn und Zweck dieser Übung.
   Eine gute Einleitung ist ein Gespräch darüber, dass wir inzwischen ja schon sehr viel von ihm erfahren haben und dabei sehen konnten, dass in ihm zahlreiche Ressourcen und Kraftquellen vorhanden sind.
   »Ich möchte Sie bei der Entdeckung und Sammlung Ihrer Kraftquellen unterstützen. Damit Sie am Ende sehen, wie viel bei dieser Suche zusammenkommt und damit Sie sich an die Vielzahl der einzelnen Kraftquellen gut erinnern können, bitte ich Sie, für jedes Ereignis und jede Erfahrung aus Ihrem Leben, die wir gleich aufzählen werden, einen Naturgegenstand zu finden und in diesen Korb zu legen.«
3. **Sammeln und Beschreiben** – Wir fragen unseren Klienten nach Erfahrungen, die ihm gutgetan haben, an die er gerne zurückdenkt und die ihm als Kraftquelle dienen können. Wir lassen ihn zunächst frei überlegen. Dann fordern wir ihn auf, die Ereignisse und Erfahrungen, die er als Kraftquellen identifiziert, jeweils so detailreich wie möglich zu beschreiben. Wir unterstützen ihn dabei, indem wir nach Gefühlen und Sinneseindrücken fragen, die die Situation begleitet haben. Schließlich bitten wir ihn, einen Naturgegenstand zu finden, den er als Symbol für die in Rede stehende Kraftquelle in den Korb legen möchte.
4. **Unterstützen** – Sobald dem Klienten keine Kraftquellen mehr einfallen, unterstützen wir ihn beim Sammeln, indem wir gemeinsam mit ihm seinen Lebensweg chronologisch durchgehen, nach Beziehungen und Vorbildern forschen oder ihn nach positiven Emotionen suchen lassen. Dazu fragen wir z. B.:
   »Wann waren Sie besonders glücklich?«
   »Wo haben Sie sich geborgen gefühlt?«
   »Worauf sind Sie stolz?«
   Da wir unseren Klienten schon aus mehreren Beratungsterminen kennen und darum ahnen, wo einige seiner Kraftquellen zu

finden sind, kann es unterstützend sein, ihm auch konkrete Vorschläge zu machen:
»Sie haben davon gesprochen, dass ... Sie haben mir von ... erzählt. Ist das auch eine Ihrer Kraftquellen?«

5. **Nutzungsmöglichkeiten besprechen** – Wir besprechen jetzt mit unserem Klienten, wie das Bewusstsein über die gesammelten inneren Kraftquellen in seinen Alltag unterstützend einfließen kann. Dabei gehen wir auch speziell auf Herausforderungen ein, von denen wir bereits wissen, dass sie dem Klienten regelmäßig begegnen.
   a) Wie können Kraftquellen (aus der Vergangenheit) ins jeweilige Hier und Jetzt aktualisiert werden?
   b) Wie können aktuelle Kraftquellen noch besser im Alltag genutzt werden?
6. **Abschluss** – Zum Schluss fragen wir unseren Klienten, was mit den gesammelten Gegenständen geschehen soll. Möchte er alles oder einzelne Teile mit nach Hause nehmen? Oder entscheidet er sich dazu, sie wieder in der Natur zu verteilen?

Wie es wirkt und warum es hilft

Eine Wanderung durch die Fülle der eigenen Kraftquellen zu machen, ist Balsam für die Seele. Im Gespräch über die Kraftquellen im Leben des Klienten, erfährt dieser eine Würdigung seiner Person. Indem der Berater nach positiven und stärkenden Ereignissen und Erfahrungen aus dem Leben des Klienten fragt, lenkt er dessen Blick in Bereiche, die sonst nicht im Fokus seiner Gedanken liegen. Sei es, dass der Alltag mit seinen vielfältigen Herausforderungen dem Klienten keinen Freiraum lässt, sich zu besinnen und für sich zu sorgen, sei es, dass der Klient es nicht gelernt hat oder dass er es verlernt hat, sich selbst ernst zu nehmen und für sich selbst einzustehen. Die Gründe dafür, eigene Kraftquellen nicht wahrzunehmen und nicht selbstbewusst anzuzapfen, sind mannigfaltig.

Sehr häufig sind zwar einzelne Ereignisse im Bewusstsein des Klienten durchaus abrufbar, sie werden aber als belanglos oder als selbstverständlich angesehen und erfahren keine besondere Würdigung. Indem der Berater die Bedeutung von Kraftquellen erklärt und dem Klienten dabei hilft, einzelne Erfahrungen mit anderen Augen zu betrachten und sie auf ihr kraftspendendes Potenzial hin zu untersuchen, schult er dessen Aufmerksamkeit. Was er früher noch für banal und nicht der Rede wert erachtet hat, gewinnt an Bedeutung. Auf einmal sind seine positiven Erfahrungen keine Selbstverständlichkeit mehr. Dem Klienten gelingt es, ihnen mit einem tief empfundenen Gefühl der Dankbarkeit gegenüberzutreten.

Mit einer dankbaren und wertschätzenden Haltung gegenüber den eigenen guten Erfahrungen und Glücksmomente begegnet der Klient zukünftigen Herausforderungen als reichere und reifere Persönlichkeit. Sein psychisches Potenzial ist nicht mehr so leicht zu erschöpfen wie zuvor. Wenn er sich nun einmal überfordert fühlt oder wenn er sich Anfeindungen ausgesetzt sieht, weiß er entweder intuitiv, dass er gute Gründe für ein gesundes Selbstbewusstsein hat oder dass er über seine ganz persönlichen Quellen verfügt, aus denen er schöpfen und neue Kraft ziehen kann.

Natur und Bewegung

In dieser Methode wird der Klient zum aufmerksamen Sammler, sowohl in seinem Inneren als auch in der ihn umgebenden Natur. Das Suchen, Aufheben, Betrachten und Würdigen von Naturgegenständen geht einher mit dem Aufspüren, Festhalten und Würdigen der inneren Funde. Erfahrungen und Erlebnisse, die der Klient in sein Bewusstsein hebt, als Kraftquellen identifiziert und genau betrachtet, werden durch die Naturgegenstände, die er aufhebt und mit ihnen verbindet, greifbar.

Ebenso, wie der Erinnerungs- und Erfahrungsschatz des Klienten übervoll ist an Bildern, Episoden und Gedächtnisinhalten jeglicher Art, ist auch die ihn umgebende Natur angefüllt mit Pflanzen, Pflanzenteilen, Steinen, Tieren und vielem mehr. Aus diesen beiden Schatzkammern greift der Klient einzelne Stücke heraus und setzt sie miteinander in Beziehung. Dabei misst er dem jeweiligen Naturgegenstand einen besonderen Wert bei. Er wählt und hebt ihn aus einer unendlich großen Menge von Gegenständen und gibt ihm, zumindest für die Dauer der Methode, einen Ehrenplatz. Eine vergleichbare Aufwertung und ganz persönliche Entscheidung der Würdigung findet parallel zur äußeren Handlung auch im Inneren des Klienten statt, wenn er mit seinem Denken und seinem Fühlen eine Episode aus seinem Erinnerungsschatz aufnimmt, sie hin- und herbewegt und auf einen Thron der Dankbarkeit setzt.

Indem die Naturgegenstände in einen Beutel oder einen Korb gelegt werden, gehen sie nicht verloren. Nach und nach entsteht so eine bunte Sammlung. Jedes einzelne Stück wurde mit Bedacht gewählt und mit einer Kraftquelle in Beziehung gesetzt. So besteht am Ende kein Zweifel: Die Zahl der Kraftquellen ist mindestens so groß wie die der Gegenstände im Korb. Das weckt oft Erstaunen. Der Klient nimmt diese Beobachtung entweder unmittelbar und dankbar auf oder er fühlt sich ermahnt, seine Einstellung zu sich und zum Leben zu ändern. Die von ihm persönlich gesammelten Gegenstände sagen ihm, dass in seinem Leben schon sehr viel Gutes passiert ist und dass er ganz offensichtlich viele Gründe hat, glücklich zu sein.

Die Erfahrungen, die mit dieser Methode verbunden sind, draußen in der Natur zu machen, ist an sich ein besonderer Wert. Für die meisten Klienten stellen die Natur bzw. Erlebnisse, die sie in der Natur im Laufe ihres Lebens hatten, ohnehin schon eine Kraftquelle dar. Sie sehen sich darum darin bestärkt, auch in Zukunft hinaus ins Freie zu gehen, wenn sie merken, dass es wieder einmal an der Zeit ist, die Gedanken zu sortieren und sich auf die eigenen Ressourcen zu besinnen. Vielleicht nehmen sie dann auch den einen oder anderen Naturgegenstand auf, betrachten ihn und lassen sich durch ihn an eine gute Episode aus vergangenen Zeiten erinnern.

Und was ist mit der Bewegung? – Auch die körperliche Bewegung hat ihren Anteil am Gelingen dieser Methode. Langsames Gehen unterstützt das Erinnerungsvermögen. Beim Umhergehen und Sammeln der Gegenstände hat der Klient die Freiheit, wann immer es sich für ihn passend anfühlt, stehen zu bleiben und etwas genauer zu betrachten, sei es draußen oder in seinem Inneren. Darüber hinaus dürfen wir davon ausgehen, dass wir, wenn wir durch den Wald streifen, um hier und da etwas in unseren Korb zu sammeln, eine urmenschliche Tätigkeit ausüben. Damit gehen wir nicht nur in unserer eigenen Biographie zurück, sondern lassen Fähigkeiten zum

Tragen kommen, die sich während der Evolution des Menschen herausgebildet haben. Man könnte sagen, wir verhalten uns ›artgerecht‹, und das trägt zur Entspannung und, wo nötig, zur Gesundung bei (siehe auch unsere Ausführungen zur Stress Reduction Theory in Kapitel 2.2.1).

Varianten und Einsatzmöglichkeiten

Diese Methode ist besonders gut in der Einzelberatung durchführbar. Hier kann der Klient durch gezieltes Fragen bei seiner Suche sehr effektiv begleitet werden. Es sind aber auch Varianten als Selbst-Coaching, Paar- und Gruppenberatung durchaus sinnvoll.

Wenn Sie die Methode als Selbstcoach ausprobieren wollen, empfehlen wir Ihnen, noch einmal die obenstehende Anleitung durchzulesen und sich dabei in die Rolle des Beraters zu versetzen. Notieren Sie sich dann Fragen und Denkimpulse, die Sie Ihrem Klienten (also sich selbst) im Verlauf der Übung stellen bzw. geben würden, um ihn beim Auffinden seiner Kraftquellen zu unterstützen. Sie werden vermutlich bereits beim Notieren der Fragen eigene Antworten finden. Das ist gut und soll Sie nicht weiter beschäftigen. Nehmen Sie den Zettel mit Ihren Fragen und Impulsen mit auf einen Spaziergang, suchen Sie einen geeigneten Ort auf und beginnen Sie mit der inneren Suche nach Ihren Kraftquellen. Ein guter Einstieg ist sehr oft gegeben, wenn der Blick zunächst in die frühe Kindheit geht und dann der Biographie bis in die Gegenwart folgt. Hin und wieder ziehen Sie die Fragen und Impulse zu Rat, die Sie zuvor notiert haben. Sie werden sehen, dass Ihnen dann noch mehr Erinnerungen zu den einzelnen Lebensabschnitten kommen.

In der Paar- und Gruppenberatung konzentriert sich die Suche auf Kraftquellen, die beide Partner bzw. alle Gruppenmitglieder teilen. Gemeinsame Erlebnisse und Erfolge spielen hierbei ebenso eine Rolle wie Werte und Ideale, mit denen sich alle identifizieren. Über das Aktualisieren von gemeinsamen Kraftquellen hinaus kann die Methode bei der Arbeit mit mehr als einem Klienten zu reichlich Diskussionsbedarf führen. Es ist darum ratsam, die Methode mit Paaren oder Gruppen nur dann zu verwenden, wenn sicher davon auszugehen ist, dass sich die Teilnehmer auf gemeinsame Kraftquellen einigen werden. Damit gilt in diesem Setting mehr noch als im Einzel-Coaching die Empfehlung, die Methode am Ende einer Beratungsepisode zur Festigung der Ergebnisse einzusetzen.

Fallbeispiel

Claudia ist schon eine Weile in der Beratung. Wir haben bereits einige tiefe Themen bearbeitet. Inzwischen fühlt sie sich in ihrem Alltag wesentlich gefestigter als zu Beginn der Beratung. Da es an der Zeit ist, die Begleitung zu beenden, schlage ich ihr die *Innere-Kraftquellen*-Methode vor.

Zur Vorbereitung habe ich noch einmal alle Dokumentationen über die vergangenen Termine durchgesehen und mir Stichpunkte zu den Hürden, die Claudia erfolgreich überwunden hat, gemacht. Ich erkläre, dass ich ihr eine Methode anbieten möchte, die ihr dabei helfen wird, sich in Zukunft in herausfordernden Situationen auf ihre Kraftquellen und inneren Ressourcen zu besinnen. Claudia möchte die Methode gerne kennenlernen. Sie nimmt den von mir mitgebrachten Beutel und wir gehen los.

Ich schlage der Klientin vor, mit der Sammlung der Kraftquellen in ihrer Kindheit zu beginnen.

Claudia geht ein paar langsame Schritte, ehe sie zu sprechen beginnt: »Für mich war es immer eine große Kraftquelle, mit meiner Oma Plätzchen zu backen – nur Oma und ich, ohne die Geschwister und ohne meine Eltern. Wir haben es uns dann richtig gemütlich gemacht und hatten alle Zeit der Welt, den Teig zu kneten und Plätzchen auszustechen. Das war herrlich.«

Ich bitte sie, einen Naturgegenstand zu suchen, der für diese Erinnerung stehen soll. Claudia blickt sich um und entscheidet sich für ein zusammengerolltes Stück Rinde, das sie sichtlich voller Dankbarkeit und Freude in den Beutel legt.

In diesem Stil verfahren wir weiter. Die Klientin spricht über vielfältige Kraftquellen, die Sie auf ihrem Lebensweg entdeckt. Auch in ihrer gegenwärtigen Situation wird sie fündig. Sie entdeckt außerdem, dass sie einiges, woraus sie früher Kraft gezogen hat, wieder im Hier und Jetzt aufnehmen kann.

Zum Beispiel erzählt sie von einem ihrer liebsten Kraftmomente, den sie in einer Party-Nacht hatte. Sie berichtet, dass sie stundenlang in einer Disco getanzt hat und einfach eins mit der Musik war. Dabei fühlte sich einfach nur frei und gleichzeitig auch wunderbar verbunden.
Ich bitte Claudia, mit allen Sinnen wieder in diese Situation einzutauchen und mir zu berichten, was sie in dieser Situation gehört, gesehen, gerochen, gefühlt und geschmeckt hat.
Sie taucht tief ein in den Augenblick und lässt unter meiner Anleitung das wohlige Gefühl größer werden. Währenddessen ist von außen zu beobachten, dass sie eine viel selbstbewusstere Körperhaltung einnimmt.
Nun unterstütze ich die Klientin dabei, sich für eine der stärksten Alltagsherausforderungen einen Anker zusammen mit dieser Erinnerung zu setzen. Bei ihr ist es die morgendliche »Anzieh-Situation« der Kinder vor dem Kindergarten.
»Wie kann es sich anfühlen, wenn du dich – schon bevor es in den Flur geht – mit deinem Kraftmoment in der Disco verbindest?«
»Oh, das wäre was ganz anderes, ich würde viel kraftvoller in diese Situation hineingehen.«
»Wie könntest du dich besser daran erinnern?«
»Ich klebe mir einen Erinnerungsaufkleber auf den Wasserkocher, denn ich koche immer vorab den Tee für die Kinder.«
»Und wie kannst du dich sonst noch im Flur unterstützen?«
»Ich mache mir eine Musik-Playlist mit den Liedern, die ich damals in der Disco so gern gehört habe und stelle sie mir im Flur an.«
Ein zweites Beispiel ist, dass die Klientin sich in Gesprächen mit neuen Kunden oft unsicher fühlt. Ich bitte sie, in eine von ihr als erfolgreich bewertete Situation einzutauchen und diese mit allen Sinnen wahrzunehmen.
Sie beschreibt die Situation erst ziemlich rational, dann taucht sie unter meiner Anleitung immer mehr in die Gefühle ein, die sie mit diesem Erfolgserlebnis verbindet.
Schließlich bitte ich sie zu konstruieren, wie sie sich zukünftig gepaart mit diesem Kraftmoment auf ein neues Kundengespräch energetisch einstimmen kann.

Von Zeit zu Zeit lasse ich auch die von mir vorbereiteten Erfolge aus unserer gemeinsamen Beratungsepisode mit einfließen. So reißt der Faden der Entdeckungen nicht ab.
Schließlich richten wir den Blick in die Zukunft, und ich konfrontiere die Klientin mit der Vorstellung, auf einmal vor einer Reihe großer Herausforderungen zu stehen. Claudia lässt ihre Hand durch den Beutel mit den von ihr gesammelten Naturgegenständen gleiten: »Ich fühle mich zuversichtlich, dann einen Weg zu finden. Das ist schon erstaunlich. Vor ein paar Monaten wäre ich bei dieser Vorstellung in Panik verfallen.«
Zum Ende dieser Beratungseinheit frage ich Claudia, was sie nun mit den Gegenständen machen möchte, die sie gesammelt hat. Sie entscheidet sich dazu, den ganzen Beutel mit nach Hause zu nehmen und dann noch einmal jeder einzelnen Erinnerung nachzusinnen: »Wenn ich mich zukünftig mal irgendwie verloren fühlen sollte, dann weiß ich, dass mich irgendetwas aus dieser Tasche sicherlich auf neue Gedanken bringen wird.«

3.14 Die Brücke der Veränderung

Prokrastination und Selbstsabotage-Strategien überwinden

Zeit:	30–60 Minuten
Material:	Notizkärtchen, Stift, Unterlage zum Schreiben (Klemmbrett), Büroklammern, Naturmaterialien, Straßenkreide (falls Sie auf hierfür geeignetem Untergrund arbeiten)
Vorsicht:	Die Ziele des Klienten sollten vorab sorgfältig auf Stimmigkeit überprüft werden.
Natur:	1. Eine Brücke oder ein Wegabschnitt, den wir als Brücke bezeichnen 2. Es sollte trocken sein
Konstellation:	Einzel-/Gruppen-/Selbst-Coaching)

Anlass

Vor und während großer Veränderungen im Leben passiert es leicht, dass wir nervös werden und sowohl den Überblick als auch den Mut verlieren. Es fällt uns dann schwer, Pläne zu schmieden und bei Bedarf auf Unvorhergesehenes oder sogar auf Rückschläge gelassen und flexibel zu reagieren.

Mit dieser Methode unterstützen wir unsere Klienten (oder uns selbst) dabei, einen roten Faden für schwierige und zähe Entwicklungsprozesse zu spinnen. Der Weg zu einem zuvor sorgfältig abgesteckten Ziel wird deutlich. Die einzelnen Etappen und Wegmarken bis zum Ziel verlieren ihren Schrecken. Unsere Klienten (bzw. wir selbst) gewinnen die Zuversicht, den vor ihnen (vor uns) liegenden Weg gut gehen zu können.

Vorbemerkung

Für diese Übung ist es essenziell, dass der Berater in vorherigen Gesprächen ganz genau geklärt hat, welches Ziel sein Klient verfolgt. Diese Vorbemerkung ist wichtig, da bei einem vorschnellen Einsatz der Methode leicht Scheinziele bzw. vom Berater übergestülpte Ziele verfolgt werden. Es gilt also hier ganz besonders, was ohnehin ein Grundsatz von seriöser und respektvoller Beratung ist: Der Klient ist Experte in eigener Sache, und der Berater unterstützt ihn dabei, sich seiner Ressourcen bewusst zu werden, seine Ziele zu erkennen und Pläne sowie Strategien zu deren Erreichung zu entwickeln bzw. in die Tat umzusetzen. Letzteres wird durch diese Methode gefördert. (Mit der Methode *Innere Kraftquellen*, 3.13 werden Ressourcen gesammelt. Ziele können z. B. mithilfe der Methode *Verbindung mit dem Zukunfts-Ich*, 3.8 erkannt werden.)

Rein praktisch ist darauf zu achten, dass Papier und Schreibzeug für die jeweils vorherrschenden Witterungsbedingungen geeignet ist.

Falls in Ihrem Setting keine Brücke vorhanden sein sollte, können Sie selbstverständlich auch einen Wegabschnitt oder eine andere naturgegebene Stelle wählen, die sie dann kurzerhand zur Brücke erklärt wird.

Anleitung

1. **Ausgangssituation** – Unser Klient befindet sich in einer Sackgasse. Er kennt zwar sein Ziel, hat aber den Eindruck, in seinem aktuellen Entwicklungsprozess nicht weiterzukommen. Wir erleben ihn als verzagt, überfordert oder orientierungslos.
2. **Die Richtung festlegen** – Wir stehen mit unserem Klienten vor oder auf einer Brücke (bzw. einem Streckenabschnitt, den wir für diese Methode zur ›Brücke‹ erklären). Wir fordern ihn zunächst auf zu wählen, welche Seite der Brücke das Hier und Jetzt und welche sein Ziel bzw. die gewünschte Zukunft repräsentieren soll.
3. **Den Leidensdruck spüren** – Wenn nicht schon geschehen, dann begeben wir uns jetzt gemeinsam zu dem Punkt der Brücke, der für das Hier und Jetzt steht, und markieren ihn. Wir bitten unseren Klienten, noch einmal seine Sorgen, Verzweiflung bzw. Verzagtheit zu schildern, und bestärken ihn dabei, wenn nötig, indem wir ihm z. B. Folgendes sagen:
   »Der Punkt, an dem Sie hier stehen, ist Ihre gegenwärtige Situation. Wie fühlt es sich an, wenn Sie von hier aus den vor Ihnen liegenden Veränderungen und den damit verbundenen Aufgaben entgegenblicken? Welche Sorgen, welche Ängste oder welche Zweifel kommen in diesem Augenblick bei Ihnen auf?«
4. **Die Brücke überqueren** – Wir erklären unserem Klienten, dass er sich jetzt (symbolisch) auf den Weg zu dem von ihm angestrebten Ziel macht. Gemeinsam mit ihm gehen wir dann ganz bewusst Schritt für Schritt über die Brücke. Wenn es passt, unterhalten wir uns während des Gehens weiter mit ihm, vielleicht ist es auch indiziert, bei diesen Schritten mehr in die Ruhe einzutauchen. Vielleicht kommen unserem Klienten schon auf diesem ersten Weg über die Brücke neue Erkenntnisse und Ideen, wie er die im wirklichen Leben vor ihm liegenden Aufgaben besser strukturieren und meistern kann.
5. **Das Ziel markieren und benennen** – Auf der anderen Seite der Brücke angekommen, erklären wir unserem Klienten, dass er sich nun an dem Ort befindet, der seine Zukunft und sein anvi-

siertes Ziel symbolisiert. Für den Augenblick ist es noch unerheblich, wie genau sein realer Weg dorthin aussieht. Wir bitten ihn zunächst lediglich darum, den Zielpunkt am Ende der Brücke (mit einem Naturgegenstand) zu markieren und noch einmal prägnant zu benennen (z. B.: Abschicken des Kündigungsschreibens, Abgabe der Schlüssel, eine harmonische Partnerschaft ...).

6. **Sich in das Ziel hineinversetzen** – Wir bitten nun unseren Klienten darum, zu schildern, wie er sich jetzt fühlt, da er dieses Ziel erreicht hat und es also auch schon der Vergangenheit angehört.
7. **Wegmarken benennen und notieren** – Jetzt fordern wir den Klienten auf, in Richtung des Gegenwart-Punktes am anderen Ende der Brücke zu blicken und wichtige Wegmarken aufzuzählen, die er auf seinem Weg zum Ziel-Punkt passiert hat. Notieren Sie Leitwörter, die die einzelnen Wegmarken bezeichnen, auf die Karten. Nach unserer Erfahrung können gut ein Dutzend Punkte gesammelt werden. Diese Zahl muss aber nicht zwingend erreicht werden. Wir achten darauf, dass alle Wegabschnitte Berücksichtigung finden.
8. **Die Wegmarken ordnen und platzieren** – Nun bringen wir gemeinsam die Karten mit den Wegmarken in eine sinnvolle Reihenfolge. Anschließend begeben wir uns zum Gegenwarts-Punkt am Anfang der Brücke und bitten unseren Klienten beim erneuten Überqueren in Richtung des Ziel-Punkts, die Karten eine nach der anderen auf der Brücke abzulegen (und falls nötig mit einem Naturgegenstand zu beschweren). Gegebenenfalls ist es sinnvoll, zweimal diesen Weg zu gehen, um die Abstände zwischen den Karten so zu korrigieren, dass sie zur erwarteten zeitlichen Abfolge der Etappen passen.
9. **Erneut in die Zukunft blicken** – Nun begeben wir uns mit unserem Klienten noch einmal zum Gegenwarts-Punkt und bitten ihn, in aller Ruhe in die Zukunft zu blicken und die Empfindungen zu schildern, die er dabei hat.
10. **Die Wegmarken bewusst abschreiten** – Wir überqueren dann wieder ganz langsam und bewusst die Brücke. Bei jeder Weg-

marke halten wir inne und fordern unseren Klienten immer wieder auf, seine neuen Gefühle wahrzunehmen. Es gilt auch, darauf zu achten, ob es Anzeichen von Widerstand, von Angst oder Zweifel gibt. Eventuell fragen wir den Klienten, ob er das Vertrauen in sich spürt, die Wegmarke, an der er gerade steht, meistern zu können. Falls wir merken, dass eine Wegmarke, sprich eine Aufgabe, eine entmutigend hohe Hürde bedeutet, versuchen wir diese gemeinsam mit unserem Klienten so zu verändern oder in Teilaufgaben zu zerlegen, dass sie am Ende ihren Schrecken verliert. Dazu beschreiben und platzieren wir, wenn nötig, neue Karten.

11. **Den Erfolg genießen** – Wenn wir schließlich auf der anderen Seite der Brücke am Ziel angekommen sind, bestärken wir unseren Klienten darin, seinen Erfolg zu genießen und ›zu feiern‹. Wir fragen ihn, wie er sich beim Gedanken, sein Zeil, erreicht zu haben, fühlt und wie er dies körperlich wahrnimmt. Wenn es sich stimmig anfühlt, teilen wir natürlich mit ihm seine Begeisterung.
12. **To-do-Liste erstellen** – Zum Schluss werden alle Karten in der stimmigen Reihenfolge eingesammelt, unser Klient kann sie mit nach Hause nehmen. Wir empfehlen ihm, sich aus den Wegmarken eine To-do-Liste zu erstellen, indem er die Karten z. B. aufklebt oder aufhängt. So kann er sich zum einen an die Erfolgsgefühle erinnern, die er während der Methode erlebt hat, zum anderen hat er eine wertvolle Möglichkeit, Etappenziele abzuhaken und zu feiern.

    Wir ermuntern ihn auch, Punkte in seine To-do-Liste einzufügen, die ihm erst später in den Sinn kommen oder die sich erst im Laufe des Prozesses als wichtig herausstellen. Wir geben ihm zu diesem Zweck einige Blankokarten mit. Möglicherweise möchte unser Klient sich auch die beiden Markierungspunkte vom Anfang und Ende der Reise mitnehmen, es hat sich als sehr bekräftigend herausgestellt, diese in Phasen von wiederaufkommender Hoffnungslosigkeit in den Raum zu legen und dann von einem zum anderen Gegenstand zu gehen.

Wie es wirkt und warum es hilft

Mit dieser Methode erhält der Klient einen größtenteils linear strukturierten Überblick über die Aufgaben, die bis zur Erreichung des ersehnten Ziels vor ihm liegen. Bei dieser Gelegenheit kommen Selbstsabotagestrategien ans Licht, die dann im Gespräch aufgelöst werden können. Das Aufteilen in kleinere Häppchen führt außerdem dazu, dass vor dem Klienten nicht mehr eine erdrückend komplexe Aufgabe liegt. Er sieht nach und nach eine Kette von kleineren Herausforderungen, denen er sich zum einen gut gewachsen fühlt und die zum anderen jede für sich genommen in Relation zu den Glücksgefühlen, die mit der Erreichung des Endziels einhergehen, geradezu mit Freuden und Leichtigkeit erledigt werden können. Die Devise lautet also: Wir machen aus einer großen Aufgabe viele kleine, gut bewältigbare Häppchen. Auf dem Weg zum Ziel feiern wir viele kleine Erfolge, etwaige Mühen nehmen wir gerne in Kauf, da wir ja wissen, wofür das Ganze gut ist. Und am Ende winkt der Hauptgewinn.

Natur und Bewegung

Eine Brücke ist ein Bauwerk, das einen bequemen Übergang zwischen zwei Punkten ermöglicht, die ohne sie durch Gefahren oder anspruchsvolles Terrain voneinander getrennt sind. Auch zwischen unserer gegenwärtigen Lage und einem angestrebten Ziel scheinen oft übergroße Hürden, Strapazen und Gefahren zu liegen. Aufgrund dieser Analogie verwenden wir in dieser Methode entweder eine reale Brücke oder zumindest die Brückenmetapher.

Brücken sind zwar in der Regel keine ›Naturprodukte‹, sie sind uns aber in unseren Landschaften und als Teile unserer Wegenetze vertraut. Oft ermöglichen sie uns erst den Zugang zur Natur oder sie bieten uns neue Perspektiven, von denen aus wir die Natur beobachten können. Der Blick von einer Brücke in einen tosenden Fluss oder hinab in eine tiefe Schlucht kann eine packende Naturerfahrung sein. Außerdem zählen wir diese Brückenmethode guten Gewissens zu den Naturmethoden, da die meisten Brücken draußen zu finden sind. (Es muss wohl kaum erwähnt werden, dass wir diese Methode an ruhigen und attraktiven Orten durchführen und nicht auf Brücken, die sich über lärmende Autobahnen oder übelriechende Kanäle spannen.)

Und was ist mit der Bewegung? – Auch die körperliche Bewegung leistet einen wertvollen Beitrag zum Erfolg der Methode. Indem wir mehrfach Schritt für Schritt die Brücke ganz bewusst vom Gegenwarts-Punkt zum Ziel-Punkt überqueren, gelingt es dem Gehirn des Klienten, sich daran zu gewöhnen, dass auch der tatsächlich vor ihm liegende Entwicklungsprozess gut zu schaffen ist. Beim Gehen machen wir immer einen Schritt nach dem anderen und bewältigen, wenn es sein muss, auf diese Weise große Distanzen und durchqueren unwegsames Gelände. Dieses Schritt-für-Schritt-Gehen überträgt sich auf den Entwicklungsprozess, den der Klient – je nach Standpunkt auf der Brücke – mal vor und mal hinter sich sieht. Er erlebt geradezu körperlich, wie er eine Aufgabe nach der anderen erledigt. Dabei hat er immer wieder mit beiden Beinen festen Kontakt zum Boden und behält die Orientierung.

Varianten und Einsatzmöglichkeiten

In Praxisräumen kann diese Methode ebenfalls – wenn auch nicht ganz so beeindruckend wie im Freien und auf einer echten Brücke – angeboten werden. Wenn es der Schnitt und die Größe des Raumes zulässt, führen wir die Methode im Gehen durch. Dazu werden am besten am Boden die beiden Enden des Bereichs markiert, der die Brücke darstellen soll. Alternativ können wir natürlich auch auf einem großen Papierbogen eine Brücke skizzieren, die Wegmarken einzeichnen und jeweils auf den Punkt deuten, an dem wir uns im Verlauf der Methode gerade befinden. Schließlich haben wir selbstverständlich auch die Möglichkeit – entsprechende Erfahrungen und Kompetenzen vorausgesetzt –, unseren Klienten in einer Imagination durch diese Methode zu führen.

Als Partner- oder Gruppenmethode verfahren wir sehr ähnlich wie in der Anleitung aufgezeigt. Unsere Aufgabe in diesen Settings ist zusätzlich, die Kommunikation zwischen den Teilnehmern zu moderieren und darauf zu achten, dass möglichst jeder einzelne bei allen Schritten mit dabeibleibt. Voraussetzung ist auch hier, dass wirklich auf ein Ziel hingearbeitet wird, das alle erreichen wollen.

Die jeweiligen Wegmarken werden sicher nicht von allen Teilnehmern als gleichermaßen herausfordernd oder beängstigend wahrgenommen. Hier besteht eine wertvolle Chance der wechselseitigen Ermutigung einerseits und der Planung einer effektiven Arbeitsteilung andererseits. Bedenken Sie, dass der Zeitbedarf bei sorgfältiger Durchführung der Methode mit mehreren Teilnehmern erheblich wachsen kann.

Eine weitere Variationsmöglichkeit der Brückenmethode besteht darin, sie zum Reframen vergangener Veränderungsprozesse einzusetzen. Start- und Ziel-Punkt der Brücke liegen dann entsprechend am Beginn und am Ende des Prozesses, über den der Klient sich ein Bild machen will. Als Wegmarken werden aus der Rückschau die entscheidenden Handlungen (zu denen auch Erkenntnisse und Einstellungsänderungen gehören) gesammelt. Je nach dem Charakter des betrachteten Prozesses geht es allerdings nicht darum, Erfolge zu feiern, sondern z. B. Abschied zu nehmen, zu verzeihen, Dankbarkeit zu erkennen oder für die Zukunft zu lernen.

Fallbeispiel

Simon möchte in sechs Monaten unbedingt seinen ersten Online-Kurs auf den Markt bringen. Er sprudelt nur so vor inhaltlichen Ideen. Um sich mit der Technik und den Marketingmethoden vertraut zu machen, hat er bereits zwei Fortbildungen absolviert.

Dennoch überfallen ihn immer wieder große Ängste. Er fühlt sich dann wie gelähmt und weiß nicht, was als Nächstes zu tun ist.

Wir stehen am Kopf einer Brücke, die über einen kleinen Bach führt. Ich erkläre Simon, dass wir den vor ihm liegenden Prozess unter Zuhilfenahme dieser Brücke einmal genauer betrachten werden und bitte ihn zu wählen, an welchem Ufer das Hier und Jetzt und an welchem das ersehnte Ziel, also die Veröffentlichung des Kurses, liegen soll. Er entscheidet sich dafür, dass die Gegenwart an dem Punkt liegt, an dem wir gerade stehen.

Ich bitte Simon, mir jetzt noch einmal ganz genau zu schildern, wie er sich gerade fühlt. Er berichtet von seinem Unwohlsein, von Unsicherheit, von der Angst, sich zu verzetteln.

Nun fordere ich den Klienten auf, ganz bewusst Schritt für Schritt die Brücke zu überqueren, und sich dabei vorzustellen, wie er auf sein ersehntes Ziel zugeht. Auf der anderen Seite angekommen blicken wir gemeinsam in die Vergangenheit. Ich bitte Simon, einen Punkt auf dem Boden zu markieren, der den Moment symbolisieren soll, an dem er auf den Veröffentlichen-Button geklickt hat. Dies tut er, indem er zwei Stöcke kreuzweise übereinanderlegt.

Ich Frage Simon: »Was gibt es jetzt zu berichten?«

Seine Augen beginnen zu strahlen und er erzählt und erzählt. Auch von seinen positiven Gefühlen und seiner guten Körperwahrnehmung spricht er ganz von selbst. Anderenfalls hätte ich noch danach gefragt.

Schließlich bitte ich Simon, die Aufgaben aufzuzählen, die erledigt werden mussten, damit er endlich am aktuellen Punkt stehen konnte. Ich notiere diese Aufgaben in Stichworten auf mitgebrachten Karten. Dann lade ich Simon ein, die Karten in eine stimmige Reihenfolge zu bringen. Ich beobachte, wie er zunächst die Punkte, die ihm besonders leicht von der Hand gehen, nach vorne und die für ihn schwereren und unangenehmeren nach hinten sortiert. Schließlich überlegt er aber laut: »Ich glaube, den Kram mit der Steuerberaterin kläre ich doch jetzt besser schnell, vielleicht gibt's da ja noch Sachen, die etwas mehr Vorlaufzeit benötigen.« So schiebt er die Karten hin und her und hat bald eine Reihenfolge, die sich für ihn gut anfühlt.

Nun verteilen wir die Karten auf der Brücke. – Da es etwas windig ist, beschweren wir sie mit Naturmaterialien. Anschließend gehen wir an das Ende der Brücke, das für die Gegenwart steht.

Ich bitte Simon zu beschreiben, wie es sich jetzt für sie anfühlt, in die Zukunft zu blicken. Er strahlt: »Hach, ich glaube, da habe ich mich an einigen Punkten so verrückt gemacht, dabei sind es nur kurze Anrufe ... Papierkram ... Bürokratie ... irgendwie sind die ganzen scheinbar komplizierten Sachen jetzt nicht mehr so aufgebläht.«

Daraufhin gehen wir noch einmal ganz bewusst über die Brücke, und Simon schildert mir ziemlich bildlich und mit verspielter

Leichtigkeit, wie er die einzelnen Punkte erledigen wird. Als er diesmal auf die andere Seite kommt, wirkt er sehr erleichtert. Er sagt: »Ja! So möchte ich mich auf meinen Erfolg freuen!!«
Die Karten nimmt er in der richtigen Reihenfolge sortiert mit nach Hause, er klemmt sie mit einer Büroklammer zusammen und möchte sie sich als »To-do-Liste« an eine Leine über seinem Schreibtisch aufhängen.
»Immer wenn ich einen dieser Punkte erledigt habe, werde ich den Zettel feierlich abhängen. Wenn neue Punkte dazukommen, kann ich sie mir einfach noch mit dazwischenhängen.«
Die beiden Stöcke, die für das erreichte Ziel stehen, nimmt er ebenfalls mit: »Die erinnern mich an das gute Gefühl, es geschafft zu haben, und ermuntern mich, auch in Phasen, in denen es sich holprig anfühlt, wieder auf Kurs zu kommen.«

KAPITEL 4

Häufig gestellte Fragen

In den vorangegangenen Kapiteln haben wir eindringlich für Bewegung und vor allen Dingen für die freie Natur als Setting für Therapie, Coaching und vielfältige andere Formen der Beratung und Begleitung von Patienten, Klienten und Coachees geworben. In den Augen mancher Kollegen, Vorgesetzter, Kostenträger oder Versicherer wirkt es selbst in der heutigen Zeit noch etwas ungewohnt, wenn wir für beratende Arbeit oder Besprechungen nicht im Büro oder in der Praxis bleiben, sondern stattdessen in den Stadtpark, an den Strand oder in den Wald gehen. Die Gründe für die Skepsis sind sicherlich zu großen Teilen in unseren Gewohnheiten und kulturellen Prägungen zu finden. Es scheint noch das Vorurteil verbreitet zu sein, dass Menschen nur dann verlässlich und pflichtbewusst arbeiten, wenn sie auf ihrem festen Platz am Schreibtisch sitzen.

Inzwischen wissen wir aber, dass z. B. Psychotherapie oder Meetings sehr wohl auch dann wunderbare Resultate liefern, wenn die Gesprächsteilnehmer nicht im selben Raum sitzen. Die Erfahrungen der Corona-Zeit haben sehr wahrscheinlich zu einem beschleunigten Paradigmenwechsel beigetragen. Viele Menschen – sowohl Arbeitnehmer und Arbeitgeber als auch Selbständige und Freiberufler haben inzwischen festgestellt, dass die Arbeit im Homeoffice durchaus vollwertig sein kann.

Dass vielen Patienten und Klienten besonders gut durch Therapie und Beratung in Bewegung und in der freien Natur geholfen werden kann, haben wir ja in diesem Buch umfänglich beleuchtet. Darüber hinaus steht außer Frage, dass die freie Natur eine attraktive Erweiterung des üblichen Arbeitsplatzes einer Beraterin bedeutet – eine Erweiterung, die sich positiv auf die Gesundheit, die Leistungskraft und das Wohlbefinden der Beraterin auswirkt. Hiervon profitieren natürlich auch die Klienten.

Da wir mit unseren Beratungen im Freien gewissermaßen als Pioniere unterwegs sind, stellen uns sowohl Klienten als auch Kolleginnen immer wieder interessierte Fragen zu Ablauf und Organisation, aber z.B. auch zu Recht und Versicherung im Zusammenhang mit Beratungen in der Natur. Im Folgenden haben wir darum Antworten auf die häufigsten Fragen zusammengestellt.

Wir weisen aber schon hier darauf hin, dass wir aufgrund der Vielfältigkeit der einzelnen Beratungskonstellationen keine umfassende Rechtsauskunft oder Versicherungsberatung leisten können. Lassen Sie sich, was diese Bereiche anbelangt, unbedingt individuell beraten und informieren Sie sich gegebenenfalls auch bei der für Sie zuständigen Psychotherapeutenkammer oder Ihrem Berufsverband. Sollten Sie bei Ihrer Anfrage auf Unverständnis stoßen, dann bieten Ihnen die wissenschaftlichen Forschungsergebnisse, die wir in Kapitel 2 aufgeführt haben, reichlich Argumente für die positive Wirkung von Bewegung und Natur in Therapie und Coaching.

Auch wir sind für unsere eigene Beratungspraxis und im Rahmen der Recherchen zum vorliegenden Buch diesen Weg gegangen. Viele Antworten, die wir dabei erhalten haben, zeigten uns, dass eindeutige Äußerungen kaum möglich sind, da das Thema Beratung/Therapie/Coaching in freier Natur bisher, wie bereits erwähnt, in vielen Köpfen noch nicht präsent ist. Es gibt also kaum Vorbilder und Vertragsmuster.

Auf der einen Seite (die der offiziellen Stimmen von Kammern und Kassen) haben wir den Eindruck gewonnen, dass bislang noch kaum Interesse besteht, sich ernsthaft mit diesem neuen Thema zu befassen: »Wie im Arztberuf auch, kann eine Behandlung nicht einfach »auf die Straße« verlegt werden.« So und so ähnlich lauteten Antworten auf unsere Anfragen. Auf der anderen Seite (die von Therapeuten und Coaches, die bereits gute Erfahrung mit Outdoor-Therapien und -Beratungen gesammelt haben) wird uns die positive Wirkung und das Potenzial von Beratung in freier Natur immer wieder nachdrücklich bestätigt. Und dann gibt es noch eine dritte Gruppe, nämlich die derjenigen, die bisher einfach noch nicht auf die

Idee gekommen sind, dass sie für ihre Arbeit ja auch nach draußen gehen könnten. Hier stoßen wir auf großes Interesse. Die Vorteile von mehr Bewegung und Natur für die Klienten (und für die Berater) leuchten unmittelbar ein.

Wir hoffen, dass es Ihnen gelingen wird, Ihre Vision von Beratung in freier Natur zu realisieren, und würden uns freuen, wenn Ihnen die folgenden Fragen und Antworten auf Ihrem Weg helfen.

Was mache ich bei schlechtem Wetter?

»Wenn die Sonne scheint, die Temperaturen angenehm sind und ein ganz leichter Wind geht, kann ich mir gut vorstellen, Beratungen im Freien anzubieten. Was mache ich aber, wenn das Wetter nicht so schön ist?«

Eine praktische Volksweisheit lautet ja: »Es gibt kein schlechtes Wetter, sondern nur unpassende Kleidung.« Für die meisten Witterungsbedingungen können Beraterin und Klient sich leicht mit geeigneter Kleidung und passendem Schuhwerk ausrüsten. Natürlich bleiben dann immer noch einige Wetterextreme, die Beratungen im Freien verbieten oder zumindest doch sehr unattraktiv machen. Erwähnt seien Gewitter und hohes Gewitterrisiko, Sturm und Sturmböen, hohe Temperaturen (vor allen Dingen dann, wenn sie mit hoher Luftfeuchtigkeit einhergehen) und Starkregen. Ab wann eine Witterung aber als unangenehm wahrgenommen wird, ist sehr individuell.

»Was ist, wenn es regnet?« Diese Frage hören wir immer wieder. Regen allein, wenn er nicht gar zu stark ist, stellt für die meisten Beratungssituationen im Freien kein Problem dar. Passendes Schuhwerk und eine Regenjacke bzw. ein Schirm vorausgesetzt, bleibt die unterste Schicht der Kleidung angenehm trocken. Es wird sogar von vielen Menschen als sehr reizvoll empfunden, im Regen hinauszugehen, den Duft der feuchten Erde, des Herbstlaubs und der Pflanzen zu atmen und die gesamte Atmosphäre zu genießen. Zu zweit durch eine verregnete Landschaft zu wandern verbindet unter Umständen mehr als so mancher Schönwetter-Spaziergang.

Wenn sich aber zum Regen noch stärkerer Wind gesellt, wird die Sache oft unangenehm. In diesem Fall schützt meist die Regenjacke oder der Regenschirm nicht mehr gut und es fällt zunehmend schwer, sich auf das Gespräch und die individuellen inneren Prozesse einzulassen. Außerdem ist es rein akustisch anstrengend, einander zu verstehen, denn die Mischung von Wind und Regen erhöht das Grundrauschen ringsum; die Stimmen werden verschluckt und Luftwirbel in den Ohrmuscheln erschweren ein entspanntes Gespräch.

Jahrelange Erfahrung mit Beratung in Wald und Wiesen hat uns gezeigt, dass nur selten Termine in freier Natur wegen ungünstiger Witterungsbedingungen abgesagt oder in die Praxisräume verlegt werden müssen. Das Wetter ist meistens dann doch besser als die Vorhersage und auch Bedingungen, die zunächst wenig attraktiv wirken, werden, wenn wir erst einmal unterwegs sind, sehr oft als anregend empfunden.

Was ist, wenn es schon früh dunkel wird?

»Im Sommerhalbjahr kann man am späten Nachmittag und sogar abends wunderbar spazieren gehen und sich draußen aufhalten. Was mache ich aber im Winter, wenn es schon ab 16 Uhr dunkel wird?«

Es stimmt, im Sommerhalbjahr (genau genommen von März bis Oktober, mit gewissen Unterschieden abhängig von Breiten- und Längengrad) spielen Dämmerung und Dunkelheit fast nie eine Rolle bei unserer Terminplanung. In den vier Monaten von November bis Februar ist das Thema Sonnenuntergang aber durchaus relevant. (Der relativ späte Sonnenaufgang im Winter bedeutet in unseren Breiten für gewöhnlich nur dann eine Einschränkungen, falls wir mit den ersten Beratungsspaziergängen schon deutlich vor 8 Uhr beginnen.)

Während der dunkleren Monate achten wir darauf, dass Termine, die wir gegen Abend durchführen, nicht an völlig unbeleuchteten Orten stattfinden. Bei Neumond oder wolkenverhangenem Himmel würde man anderenfalls kaum die Hand vor Augen sehen. Der stresslindernde und entspannende Effekt der Natur verkehrt sich dann ins Gegenteil. Wir haben aber erkannt, dass es in der Regel kein Problem bedeutet, wenn während eines Beratungstermins die Dämmerung anbricht oder wenn es sogar fast ganz dunkel wird. Wir achten darauf, dass es noch hell ist, wenn wir den Klienten treffen. Die Dämmerung setzt dann allmählich ein und unsere Augen gewöhnen sich an die neuen Lichtverhältnisse.

Solange es nicht stockfinster wird, die Wege gut zu sehen sind und wir als Berater unserem Klienten ein Gefühl von Sicherheit vermitteln, können wir diese Randtermine getrost anbieten. Wir sollten allerdings im Vorfeld unsere Klienten fragen, ob das für sie auch in Ordnung ist, und bedenken, dass der Einsatz vieler Methoden ausreichend Tageslicht verlangt.

Was gehört in meinen Rucksack?

»In der Praxis habe ich alles, was ich für mein Beratungsangebot brauche. Was sollte ich dabeihaben, wenn ich draußen mit meinen Klientinnen unterwegs bin?«

Diese Frage lässt sich nicht pauschal beantworten. Der Inhalt Ihres Rucksacks hängt stark davon ab, ob Sie mit Ihren Klientinnen vornehmlich spazieren gehen und dabei Beratungsgespräche führen, ob sie zur Unterstützung dieser Gespräche auf mitgebrachte Materialien zurückgreifen wollen, ob Sie sich während bzw. nach dem Termin Notizen machen oder Ihre Gedanken diktieren.

Zum Visualisieren von Zusammenhängen mit einem abwischbaren Tafelstift sowie als Unterlage zum Beschreiben von Karten, Formularen, Arbeitsblättern usw. ist eine Magnettafel ein sehr nützliches Hilfsmittel für den Outdoor-Einsatz. Auf dieser Tafel können sie (der Name sagt es schon) wie an einem Kühlschrank Magnete in den unterschiedlichsten Farben und Formen anbringen und damit Aufstellungen vornehmen, die dann z. B. wiederum mit Tafelstiften in verschiedenen Farben mit Pfeilen, Verbindungslinien und Beschriftungen erweitert werden. Sie können auch Kärtchen oder Labels, auf deren Rückseite ein magnetisches Band geklebt ist, auf der

Tafel anbringen und nach Belieben positionieren. Magnettafeln im DIN-A3-Format gibt es in sehr leichten Ausführungen. So ist es problemlos möglich, sie mit auf einen Spaziergang zu nehmen. Sie bieten eine größere Arbeitsfläche als ein Tablet-Computer und haben darüber hinaus den Vorteil, dass der Umgang mit Papier, Stiften und Magneten sehr haptisch und intuitiv ist.

Wer will, kann natürlich auch ein Tablet für Notizen und Visualisierungen mit nach draußen nehmen. Das bietet den Vorteil, dass alle Bildschirminhalte gespeichert werden können und so später wieder zur Verfügung stehen. Außerdem mag auch die Möglichkeit, Fotos, Video- und Audioaufnahmen zu machen, für viele Beratungsprozesse unterstützend sein (hierfür reicht allerdings auch ein Smartphone aus.)

Ein besonderer Reiz von Beratungen in der Natur besteht allerdings darin, dass der Klient sich unmittelbar auf die Natur einlässt. Bildschirmmedien nehmen bei den meisten Menschen im Alltag einen sehr großen Raum ein. Beratungen in der Natur ganz ohne elektronische Helferlein können hier einen gewinnbringenden Kontrast darstellen.

Sollten Sie also wirklich in und mit der Natur arbeiten wollen, dann sind andere Gegenstände von viel größerem Interesse, als solche, mit denen Sie das Büro- und Alltagsleben nach draußen ›verlängern‹. Wir denken hier zum Beispiel an ein Taschenmesser, an eine Lupe oder ein Fernglas, an Sitzunterlagen, an Beutel zum Sammeln von Naturgegenständen. Und dann sind da natürlich auch die ganz praktischen Dinge wie, Sonnenhut, Sonnenmilch, Regencape, Regenschirm oder Mückenschutz. Um während der Beratungen die Zeit im Blick behalten zu können ist außerdem eine Armbanduhr sehr zu empfehlen.

Das ist jetzt eine ziemlich lange Liste mit möglichen Dingen, die unter Umständen interessant und wichtig sein können, in unserem Beratungsalltag hat es sich aber gezeigt, dass wir eigentlich meist nur ein Päckchen Taschentücher mit dabeihaben.

Wo sollte ich meine Beratungen durchführen?

»Ich kann mir gut vorstellen, Beratungstermine im Freien anzubieten. Wie finde ich eine passende Route für die Spaziergänge? Worauf sollte ich bei der Wahl des Beratungsortes achten?«

Wohl dem, der bei der Beantwortung dieser Frage aus dem Vollen schöpfen kann, der also in seinem geographischen Umfeld vielfältige Spazier- und Wanderwege hat, die überdies idealerweise auch noch gut mit öffentlichen Verkehrsmitteln erreichbar sind, die trotzdem möglichst unberührte Natur bieten und ungestörte Beratungen erlauben. Die tatsächlichen örtlichen Gegebenheiten sind für die meisten Berater nicht derart vielfältig. Die Frage lautet üblicherweise: »Wo könnte ich in meiner Gegend Outdoor-Beratungen anbieten?«

Ein paar Faustregeln geben wir Ihnen hier gern an die Hand:

Ein Stadtpark oder ein Naherholungsgebiet am Ortsrand stellt schon eine gute Alternative bzw. Erweiterung des Praxisraums dar. Hier kommen Berater und Klienten üblicherweise sogar sehr gut mit dem Fahrrad oder mit öffentlichen Verkehrsmitteln hin. An Werktagen (speziell vormittags und bis zum frühen Nachmittag) sind auf den Wegen und Grünflächen überdies eher wenig Menschen unterwegs. Ungestörte Spaziergänge und Gespräche sowie der Einsatz einiger Methoden sind also sehr gut möglich.

Wenn allerdings Wälder und freiere Landschaften ebenfalls erreichbar sind, dann ist dort meist ein noch intensiveres Naturerleben und ein ungestörteres Arbeiten möglich. Speziell für Beraterinnen, die neben Gesprächen auch naturbasierte Methoden einsetzen, sind artenreiche, möglichst unberührte Umgebungen von Vorteil.

In einer finnischen Studie aus dem Jahr 2021 untersuchen die Autorinnen, welche Arten und Ausprägungen von Wäldern bei den Besuchern am höchsten im Kurs stehen und den höchsten Erholungswert bieten. Sie nennen die folgenden Kriterien, die wir direkt in Kontext zum Thema Beratung setzten (Simkin et al. 2021):

- **Große Bäume** sind sehr beliebt. Sie geben dem Menschen ein Gefühl von Schutz. Außerdem regen sie die Phantasie an und stellen einen Kontrast zu unserer smarten, schnelllebigen Alltagswelt dar.

- **Leicht zu begehende Wege** erlauben es, nebeneinander herzugehen und sich auf das Gespräch zu konzentrieren. Speziell Beraterinnen, die viele Methoden einsetzen, wissen aber auch die Vorteile **verschlungener, abenteuerlicher Pfade** zu schätzen.
- **Alte Wälder** werden jungen Wäldern vorgezogen. Sie flößen Ehrfurcht ein und bieten meist auch eine große Auswahl inspirierender Naturmaterialien.
- Der Wald darf nicht zu dicht und düster sein, da dies leicht bedrohlich wirkt und Ängste auslösen kann. Die Besucher schätzen besonders **helle Wälder, die gute Möglichkeiten bieten, zwischen den Baumstämmen hindurchzublicken, bei gleichzeitigem Vorhandensein von Strauch- und Buschwerk**.
- Die Spuren aktiver Waldwirtschaft werden tendenziell als störend empfunden. Wir halten diesen Nachteil für vernachlässigbar, solange nicht ganze Flächen in trostlose Mondlandschaften verwandelt wurden.
- Mitunter löst der Anblick umgestürzter Bäume und faulenden Holzes traurige Gefühle aus. Sollte dies der Fall sein, kann das in der Beratung allerdings sinnvoll bearbeitet werden.

Wenn von Coaching und Therapie in und mit der Natur die Rede ist, liegt der Fokus meistens auf dem Wald als einem Ort für Erholung und Heilung. Nach unserer Erfahrung bieten aber durchaus auch andere Landschaften wunderbare Möglichkeiten für die Beratungsarbeit. Wünschenswert ist, dass:

- die Landschaft einen Kontrast zum städtischen Alltagsumfeld bietet
- ungestörte Gespräche möglich sind (bitte kein Verkehrslärm!)
- der Blick (zumindest gelegentlich) in die Ferne schweifen kann
- viel Grün vorhanden ist (wenn es dann noch ein fließendes Gewässer, einen See oder das Meer gibt, dann ist das großartig)
- die Luft sauber ist
- die Kriterien der Attention Restoration Theory erfüllt sind (siehe Kapitel 2.2.1).

Ein weiterer, ganz praktischer Vorteil ist, wenn im Gebiet, in dem wir eine Beratung durchführen, ein dichtes Wegenetz vorhanden ist. Das ermöglicht es uns, Abkürzungen oder Umwege zu gehen und so die vorgesehene Beratungszeit einzuhalten. Es ist sehr zu empfehlen, dass wir als Berater die Gegend gut kennen. So können wir uns selbst mit voller Aufmerksamkeit unserem Klienten widmen und strahlen dabei aus, dass sich dieser getrost auf uns verlassen kann.

Für einen Beratungsspaziergang von 60 Minuten sollte eine Strecke von ungefähr 3 Kilometern geplant werden. Aber Achtung! Das ist wirklich nur ein ungefährer Wert. Je nachdem, wie gehfreudig die einzelne Klientin ist und je nachdem, wie oft Sie stehenbleiben und Methoden durchführen, verlängert oder, vor allen Dingen, verkürzt sich der Weg, den wir zurücklegen.

Bei Beratungen im Stadtpark stellt sich das Problem, dass wir pünktlich zum Ende eines Termins am geplanten (örtlichen) Ziel ankommen, nicht. Hier gehen wir ohnehin mehrere Runden und können darum sehr leicht die Zeit einhalten.

Was gilt es, bei der Nutzung von Wegen und Flächen im öffentlichen Raum zu beachten?

»Ich habe schon Ideen, an welchen Orten ich gerne Beratungen anbieten würde. Darf ich ohne weiteres meine Klienten überall in der Natur, sprich in öffentlichen Parkanlagen, auf Grünflächen, in Wäldern, auf Wiesen, an Stränden, auf landwirtschaftlich genutzten Flächen bzw. Wegen …, beraten?«

Wenn wir uns in der Natur aufhalten, sollten wir uns an einige Regeln halten. So stehen uns Parkanlagen, Grünflächen, Wiesen und Wälder und sonstige nicht eingefriedet oder durch Beschilderung anders definierte, öffentlich zugängliche Bereiche zu Erholungszwecken zur Verfügung. In Naturschutzgebieten, dürfen Wege nicht verlassen werden. Hier ist es strikt verboten, Pflanzen oder Pflanzenteile zu beschädigen oder von ihrem Standort zu entfernen. In Wäldern dürfen ganze Bereiche (also auch die Wege) nicht betreten werden, wenn z. B. Holzeinschlag oder Treibjagden durchgeführt werden. Auch jagdliche Einrichtungen, wie Hochsitze dürfen nicht betreten werden. Selbstverständlich ist das Betreten von forstwirtschaftlichen Flächen mit Jungwuchs untersagt. Warn- und Verbotsschilder sind zu beherzigen. Grundsätzlich wird vom Wald- und Naturbesucher erwartet, dass er sich rücksichtsvoll gegenüber Pflanzen, Tieren und anderen Menschen verhält. Er soll darauf achten, dass er die Natur so wenig wie möglich beeinträchtigt und dass Land- und Forstwirtschaft durch seine Anwesenheit und durch sein Verhalten nicht behindert werden.

Grundstückseigentümer und Forstämter unterliegen keiner Duldungspflicht organisierter Veranstaltungen. Sie sind die Ansprechpartner in Ihrer Region, wenn es um spezielle Fragen und Genehmigungen geht.

Darf ich als Therapeut*in überhaupt nach draußen gehen?

»Die Vorteile von Beratung in Bewegung und in freier Natur leuchten mir ein. Ich möchte sehr gerne mit meinen Patienten Termine im Freien vereinbaren. Nun frage ich mich aber, ob Therapeutinnen außerhalb ihrer Praxisräume praktizieren dürfen.«

Diese Frage spricht ein wichtiges Thema an. Aus Sicht der Psychotherapeutenkammern und der Krankenkassen sollten psychotherapeutische Behandlungen in den Praxisräumen der jeweiligen Therapeutin durchgeführt werden. Es gibt aber eine Ausnahme, die es den Therapeutinnen erlaubt, ihren Patienten Therapietermine im Freien anzubieten. Die Rede ist von Expositionen oder Konfrontationen, die im Rahmen einer Verhaltenstherapie vorgenommen werden.

Diese Regelungen gelten derzeit (noch) in Deutschland und in der Schweiz. Da aber je nach Bundesland und Kanton durchaus die Möglichkeit besteht, dass die Frage nach der Zulässigkeit von Outdoor-Beratungen unterschiedlich beantwortet wird bzw. dass sich die Entwicklung hin zu mehr Offenheit je nach Kammer unterschiedlich schnell vollzieht, lohnt es sich, wenn Sie sich in Ihrer Region immer wieder einmal nach den aktuell geltenden Richtlinien erkundigen (und bei der Gelegenheit für Therapie in der Natur werben).

Therapeuten in Österreich haben übrigens schon heute etwas mehr Glück. Ihnen wird größere Eigenverantwortung und Entscheidungsfreiheit eingeräumt. Der Österreichische Bundesverband für Psychotherapie (ÖBVP) hat uns auf Nachfrage bestätigt, dass Psychotherapeuten aufgrund ihrer Qualifikation im Stande sind zu entscheiden, ob und für welche Patienten Termine außerhalb der Praxisräume geraten sind bzw. verantwortet werden können.

Sobald eine Behandlung nicht als Psychotherapie, sondern z. B. als Beratung oder Coaching deklariert und privat abgerechnet wird, haben Therapeuten allerdings erheblich größere Freiheiten. Es steht dann außer Frage, dass Beratungen und Coachings auch im Freien angeboten werden dürfen. Eine Kostenübernahme oder Kostenbeteiligung hat der Klient mit seiner etwaigen privaten Krankenversicherung zu klären.

Brauche ich eine Zusatzversicherung?

»Zahlt meine Berufshaftpflichtversicherung, falls meiner Patientin, Klientin oder meinem Coachee während einer Beratung in freier Natur etwas zustößt, wenn sie sich z. B. den Fuß bricht, wenn ihr ein Ast auf den Kopf fällt und sie verletzt oder wenn sie einen anderen Unfall hat und Forderungen an mich richtet?«

Um eine Antwort zu erhalten, die speziell auf Sie und Ihr Therapie-/Coaching-/Beratungsangebot zugeschnitten ist, empfehlen wir, dass Sie sich mit dem Versicherer in Verbindung setzen, bei dem Sie eine Berufshaftpflichtversicherung abgeschlossen haben bzw. abschließen werden. Legen Sie dann bei Ihrer Anfrage dar, dass Sie ihre Patienten und Klienten (auch) außerhalb des üblichen Praxissettings begleiten.

Während einer Begleitung in Bewegung und im Freien besteht naturgemäß ein höheres Unfallrisiko für Ihre Klienten und für Sie selbst. Damit steigt auch die Gefahr, dass Sie mit Schadensersatzforderungen oder Ähnlichem konfrontiert werden. In diesen Fällen ist es wirklich wichtig, einen verlässlichen Versicherungsschutz zu haben.

Selbstverständlich entbindet Sie auch die beste Versicherung nicht von jeglichen Sorgfaltspflichten. Wägen Sie Risiken darum im Zweifelsfall im Vorfeld lieber konservativ ab. So gehen Sie z.B. besser nicht in den Wald, wenn es stürmt oder wenn damit zu rechnen ist, dass große Rutschgefahr besteht und bleiben Sie drinnen, falls ein Gewitter im Anzug ist.

Lieber Leser, liebe Leserin.

Am Ende dieses Buches laden wir Sie zu einer Rückschau ein. Sie haben gemeinsam mit uns eine Tour durch Theorie und Praxis von Beratung in Bewegung und in freier Natur gemacht. Welche Etappen haben Sie unterwegs am meisten inspiriert? Blättern sie doch noch einmal das Inhaltsverzeichnis auf und machen Sie sich Notizen zu den Aussichtspunkten und Gedanken, die Ihnen besonders gefallen haben. So nehmen Sie für Ihre eigene Arbeit genau die Impulse mit, die zu Ihnen ganz persönlich passen.

Am liebsten und besten lernen wir im persönlichen Austausch von und miteinander. Es wäre wunderbar, wenn wir Ihre Erfahrungen und Ideen zu Beratung in Bewegung kennenlernen könnten. Haben auch Sie Interesse an gemeinsamem Lernen und einem guten kollegialen Austausch? Auf www.bifn.de finden Sie Kontaktmöglichkeiten zu uns.

Wir danken Ihnen von Herzen, dass auch Sie auf dem Weg sind, das weite Feld der Beratung in Bewegung mit Ihren ganz eigenen Gaben und Talenten zu bereichern.

Großen Dank richten wir an all die wundervollen Menschen, die uns in unserem Leben inspiriert und ermutigt haben. Sie haben uns dabei geholfen, unseren ganz persönlichen Weg zu finden und zu gehen. Besonders großen Dank empfinden wir gegenüber all jenen, die uns bei der Realisierung dieses Buches unterstützt haben: Unsere Familien, Freunde, Kolleg*innen und natürlich die Mitarbeiter*innen vom Klett-Cotta-Verlag.

Ihre und eure Eva Istas und Friedrich Weber

Literaturverzeichnis

Auf www.bifn.de finden Sie dieses Literaturverzeichnis mit anklickbaren Links zu Abstracts und Quellen der meisten hier aufgeführten Publikationen sowie zu weiteren Ressourcen aus den Themenfeldern »Beratung in Bewegung« und »Beratung in der Natur«.

Akbari Chermahini, S. & Hommel, B. (2012). Creative mood swings: divergent and convergent thinking affect mood in opposite ways. Psychological research, 76(5), 634–640

Aleksandrova, K., Drogan, D., Boeing, H. et al. (2014). Adiposity, mediating biomarkers and risk of colon cancer in the European prospective investigation into cancer and nutrition study. International journal of cancer, 134(3), 612–621

Antonelli, M., Barbieri G. & Donelli, D. (2019). Effects of forest bathing (shinrin-yoku) on levels of cortisol as a stress biomarker: a systematic review and meta-analysis. International journal of biometeorology, 63(8), 1117–1134

Ashworth, M. (2017). How Does Stress Affect Us? https://psychcentral.com/lib/how-does-stress-affect-us (aufgerufen am 21.03.2022)

Atchley, R. A., Strayer, D. L. & Atchley, P. (2012). Creativity in the wild: improving creative reasoning through immersion in natural settings. PloS one, 7(12), e51474

Berto, R. (2005). Exposure to restorative environments helps restore attentional capacity. Journal of environmental psychology, 25(3), 249–259

Besedovsky, L., Lange, T. & Born, J. (2012). Sleep and immune function. Pflugers Archiv: European journal of physiology, 463(1), 121–137

Bratman, G. N., Hamilton, J. P.& Daily, G. C. (2012). The impacts of nature experience on human cognitive function and mental health. Annals of the New York Academy of Sciences, 1249, 118–136

Bratman, G. N., Hamilton, J. P., Hahn, K. S., Daily, G. C. & Gross, J. J. (2015). Nature experience reduces rumination and subgenual prefrontal cortex activation. Proceedings of the National Academy of Sciences of the United States of America, 112(28), 8567–8572

Bundesamt für Sport BASPO, Bundesamt für Gesundheit BAG, Gesundheitsförderung Schweiz, bfu – Beratungsstelle für Unfallverhütung, Suva,

Netzwerk Gesundheit und Bewegung Schweiz (2013). Gesundheitswirksame Bewegung, Magglingen: BASPO

Bundeszentrale für gesundheitliche Aufklärung (2016). Nationale Empfehlungen für Bewegung und Bewegungsförderung. Hrsg.: Rütten, A. & Pfeiffer, K.

Buxton, R. T., Pearson, A. L., Allou; C. & al. (2021). A synthesis of health benefits of natural sounds and their distribution in national parks. Proceedings of the National Academy of Sciences of the United States of America, 118(14), e2013097118

Chae, Y., Lee, S., Jo, Y, Kang, S., Park, S. & Kang, H. (2021). The Effects of Forest Therapy on Immune Function. International journal of environmental research and public health, 18(16), 8440.

Clayton S. (2021). Climate Change and Mental Health. Current environmental health reports, 8(1), 1–6

Chu, C. H., Chen, S. R., Wu, C. H. et al. (2019). The effects of negative air ions on cognitive function: an event-related potential (ERP) study. International journal of biometeorology, 63(10), 1309–1317

Cohen, S., Alper, C. M., Doyle, W. J. et al. (2006). Positive emotional style predicts resistance to illness after experimental exposure to rhinovirus or influenza a virus. Psychosomatic medicine, 68(6), 809–815

Fonds Gesundes Österreich (Hrsg.) (2020). Österreichische Bewegungsempfehlungen (Wissensband 17)

Frankl, V. E (2005). … trotzdem Ja zum Leben sagen. Ein Psychologe erlebt das Konzentrationslager. München, Kösel, 9. Auflage

Frankl, V.E. (2005). Der leidende Mensch. Anthropologische Grundlagen der Psychotherapie. Bern, Huber, 3. Auflage

Frankl, V. E. (2015). Ärztliche Seelsorge. Grundlagen der Logotherapie und Existenzanalyse. München, dtv, 6. Aufl.

Frankl, V. E. (2016). Der Wille zum Sinn. Göttingen, Hogrefe, 7. Auflage

Fromm, E. (1992). Die Seele des Menschen: Ihre Fähigkeit zum Guten und zum Bösen. München, dtv

Gagné, A. M., Bouchard, G., Tremblay, P. et al. (2010). Quand la saison devient synonyme de dépression. Medecine sciences: M/S, 26(1), 79–82

Grahn, P., Stigsdotter, U., Berggren Bärring, A. M. (2005). Human issues. eight experienced qualities in urban green spaces, in Green Structure and Urban Planning. Final Report. EC COST Action C11. ESF COST Office, Brussels, pp. 240–8

Grahn, P., Tenngart Ivarsson, C., Stigsdotter, U. K. & Bengtsson, I. L. (2010). Using affordances as a health-promoting tool in a therapeutic garden, Innovative approaches to researching landscape and health, in: Thompson C. W., Aspinall, P. & Bell, S. (Hrsg.): Innovative approaches in researching landscape and health, Open space: People space 2, Routledge, Abingdon, UK (2010), s. 120–159

Guilford, J. P. (1967). Creativity: Yesterday, Today and Tomorrow. The Journal of Creative Behavior, 1: 3–14

Hackford, J., Mackey, A. & Broadbent, E. (2019). The effects of walking posture on affective and physiological states during stress. Journal of behavior therapy and experimental psychiatry, 62, 80–87

Hanson, S. & Jones, A. (2015). Is there evidence that walking groups have health benefits? A systematic review and meta-analysis. British Journal of Sports Medicine 49: 710–715

Hochschule Luzern (Hrsg.) (2013). Ionisierte Luft im Innenraum. https://www.hslu.ch/-/media/campus/common/files/dokumente/ta/gebaeude-als-system/cctp/publikationen/ta-cctp-review-ionisierte-luft-innenraum.pdf?la=de-ch

Ianì, F. (2019). Embodied memories: Reviewing the role of the body in memory processes. Psychonomic Bulletin & Review 26, 1747–1766

Ideno, Y., Hayashi, K. et al. (2017). Blood pressure-lowering effect of Shinrin-yoku (Forest bathing): a systematic review and meta-analysis. BMC complementary and alternative medicine, 17(1), 409

Jones, R., Tarter, R. & Ross, A. M. (2021). Greenspace Interventions, Stress and Cortisol: A Scoping Review. International journal of environmental research and public health, 18(6), 2802

Kahneman, D. (1973). Attention and Effort. Englewood Cliffs, NJ: Prentice-Hall

Kaplan, R. & Kaplan, S. (1989). The Experience of Nature: A Psychological Perspective, Cambridge University Press: Cambridge, UK

Kelly, P., Williamson, C. et al. (2018). Walking on sunshine: scoping review of the evidence for walking and mental health. British journal of sports medicine, 52(12), 800–806

Kim, J. G., & Shin, W. S. (2021). Forest Therapy Alone or with a Guide: Is There a Difference between Self-Guided Forest Therapy and Guided Forest Therapy Programs?. International journal of environmental research and public health, 18(13), 6957

Kuo, M. (2015). How might contact with nature promote human health? Promising mechanisms and a possible central pathway. Frontiers in psychology, 6, 1093

Levine J. A. (2015). Sick of sitting. Diabetologia, 58(8), 1751–1758

Li, Q. (2018). Shinrin-Yoku: The art and science of forest-bathing, London: Penguin Random House

Li, Q. (2018). Die wertvolle Medizin des Waldes. Wie die Natur Körper und Geist stärkt. Hamburg, Rowohlt

Li, Q., Nakadai A., Matsushima H. et al. (2006). Phytoncides (wood essential oils) induce human natural killer cell activity. Immunopharmacol. Immunotoxicol. 2006; 28:319–333

Li, Q., Otsuka, T., Kobayashi, M. et al. (2011). Acute effects of walking in forest environments on cardiovascular and metabolic parameters. European journal of applied physiology, 111(11), 2845–2853

Lowry, C. A., Hollis, J. H., de Vries, A. et al. (2007). Identification of an immune-responsive mesolimbocortical serotonergic system: potential role in regulation of emotional behavior. Neuroscience. 2007; 146 (2):756-772

Mao, G., Cao, Y., Wang, B., Wang, S. et al. (2017). The Salutary Influence of Forest Bathing on Elderly Patients with Chronic Heart Failure. International journal of environmental research and public health, 14(4), 368

Marselle, M. R., Bowler, D. E., Watzema, J. et al. (2020). Urban street tree biodiversity and antidepressant prescriptions. Scientific reports, 10(1), 22445

Matthews, D. M. & Jenks, S. M. (2013). Ingestion of Mycobacterium vaccae decreases anxiety-related behavior and improves learning in mice. Behavioural processes, 96, 27–35

Meuwese, D., Maas, J., Krabbendam, L. & Dijkstra, K. (2021). Viewing Nature Lets Your Mind Run Free: Three Experiments about the Influence of Viewing a Nature Video on Cognitive Coping with Psychological Distress. International journal of environmental research and public health, 18(16), 8842

Miles, L. K., Nind, L. K. & Macrae, C. N. (2010). Moving through time. Psychological science, 21(2), 222–223

Morita, E., Fukuda, S., Nagano, J. et al. (2007). Psychological effects of forest environments on healthy adults: Shinrin-yoku (forest-air bathing, walking) as a possible method of stress reduction. Public health, 121(1), 54–63

Muntsant, A. & Giménez-Llort, L. (2020). Impact of Social Isolation on the Behavioral, Functional Profiles, and Hippocampal Atrophy Antia in Times of Coronavirus Pandemic (COVID-19): A Translational Neuroscience Approach. Frontiers in psychiatry, 11, 572583

Nair, S., Sagar, M., Sollers, J. et al. (2015). Do slumped and upright postures affect stress responses? A randomized trial. Health psychology: official journal of the Division of Health Psychology, American Psychological Association, 34(6), 632–641

Nieuwenhuis, M., Knight, C., Postmes, T. & Haslam, S. A. (2014). The relative benefits of green versus lean office space: three field experiments. Journal of experimental psychology. Applied, 20(3), 199–214

Núñez, R. & Cooperrider, K. (2013).The tangle of space and time in human cognition. Trends in cognitive sciences, 17(5), 220–229

O'Brien, M. E., Anderson, H. & al. (2004). SRL172 (killed Mycobacterium vaccae) in addition to standard chemotherapy improves quality of life without affecting survival, in patients with advanced non-small-cell lung cancer: phase III results. Annals of oncology: official journal of the European Society for Medical Oncology, 15(6), 906–914

Ohtsuka, Y., Yabunaka, N., & Takayama, S. (1998). Shinrin-yoku (forest-air bathing and walking) effectively decreases blood glucose levels in diabetic patients. International journal of biometeorology, 41(3), 125–127

Okereke, O. I., Reynolds, C. F., Mischoulon, D. et al. (2020). Effect of Long-term Vitamin D3 Supplementation vs Placebo on Risk of Depression or

Clinically Relevant Depressive Symptoms and on Change in Mood Scores: A Randomized Clinical Trial. JAMA. 2020;324(5):471–480
Oppezzo, M. & Schwartz, D. L. (2014). Give your ideas some legs: the positive effect of walking on creative thinking. Journal of experimental psychology. Learning, memory, and cognition 40: 1142–1152
Pálsdóttir, A. M., Stigsdotter, U., Persson, D. et al. (2018). The qualities of natural environments that support the rehabilitation process of individuals with stress-related mental disorder in nature-based rehabilitation. Urban Forestry & Urban Greening. 29:312–321
Park, B. J., Tsunetsugu, Y., Kasetani, T. et al. (2010). The physiological effects of Shinrin-yoku (taking in the forest atmosphere or forest bathing): evidence from field experiments in 24 forests across Japan. Environmental health and preventive medicine, 15(1), 18–26
Perez, V., Alexander, D. D. & Bailey, W. H. (2013). Air ions and mood outcomes: a review and meta-analysis. BMC psychiatry, 13, 29
Ratcliffe, E. (2021). Sound and Soundscape in Restorative Natural Environments: A Narrative Literature Review. Frontiers in psychology, 12, 570563
Razzaque, M. S. (2018). Sunlight exposure: Do health benefits outweigh harm?. The Journal of steroid biochemistry and molecular biology, 175, 44–48
Reber, S. O., Siebler, P. H., Donner, N. C. et al. (2016). Immunization with a heat-killed preparation of the environmental bacterium Mycobacterium vaccae promotes stress resilience in mice. Proceedings of the National Academy of Sciences of the United States of America, 113(22), E3130–E3139
Rosenthal, N. E., Sack, D. A., Gillin, J.C. et al. (1984). Seasonal affective disorder. A description of the syndrome and preliminary findings with light therapy. Archives of general psychiatry, 41(1), 72–80
Salas, C. R, Minakata, K. & Kelemen, W. L. (2011). Walking before study enhances free recall but not judgement-of-learning magnitude. Journal of Cognitive Psychology 2011, 23:507–513
Schmidt-Kassow, M., Zink, N., Mock, J. et al. (2014). Treadmill walking during vocabulary encoding improves verbal long-term memory. Behav Brain Funct 10, 24
Shin, W. S. (2007). The Influence of Forest View through a Window on Job Satisfaction and Job Stress. Scandinavian Journal of Forest Research, 22, 248–253
Simkin, J., Ojala, A., & Tyrväinen, L. (2021). The Perceived Restorativeness of Differently Managed Forests and Its Association with Forest Qualities and Individual Variables: A Field Experiment. International journal of environmental research and public health, 18(2), 422
Sonntag-Öström, E., Stenlund, T., Nordin, M. et al. (2015). »Nature's effect on my mind« – Patients‹ qualitative experiences of a forest-based rehabilitation programme. Urban Forestry & Urban Greening, Volume 14, Issue 3, 607–614
Steinberg, H., Sykes, E. A., Moss, T. et al. (1997). Exercise enhances creativity independently of mood. British journal of sports medicine 31: 240–245

Stellar, J. E., John-Henderson, N., Anderson, C. L. et al. (2015). Positive affect and markers of inflammation: discrete positive emotions predict lower levels of inflammatory cytokines. Emotion (Washington, D.C.), 15(2), 129–133

Stier-Jarmer M., Throner, V., Kirschneck, M. et al. (2021). The Psychological and Physical Effects of Forests on Human Health: A Systematic Review of Systematic Reviews and Meta-Analyses. Int J Environ Res Public Health. 2021;18(4):1770

Takayama, N., Morikawa, T., Koga, K. et al. (2022). Exploring the Physiological and Psychological Effects of Digital Shinrin-Yoku and Its Characteristics as a Restorative Environment. International journal of environmental research and public health, 19(3), 1202

Teghil, A., Marc, I. B. & Boccia, M. (2021). Mental representation of autobiographical memories along the sagittal mental timeline: Evidence from spatiotemporal interference. Psychonomic Bulletin & Review 28, 1327–1335

Tennessen, C. M. & Cimprich, B. (1995). Views to nature: Effects on attention. Journal of environmental psychology, 15, 77–85

Trammell, J. P. & Aguilar, S. C. (2021). Natural Is Not Always Better: The Varied Effects of a Natural Environment and Exercise on Affect and Cognition. Frontiers in psychology, 11, 575245

Ulrich, R. S. (1984). View through a window may influence recovery fro.m surgery. Science (New York, N.Y.), 224(4647), 420–421

Ulrich, R. S., Simons, R. F., Losito, B. D. et al. (1991). Stress recovery during exposure to natural and urban environments. Journal of Environmental Psychology 1991, 11, 201–230

Della Vecchia, A., Mucci, F., Pozza, A. & Marazziti, D. (2021). Negative Air Ions in Neuropsychiatric Disorders. Current medicinal chemistry, 28(13), 2521–2539

Wilson, E. O. (1984). Biophilia, Cambridge, MA: Harvard University Press

Wirz-Justice, A., Skene, D. J. & Münch, M. (2021). The relevance of daylight for humans. Biochemical pharmacology, 191, 114304

World Health Organization (2018). Global action plan on physical activity 2018–2030: more active people for a healthier world (ISBN 978-92-4-151418)

Yu, C. P. & Hsieh H. (2020). Beyond restorative benefits: Evaluating the effect of forest therapy on creativity, Urban Forestry & Urban Greening, Volume 51, 2020, 12667